RAVI

N … sch

…nowy z Bogiem

tom II

tytuł oryginału:
Conversations with God. An Uncommon Dialogue. Book 2

Przekład: Sławomir Studniarz
Korekta: Anna Kotynia-Kosmynka
Skład: Norbert Młyńczak
Druk: Drukarnia im. A. Półtawskiego

ISBN 978-83-916382-2-4
Wydanie I, dodruk, Łódź 2016

Wydawca: Esse sp z o.o., ul. Krokusowa 1-3, 92-101 Łódź
Współpraca: Wydawnictwo JK

Rozmowy z Bogiem

Znajdziesz tutaj to, czego od dawna poszukujesz, za czym od dawna tęsknisz. Czeka cię tu najprawdziwszy kontakt z Bogiem, być może pierwszy w twoim życiu, a na pewno najnowszy.

To jest kontakt jak najbardziej realny.

Bóg przemówi do ciebie przeze mnie. Kilka lat temu nie ośmieliłbym się czegoś takiego powiedzieć; teraz mówię, ponieważ sam tego doświadczyłem – i stąd wiem, że to jest możliwe. Nie tylko możliwe, to odbywa się nieustannie. Tak jak dzieje się ta rzecz pomiędzy nami za pośrednictwem tych słów, tu i teraz.

Samancie
Tarze-Jenell
Nicholasowi
Travisowi
Karusowi
Tristanowi
Devonowi
Dustinowi
Dylanowi,

którzy ofiarowali o wiele więcej,
niż ja kiedykolwiek mogłem im dać.
Nie byłem takim ojcem,
jak to sobie wymarzyłem.
Ale cierpliwości.
Jeszcze możemy to nadrobić.
Sprawa nie jest zamknięta.

Podziękowania

Nade wszystko pragnę uhonorować To, Co Jest Wszystkim, co stanowi Źródło wszelkich rzeczy, wraz z niniejszą książką. Czy nazwiecie to Bogiem, jak czynię to ja, czy inaczej, to nie ma znaczenia – Źródło było, jest i będzie Źródłem po wsze czasy, a nawet nieskończenie dłużej.

Dalej, chciałbym spłacić mój dług wdzięczności wobec rodziców, za pośrednictwem których spłynęło na mnie tyle niezapomnianych doświadczeń i przez których doznawałem źródłowej obecności Boga w życiu. Razem tworzyli niesamowity zespół. Postronny obserwator mógłby mieć inne zdanie, ale oni sami ani przez chwilę w to nie wątpili. Mama mówiła o tacie, że jest „utrapieniem", a on o niej, że jest „trucizną", której nie potrafi się oprzeć.

Moja matka Anne była nadzwyczajną kobietą – przepełnioną niewyczerpanym współczuciem, głębokim zrozumieniem, zawsze skorą do wybaczania, do dawania z siebie wszystkiego, o niespożytej cierpliwości, łagodnej mądrości i niezachwianej wierze w Boga, która sprawiła, że gdy umierała, ksiądz, nowicjusz, udzielający jej ostatniego namaszczenia, z podziwem wyszeptał: „Mój Boże, to ona pocieszała mnie."

Najwyższym hołdem dla Mamy niech będzie to, że wcale mnie to nie zdziwiło.

Mój ojciec Alex nie należał do potulnych. Był szorstki w obejściu, potrafił dotkliwie urazić, a niektórzy powiadają, że często postępował okrutnie, szczególnie wobec mojej matki. Nie chcę go za to osądzać (ani za cokolwiek innego). Matka nie wyrzucała mu tego ani nie potępiała go (wręcz przeciwnie, w swych ostatnich słowach wypowiadała się o nim bardzo pochlebnie), dlatego też nie widzę dla siebie żadnych korzyści w odrzuceniu jej przykładu. Ponadto ojciec miał mnóstwo zalet, o których moja matka nigdy nie zapominała. Należały do nich wiara w niezłomność ludzkiego ducha oraz jasne przeświadczenie, że niczego nie zmieni się narzekaniem. Nauczył mnie, że mogę osiągnąć wszystko pod warunkiem, że zaangażuję w to całą swoją duszę. Zawsze można było na niego liczyć, do samego końca. Był wzorem lojalności, człowiekiem czynu; zawsze zajmował stanowisko, nie zrażał się przeciwnościami, które pokonały tylu innych. Wobec nawet najbardziej niepomyślnych kolei losu miał swą mantrę. „Och, nie ma się czym przejmować", zwykł mawiać. Sam stosowałem tę mantrę w najcięższych chwilach mojego życia. Zadziałała za każdym razem.

Najwyższym hołdem dla Taty niech będzie to, że wcale mnie to nie zdziwiło.

Znalazłszy się między nimi, odczułem wezwanie zarówno do całkowitej pewności siebie, jak i bezwarunkowej miłości dla każdego. Co za połączenie!

W pierwszej części złożyłem podziękowania pozostałym członkom rodziny i kręgu mych przyjaciół, którzy w nieoceniony wprost sposób wpłynęli na moje życie – i nadal wpływają. Chciałbym do tej listy dołączyć dwoje niezwykłych ludzi, z którymi się zetknąłem od czasu napisania tamtej książki i którzy poruszyli mnie do głębi.

Leo i Lethę Bushów... którzy unaocznili mi swym codziennym życiem, iż to, co najpiękniejsze w życiu, można znaleźć w chwilach bezinteresownej służby, troski, życzliwości oraz we wzajemnej miłości i niezachwianej wierze w siebie nawzajem. Była to dla mnie nie tylko nauka, ale i inspiracja.

Również na tych stronicach pragnę wyrazić swoje uznanie innym specjalnym nauczycielom, aniołom zesłanym przez Boga, dzięki którym dotarły do mnie *rzeczy o* wielkim znaczeniu, co teraz jasno widzę. Niektórzy przekazali mi to osobiście, inni z oddali, jeszcze inni z tak odległego punktu w Macierzy, że pewnie nie są świadomi mego istnienia. Mimo to moja dusza wchłonęła ich energię. Mowa tu o myślicielach, przywódcach, pisarzach i towarzyszach w podróży po Duchowej Drodze; ich wkład w Zbiorową Świadomość dopomógł w powstaniu skarbnicy mądrości, która stanowi Umysł Boga, albowiem stamtąd pochodzi. Z tego właśnie Źródła wziął się materiał zawarty w *Rozmowach z Bogiem*. Dzieło to jest ukoronowaniem mych nauk, doświadczeń i poszukiwań, teraz dostępnym dla każdego w postaci mych dialogów z Bogiem. Tak naprawdę we wszechświecie nie powstają żadne nowe idee, wszelkie nowości są zaledwie kolejnym wyrazem Odwiecznej Prawdy.

Oprócz tego chciałbym też podziękować następującym osobom, które wzbogaciły moje życie:

Kenowi Keyesowi... którego dar wglądu oddziałał na życie tysięcy ludzi (również moje). Ken powrócił już do Domu, spełniwszy swą rolę niezrównanego posłańca.

Doktorowi Robertowi Muellerowi... którego praca na rzecz światowego pokoju okazała się dobrodziejstwem dla nas wszystkich i tchnęła w świat nową nadzieję.

Dolly Parton... której muzyka, uśmiech i cała osobowość urzekła naród i radowała moje serce – nawet gdy było złamane i nic nie mogło go uleczyć. To szczególna magia.

Terry Cole-Whittaker... której bystrość, głębia i pogoda ducha oraz absolutna uczciwość od chwili naszego poznania stały się dla mnie wzorcem i natchnieniem. Swym cudownym oddziaływaniem objęła tysiące.

Neilowi Diamondowi... który swój artyzm czerpie z głębi duszy i dlatego przenika do mojej oraz duszy całego pokolenia. Jego talent, hojność, z jaką dzielił z nami swoje uczucia, są wyjątkowe.

Thei Alexander... której pisarstwo mną wstrząsnęło i objawiło możliwość wyrażania miłości bezgranicznie, bezboleśnie, bez goryczy zazdrości i ukrytych celów, bez oczekiwań i bez potrzeb. Rozpaliła w nas na nowo niespokojnego ducha nieskrępowanej miłości oraz naturalne pragnienie radosnego rozkoszowania się seksem, przywracając jego piękno, tajemnicę i niewinną czystość.

Robertowi Rimmerowi... który dokonał dokładnie tego samego.

Warrenowi Spahnowi... który udowodnił mi, że dążenie do doskonałości w każdej dziedzinie życia polega na postawieniu sobie najwyższej poprzeczki i upartym przy niej obstawaniu; wymaganiu od siebie maksimum, nawet kiedy minimum nie zwróciłoby niczyjej (a może zwłaszcza wtedy) uwagi. Gwiazda sportu pierwszej wielkości, bohater na polu walki, wzór w życiu codziennym, niestrudzenie dążący do przekraczania siebie bez względu na to, ile to kosztuje wysiłku.

Jimmy'emu Carterowi... który dzielnie sobie poczyna w międzynarodowej polityce, kierując się sercem i swym przekonaniem o tym, co w myśl Najwyższego Prawa jest słuszne, i wnosi do zatęchłego świata polityki ożywczy powiew.

Shirley MacLaine... która pokazała, że rozrywka i intelekt się nie wykluczają; że można wznieść się ponad to, co przyziemne i banalne. Że można poruszać sprawy wielkie i drobne, ważkie i lekkie, głębokie i płytkie. Stara się ze wszystkich sił nadać naszym rozmowom wyższy wymiar, a tym samym i naszej świadomości; oddziaływać twórczo na giełdę poglądów.

Oprah Winfrey... która robi dokładnie to samo.

Stevenowi Spielbergowi... który robi dokładnie to samo.

Ronowi Howardowi... który robi dokładnie to samo.

Hughowi Dwonsowi... który robi dokładnie to samo.

Oraz Gene'owi Roddenberry... którego Duch z pewnością słyszy moje słowa i uśmiecha się... albowiem miał w tym wszystkim wielki udział; podjął ryzyko; stanął na skraju; ruszył dalej niż ktokolwiek przed nim.

Ludzie ci stanowią skarb, jak i my wszyscy. Jednak w odróżnieniu od nas, postanowili hojnie darzyć innych skarbami swojej Jaźni, poświęcić się i zaryzykować, wyrzec się prywatności i złączyć swój los z burzliwymi kolejami świata, aby obdarzyć innych swą prawdziwą istotą. Nie mogli przewidzieć, czy ich dar z siebie zostanie przyjęty. Mimo to nie szczędzili siebie.

Jestem im wszystkim wdzięczny. Dziękuję wam, gdyż wzbogaciliście moje życie.

Wstęp

To nadzwyczajne dzieło.

Stanowi przesłanie Boga, który sugeruje w nim rewolucję społeczną, seksualną, oświatową, polityczną, gospodarczą i teologiczną o skali dotąd na planecie nie spotykanej, rewolucję, o jakiej śniło się niewielu.

Sugestie te nawiązują wprost do pragnień wyrażanych przez nas jako mieszkańców Ziemi. W myśl naszych własnych deklaracji, dążymy do zapewnienia godnego życia dla wszystkich, podniesienia poziomu świadomości i tworzenia podwalin nowego świata. Bóg nie potępi nas, cokolwiek wybierzemy, jeśli jednak zdecydujemy się właśnie na to, chętnie pokaże nam drogę. Lecz nie będzie siłą narzucał nam swych poglądów, ani teraz, ani nigdy.

Słowa zawarte w tej książce są dla mnie zarazem porywające i niepokojące, budujące i prowokujące. Porywa mnie rozmach i zasięg jej koncepcji. Niepokoi obraz, jaki się z niej wyłania, obraz mnie samego i całej ludzkiej rasy. Prowokuje śmiałość, z jaką stawia mi wyzwania, nakazuje przekraczać samego siebie, stać się Źródłem świata, wolnego od małostkowej zazdrości, złości, zaburzeń seksualnych, ekonomicznej niesprawiedliwości, nierówności społecznej, ogłupiającej edukacji, zakulisowych machinacji i walk o władzę. Buduje zaś to, iż daje nam nadzieję na przyszłość, pokazuje, że to wszystko jest w zasięgu naszych możliwości.

Czy naprawdę możemy stworzyć taki świat? Bóg mówi, że tak, i wszystko, co do tego trzeba, to jednomyślne postanowienie, wybór dokonany przez każdego z nas.

Książka ta stanowi wierny zapis dialogu z Bogiem. Jest drugą częścią planowanej trylogii *Rozmów z Bogiem,* trwających już ponad pięć lat – po dziś dzień.

Może trudno ci będzie uwierzyć w to, że to wszystko istotnie pochodzi od Boga, zresztą to nie jest wcale konieczne. Dla mnie liczy się przede wszystkim to, czy materiał tu zawarty sam w sobie ma wartość, czy wnosi nowe spostrzeżenia, budzi i odnawia, zachęca do wprowadzenia zmian w nasze codzienne życie na Ziemi. Bóg wie, tak dalej być nie może. Musimy się zmienić.

Całe przedsięwzięcie zaczęło się od księgi pierwszej, opublikowanej w maju 1995 roku. Traktowała ona głównie o sprawach osobistych i odmieniła moje życie. I wielu innych ludzi. W ciągu kilku tygodni stała się prawdziwym bestsellerem. Nakład przeszedł najśmielsze oczekiwania, niebawem miesięcznie sprzedawało się 12 tysięcy egzemplarzy i liczba ta nadal rosła. Oczywiście „autor" tej książki nie był postacią nieznaną. I to właśnie sprawiło, że intrygowała i miała taką moc oddziaływania.

Jestem zaszczycony, że mogę uczestniczyć w tym procesie, dzięki któremu doniosłe prawdy ponownie stają się udziałem tysięcy ludzi. Cieszę się, że tak wiele osób skorzystało z tego dzieła.

Pragnę jednak wyznać, że z początku strasznie się bałem. Obawiałem się, że zostanę posądzony o urojenia, o manię wielkości. Z drugiej zaś strony, bałem się, że gdy czytelnicy naprawdę uwierzą, iż te słowa pochodzą od Boga, posłuchają zawartych tam rad. Lecz dlaczego się tego lękałem? To proste.

Przecież we wszystkim, co napisałem, mogłem się mylić.

Wówczas zaczęły napływać listy. Z całego świata. Wtedy już wiedziałem. Wiedziałem w głębi serca, że się nie myliłem. Tego właśnie było potrzeba światu, w tej określonej chwili.

Teraz ukazuje się kolejna księga i znów daje o sobie znać strach. Mowa w niej o szerszym wymiarze naszych pojedynczych istnień, jak również o sprawach politycznych i gospodarczych o zasięgu ogólnoświatowym. Podejrzewam więc, iż ta druga książka może okazać się dla przeciętnego czytelnika znacznie bardziej kontrowersyjna. I stąd obawa. Obawa, że może nie przypaść ci do gustu to, co tutaj przeczytasz. Że dostanie mi się po głowie. Że książką tą „wkładam kij w mrowisko", „wywołuję burzę". Ponadto znów się boję, że mogę nie mieć racji.

Doświadczenie winno było już mnie nauczyć, że mój strach jest bezpodstawny. Jednak znów odzywa się moja ludzka słabość. Spieszę wyjaśnić, iż nie jest moim zamiarem nikim wstrząsnąć. Pragnę jedynie wiernie i skwapliwie przekazać to, co usłyszałem od Boga w odpowiedzi na me pytania. Obiecałem to Bogu – że udostępnię te rozmowy ogółowi – i nie mogę tej obietnicy złamać.

Ty również nie możesz się wycofać. Z pewnością podjąłeś postanowienie, że będziesz otwarty na wszelkie nowe idee, poglądy i przekonania, że będziesz gotów przewartościować to, w co wierzyłeś do tej pory. Przyrzekłeś sobie, że będziesz nieustannie się rozwijał. Inaczej bowiem ta książka nie trafiłaby do twych rąk.

Tkwimy więc w tym razem. I nie ma powodu do obaw. Jesteśmy tacy, jacy jesteśmy, i stąd wynika nasze postępowanie. Widzę teraz wyraźnie to, czego do tej pory zaledwie się domyślałem – jesteśmy posłańcami, ty i ja. Gdyby tak nie było, nie czytałbyś teraz tej książki, a ja bym jej nie pisał. Mamy więc zadanie do wykonania. Po pierwsze, musimy się upewnić, że dobrze zrozumieliśmy przesłanie, jakie niosą *Rozmowy z Bogiem*. Dalej, musimy uczynić z tego przesłania użytek w naszym życiu codziennym. I wreszcie, musimy głosić je innym, naszym własnym przykładem zaświadczać o jego prawdzie tym, z którymi się stykamy.

Rad jestem, że postanowiłeś dołączyć do mnie w tej wyprawie. Z tobą raźniej i przyjemniej. Przejdźmy więc wspólnie przez te stronice. Czekają nas tu i ówdzie wyboje. Nie tak jak w księdze pierwszej. Księga pierwsza była czułym uściskiem Boga. Druga cześć, równie promieniująca miłością, raz po raz lekko tobą potrząsa. Jest jak pobudka, wyzwanie, abyś nie ustawał w drodze.

Zawsze masz przed sobą coś do odkrycia. Twoja dusza nie lubi spoczynku – jej udziałem tu na, Ziemi, ma być najbogatsze, nie najuboższe doświadczenie. I choć wybór należy do ciebie, twa dusza wolałaby, abyś nie popadał w samozadowolenie czy gnuśność. Zbyt wiele trzeba bowiem w świecie zmienić, zbyt wiele musisz jeszcze zrobić w stworzenie siebie. Zawsze jest nowy szczyt do zdobycia, nowa rubież do zbadania, nowy lęk do zwalczenia. Wspanialszy stan, śmielsza wizja, wyższa koncepcja.

Dlatego też książka ta może narazić cię na pewne niewygody. Ale nie uciekaj, pozostań na pokładzie, nawet jeśli tobą rzuca. I żyj w nowym paradygmacie. A jeszcze lepiej, cudownym przykładem swego życia przyczyń się do jego powstania.

Neale Donald Walsch
Ashland, Oregon
marzec 1997

1

Witaj. Cieszę się, że jesteś ze mną.

Byliśmy ze sobą umówieni, to prawda; ale mimo to mogłeś nie przybyć na spotkanie. Mogłeś postanowić inaczej. Tymczasem wybrałeś tę godzinę, to umówione miejsce, aby ta książka trafiła w twoje ręce. I za to ci dziękuję.

Jeśli jednak nie uświadamiałeś sobie do końca, co robisz i dlaczego, i ta sprawa wydaje ci się trochę tajemnicza, należy ci się małe wyjaśnienie.

Zacznę od zwrócenia ci uwagi na to, iż książka ta zjawiła się w twoim życiu w samą porę, w najwłaściwszym momencie. Teraz jeszcze nie zdajesz sobie pewnie z tego sprawy, ale kiedy będziesz miał już za sobą doświadczenie, które jest dla ciebie przygotowane, zyskasz co do tego absolutną pewność. Wszystko przebiega w doskonałym porządku, a pojawienie się tej książki w twoim życiu nie jest wyjątkiem od tej reguły.

Znajdziesz tu to, czego od dawna poszukujesz, za czym od dawna tęsknisz. Czeka cię tu najprawdziwszy kontakt z Bogiem, być może pierwszy w twoim życiu, a na pewno najnowszy.

To jest kontakt jak najbardziej realny.

Bóg przemówi do ciebie przeze mnie. Kilka lat temu nie ośmieliłbym się czegoś takiego powiedzieć; teraz mówię, ponieważ sam tego doświadczyłem i stąd wiem, że to jest możliwe. Nie tylko możliwe – odbywa się nieustannie. Tak jak dzieje się ta rzecz pomiędzy nami za pośrednictwem tych słów, tu i teraz.

Trzeba, abyś znał swój w tym udział, podobnie jak przyczyniłeś się do tego, że ta książka trafiła w twoje ręce. Wszyscy bez wyjątku odpowiadamy za wydarzenia występujące w naszym życiu i wspólnie z Jedynym Wielkim Stwórcą powołujemy do istnienia okoliczności, które do każdego z tych wydarzeń prowadzą.

Pierwszy etap moich rozmów z Bogiem w twoim imieniu miał miejsce w latach 1992–1993. Napisałem wówczas gniewny list do Boga, domagając się wyjaśnienia, dlaczego moje życie jest jednym pasmem tarć i niepowodzeń. Dosłownie wszystko, począwszy od miłosnych związków, przez pracę, do stosunków z dziećmi i do zdrowia – *wszystko* – naznaczone było walką i porażką. W liście zażądałem, aby Bóg odpowiedział mi dlaczego – i czego potrzeba, aby zaczęło mi się wreszcie w życiu układać.

Ku mojemu zdumieniu, Bóg mi odpisał.

Sposób i treść tych odpowiedzi dały początek książce, opublikowanej w maju 1995 roku pod tytułem *Rozmowy z Bogiem, księga pierwsza*. Może o niej słyszałeś, niewykluczone, że ją przeczytałeś. Jeśli tak, to nie potrzebujesz dalszego wprowadzenia do niniejszej książki.

Jeśli pierwsza część nie jest ci znana, mam nadzieję, że wkrótce zmieni się ten stan rzeczy, gdyż szczegółowo opisuje ona to, jak doszło do jej powstania, i zawiera odpowiedzi na wiele pytań na temat życia każdego z nas – dotyczących pieniędzy, miłości, seksu, Boga, zdrowia i choroby, jedzenia, związków z innymi ludźmi, „godziwej pracy" i wielu innych spraw życia codziennego – którymi tutaj się nie zajmujemy.

Gdybym miał prosił Boga, aby uczynił teraz coś dla świata, poprosiłbym o przekazanie wiedzy, która znalazła się w części pierwszej *Rozmów z Bogiem*. Zgodnie z przyrzeczeniem (*„Zanim zapytasz, otrzymasz odpowiedź.”)* Bóg już to uczynił.

Mam więc nadzieję, że po przeczytaniu niniejszej książki (a może nawet w trakcie czytania) sięgniesz po pierwszą część. To sprawa wyboru, a Wolny Wybór przywiódł cię do tych stronic w tej chwili. Tak jak wytworzył wszelkie twoje doświadczenia. (Koncepcję tę wyjaśnia właśnie część pierwsza.)

Wstęp do księgi drugiej powstał w marcu 1996; ma on na celu krótkie wprowadzenie do jej treści. Podobnie jak w części pierwszej, informacje docierały do mnie w sposób pzadziwiająco prosty. Na pustej kartce papieru pisałem pytanie – dowolne... zazwyczaj pierwsze, jakie przyszło mi do głowy, i ledwo kończyłem pisać, już powstawała w mym umyśle odpowiedź, jakby Ktoś szeptał mi do ucha. Wyglądało to jak dyktando!

Z wyjątkiem tych kilku początkowych uwag, cały materiał tej książki zapisany został między wiosną 1993 roku i latem roku następnego. Pragnę przedstawić ci go tak, jak go otrzymałem...

* * *

Jest Wielkanoc 1993 roku. Zgodnie z poleceniem, wyczekuję z ołówkiem w ręku i kartką papieru, gotowy do dzieła, do drugiego etapu.

Powinienem jednak wyjaśnić, że to Bóg mnie o to poprosił. Wyznaczył mi datę. Dziś mamy rozpocząć drugą książkę z planowanej trylogii – książkę, która będzie wspólnym doświadczeniem Boga, moim i twoim.

Nie mam pojęcia, o czym będzie w niej mowa, jakie poruszymy tematy. To dlatego, że nie mam żadnej jej wizji w głowie. Nie mogę. Nie ja mam decydować, co się w niej znajdzie, lecz Bóg.

Rok temu – w Wielkanoc – Bóg nawiązał ze mną dialog. Wiem, że to brzmi niepoważnie, ale to istotnie miało miejsce. Jakiś czas temu nasza rozmowa dobiegła końca. Nakazano mi odpoczynek... i zarazem wyznaczono termin wznowienia dialogu.

Ty też jesteś z nami umówiony. I pojawiasz się tak, jak było ustalone. Widzę wyraźnie, że ta książka powstaje nie dla mnie, lecz dla ciebie **przeze** mnie. Zapewne poszukiwałeś Boga – wypatrywałeś znaku od Niego – od dawna. Ja również.

Dziś razem odnajdziemy Boga. To niezmiennie najlepszy sposób na trafienie do niego. Razem. Nigdy nie znajdziemy Boga oddzieleni. Mam tu na myśli dwa znaczenia. Chodzi mi o to, że nigdy nie znajdziemy Boga, dopóki sami będziemy oddzieleni jeden od drugiego. Pierwszym bowiem krokiem do odkrycia, że nie jesteśmy oddzieleni od Boga, jest odkrycie, że nie jesteśmy oddzieleni od siebie nawzajem. Dopóki nie uświadomimy sobie, że wszyscy stanowimy Jedność, tak długo nie możemy wiedzieć, że my i Bóg to Jedność.

Bóg nie jest od nas oddzielony, nam tylko się zdaje, że my istniejemy osobno.

To błędne przekonanie jest szeroko rozpowszechnione. Wydaje nam się też, że istniejemy w oderwaniu od drugiego człowieka. Najszybszym sposobem „znalezienia Boga", jak się przekonałem, jest odnalezienie siebie nawzajem. Wyjście z ukrycia przed drugim człowiekiem. I oczywiście, przed samym sobą.

Najprędzej można to osiągnąć głosząc prawdę. Każdemu. O każdej porze.

Zacznij mówić prawdę teraz i nigdy nie przestawaj. Na początek mów prawdę o sobie. Następnie powiedz sobie prawdę o drugim człowieku. Potem ogłoś prawdę o sobie drugiemu i drugiemu prawdę o nim samym. Na koniec mów prawdę każdemu o wszystkim.

Oto Pięć Stopni Głoszenia Prawdy. To pięciostopniowa droga do wolności. Prawda cię wyzwoli.

W tej książce jest mowa o prawdzie. Nie mojej, lecz Boga.

Nasz początkowy dialog – Boga i mój – zakończył się przed miesiącem. Zakładam, że ten przebiegać będzie podobnie jak za pierwszym razem. To znaczy, ja stawiam pytania, a Bóg odpowiada. Chyba przerwę pisanie i zadam Bogu pytanie.

Boże, czy tak właśnie potoczy się nasza rozmowa?

Owszem.

Tak jak przypuszczałem.

Tyle że w tej książce sam poruszę pewne tematy, z własnej inicjatywy. W pierwszej części raczej tego nie praktykowałem, jak wiesz.

Wiem. Dlaczego wprowadzasz tę innowację?

Ponieważ ta książka powstaje na Moje życzenie. Nakazałem ci się tu stawić – jak sam zauważyłeś. Pierwszą książkę ty zainicjowałeś. Miałeś swoje sprawy do załatwienia. W tej książce nie masz swoich spraw. W tej książce wypełniasz jedynie Moją wolę.

Tak. Masz słuszność.

Słuszność, Neale, to bardzo dobra rzecz. Życzę jej tobie – oraz innym – najwięcej.

Ale sądziłem, że Twoja wola jest moją wolą. Jak mogę nie wypełniać Twojej woli, jeśli pokrywa się z moją?

To dość zawiła kwestia – i dobrze się stanie, jeśli od niej zaczniemy ten dialog.

Wróćmy do tego, co powiedziałeś. Ja przecież nigdy nie twierdziłem, że Moja wola jest twoją wolą.

Jak to? W poprzedniej książce oznajmiłeś mi wyraźnie: „Twoja wola jest Moją wolą."

Istotnie – ale to nie to samo. Czyżby? Więc dałem się nabrać.

Kiedy mówię: „Twoja wola jest Moją wolą", to nie znaczy to samo, co Moja wola jest twoją.

Gdybyś zawsze spełniał Moją wolę, nic nie stałoby już na przeszkodzie, abyś osiągnął Oświecenie. Proces już by dobiegł końca. To już by się stało.

Gdybyś choć przez jeden dzień czynił wyłącznie Moją wolę, dostąpiłbyś Oświecenia. Gdybyś wypełniał Moją wolę przez te wszystkie lata swojego życia, czy potrzebowałbyś naszych rozmów? Chyba nie.

Zatem nie wypełniasz Mojej woli, co więcej, nawet jej **nie znasz.**

Nie znam?

Właśnie.

To dlaczego mi jej nie oznajmisz?

Oznajmiam, ale ty nie słuchasz. A kiedy słuchasz, tak naprawdę nie słyszysz. A kiedy usłyszysz, nie wierzysz, a kiedy uwierzysz w to, co słyszysz, i tak nie stosujesz się do zaleceń.

Stwierdzenie, że Moja wola jest twoją wolą, mija się więc mocno z prawdą.

Z drugiej jednak strony, twoja wola istotnie jest Moją wolą. Po pierwsze, ponieważ ją znam. Po drugie, ponieważ ją akceptuję. Po trzecie, ponieważ ją pochwalam. Po czwarte, ponieważ ją kocham. Po piąte, ponieważ uznaję ją za swą własną i nazywam Moją.

Wynika stąd, że ty masz wolną wolę postępowania, jak ci się podoba – a Ja, powodowany bezwarunkową miłością, przyjmuję ją jako Moją własną.

Tak więc, aby Moja wola stała się twoją, musiałbyś zrobić to samo. Po pierwsze, musiałbyś ją znać. Po drugie, musiałbyś ją zaakceptować. Po trzecie, musiałbyś ją pochwalać. Po czwarte, musiałbyś ją pokochać. Po piąte, musiałbyś ją uznać za swą własną.

W całej historii ludzkiej rasy tylko niewielu stosowało się do tych zasad konsekwentnie. Garstka stosowała się do tego niemal zawsze, wielu często, jeszcze więcej od czasu do czasu. Właściwie każdemu zaś zdarzyło się zastosować do nich choć raz – chociaż są tacy, którzy nie uczynili tego nigdy.

Do której kategorii ja się zaliczam?

Czy to ważne? Do której kategorii chcesz należeć od tej chwili? Czy to nie trafniejsze pytanie?

Owszem.

I jak brzmi twoja odpowiedź?

Chciałbym należeć do pierwszej kategorii. Chciałbym znać i wypełniać Twoją wolę zawsze.

To chwalebne, lecz raczej niewykonalne.

Dlaczego?

Ponieważ musisz jeszcze przebyć długą drogę rozwoju, nim będziesz mógł to o sobie oświadczyć. Ale powiadam ci: Mógłbyś to osiągnąć, mógłbyś dostąpić Boskości w tej sekundzie, gdybyś zechciał. Twój rozwój nie musi trwać tak długo.

To dlaczego zabiera mi to tyle czasu?

W rzeczy samej. Dlaczego? Na co właściwie czekasz? Nie sądzisz chyba, że to Ja cię wstrzymuję?

Nie. To dla mnie jasne, że sam się wstrzymuję.

To dobrze. Jasność widzenia to pierwszy krok do doskonałości duchowej.

Chciałbym osiągnąć duchową doskonałość. Jak tego dokonać?

Czytaj dalej tę książkę. Zabieram cię właśnie w tamtym kierunku.

2

Chyba nie wiem, dokąd ta książka zmierza. Nie jestem pewny, od czego zacząć.

Dajmy sobie czas.

Ile jeszcze czasu nam potrzeba? Upłynęło już ***pięć miesięcy*** *od napisania pierwszego rozdziału. Ludziom może się wydawać, że to wszystko spływa na papier jednym, nie kończącym się strumieniem. Nie uświadamiają sobie, że początek tego rozdziału dzieli od końca poprzedniego całe dwadzieścia tygodni. Nie rozumieją, że czasami chwile natchnienia zdarzają się w odstępach półrocznych. Ile jeszcze czasu mamy sobie dać?*

Nie o to mi chodziło. Chciałem powiedzieć, abyśmy wzięli sobie czas jako pierwszy punkt naszych rozważań.

Ach tak. Zgoda. Ale skoro jesteśmy przy tym zagadnieniu, dlaczego ukończenie jednego akapitu zabiera nieraz długie miesiące? Dlaczego robisz sobie takie przerwy?

Mój drogi i wspaniały synu, nie robię sobie długich przerw. Nigdy nie oddalam się od ciebie. Po prostu nie zawsze jesteś **świadomy**.

Dlaczego? Dlaczego nie uświadamiam sobie Twojej obecności, jeśli zawsze jesteś przy mnie?

Ponieważ uwikłany bywasz w różne życiowe sprawy. Powiedzmy sobie szczerze: byłeś mocno zabiegany przez ostatnie pięć miesięcy.

To prawda. Tyle się ostatnio działo.

I dopuściłeś, aby to stało się ważniejsze od Mnie.

To nie jest zgodne z moją prawdą.

Zachęcam cię do zastanowienia się nad twym postępowaniem. Głęboko pochłonęło cię życie w wymiarze fizycznym. Zaniedbałeś sprawy duszy.

Musiałem sprostać wielu wyzwaniom.

Tak. Tym bardziej więc powinieneś był włączyć w to swoją duszę. Z Moją pomocą znacznie łatwiej byś się z tym wszystkim uporał. Mogę ci coś doradzić? Nie trać kontaktu.

Staram się nie oddalać, ale zatracam się – pogrążam, jak to określasz – we własnych dramatach. I jakoś nie znajduję czasu dla Ciebie. Nie medytuję. Nie modlę się. I nic nie piszę.

Wiem. Na tym polega ironia życia – kiedy najbardziej potrzebujesz bliskości ze Mną, odsuwasz się.

Jak z tym zerwać?

Zerwij z tym.

No właśnie. Ale jak?

Po prostu przestając to robić. To nie jest takie proste.

Jest.

Życzyłbym sobie, aby tak było.

W takim razie naprawdę będzie proste, ponieważ twoje życzenie jest dla Mnie rozkazem. Pamiętaj, Mój kochany – twoje pragnienia są Moimi. Twoja wola jest Moją.

Zgoda. W porządku. Wobec tego życzę sobie, aby ta książka została ukończona do marca. Teraz mamy październik. Nie życzę sobie więcej pięciomiesięcznych przerw w dopływie materiału.

Tak też się stanie.

Świetnie.

Chyba że będzie inaczej.

Dajże spokój. Znowu zaczynasz swoje gierki?

Nie. Ale do tej pory tak właśnie postępowałeś ze swoim Życiem. Wciąż zmieniasz zdanie. Pamiętaj, życie to nieustanne tworzenie. W każdej minucie stwarzasz swoją rzeczywistość. Decyzja, którą podejmujesz dziś, często rozmija się z wyborem, jakiego dokonujesz jutro.

Lecz oto sekret wszystkich Mistrzów: **wybieraj wciąż to samo.**

Wciąż na nowo? Raz nie wystarczy?

Wciąż na nowo, aż twoja wola objawi się w rzeczywistości.

U niektórych może to trwać latami. U innych miesiącami lub tygodniami. U tych, którzy bliscy są doskonałości, ziścić się to może w ciągu kilku dni, godzin, a nawet minut. Mistrzowie zaś tworzą natychmiast.

Poznasz, że jesteś na drodze ku doskonałości, gdy zauważysz, że zamyka się przepaść dzieląca Wolę od Doświadczania.

Powiedziałeś: „Decyzja, jaką podejmujesz dziś, często rozmija się z wyborem, jakiego dokonujesz jutro". I jaki stąd płynie wniosek? Że nigdy nie powinniśmy sobie pozwalać na zmianę zdania?

Ależ zmieniaj sobie zdanie do woli. Wiedz jednak, że każda zmiana postanowienia nadaje nowy kierunek biegowi wszechświata.

Gdy coś postanawiasz, wprawiasz wszechświat w ruch. W procesie tym biorą udział moce wykraczające poza twoje rozumienie – natury bardziej subtelnej i złożonej, niż możesz sobie wyobrazić. Dopiero teraz powoli zaczynacie poznawać tę zawiłą dynamikę.

Siły te, ten proces, wchodzą w skład misternego splotu różnorakich form energii wzajemnie na siebie oddziaływających. Obejmuję one całość bytu, a więc to, co zwiecie samym życiem.

W istocie są one Mną.

Zatem kiedy zmieniam zdanie, utrudniam Tobie sprawę, tak?

Dla Mnie nie ma rzeczy trudnych – ale możesz sam sobie skomplikować życie. Toteż wytyczaj sobie jeden cel, bądź jednej myśli. I nie rozpraszaj umysłu. Zogniskuj go, ześrodkuj swoje siły, aż urzeczywistnisz swój cel.

Na tym polega niepodzielność umysłu. Jeśli coś wybierasz, włóż w to wszystkie swoje siły, całe serce. Nie angażuj się połowicznie. Idź naprzód! Zdążaj do celu. Bądź wytrwały.

Nie zrażaj się przeciwnościami. Otóż to.

A jeśli racja jest po stronie przeciwności? Jeśli to, czego pragniemy, nam nie służy, nie przyniesie nam żadnego dobra? Wówczas nam tego nie dasz, prawda?

Nieprawda. „Dam" wam, cokolwiek przywołacie, niezależnie od tego, czy jest dla was „dobre" czy „złe". Przyglądałeś się ostatnio swemu życiu?

Ale mnie uczono, że nie zawsze możemy mieć to, czego pragniemy – że Bóg nam tego nie da, jeśli nie służy to naszemu najwyższemu dobru.

Tak twierdzą ci, którzy chcą ci oszczędzić rozczarowania danym rezultatem.

Przede wszystkim, raz jeszcze postawmy jasno sprawę naszych wzajemnych stosunków. Ja nic ci nie „daję" – ty przywołujesz to sam. Część pierwsza wyczerpująco wyjaśnia, jak to się dzieje.

Po drugie, nie osądzam tego, co powołujesz do istnienia. Nie uznaję czegokolwiek za „dobre" czy „złe". (Tobie też przydałoby się, abyś tego zaniechał.)

Jesteś przecież istotą twórczą – uczynioną na obraz i podobieństwo Boga. Możesz mieć, cokolwiek wybierzesz. Ale nie możesz mieć wszystkiego, co chcesz. W gruncie rzeczy nie dostaniesz niczego, jeśli chcesz tego mocno.

Wiem. To również wytłumaczyłeś mi w części pierwszej. Powiedziałeś, że pragnienie czegoś odsuwa od nas tę rzecz.

Tak, a czy pamiętasz, dlaczego?

Ponieważ myśli są stwórcze. Myśl o tym, że czegoś chcemy, jest oświadczeniem wobec wszechświata – stwierdzeniem prawdy – którą wszechświat potem uprowadza do mojej rzeczywistości.

Dokładnie! Trafiłeś w sedno! Nauczyłeś się jednak. Rozumiesz. To świetnie.

Tak właśnie to działa. Z chwilą, gdy wypowiesz słowa „Ja chcę" (czegokolwiek), wszechświat odpowiada „Zaiste chcesz" i zsyła dokładnie to doświadczenie – **doświadczenie „chcenia" tego!**

Cokolwiek umieścisz po „Ja", staje się stwórczym nakazem. Dżinn w butelce – którym jestem Ja – nie może nie wykonać polecenia.

Ja stwarzam to, co ty przywołujesz! Ty przywołujesz to, co myślisz, czujesz i mówisz. Nic prostszego.

Wyjaśnij mi więc raz jeszcze – dlaczego tyle czasu zabiera mi stworzenie rzeczywistości, którą wybieram?

Składa się na to wiele przyczyn. Nie wierzysz, że to, co wybierasz, się spełni. Nie wiesz, co wybrać. Próbujesz ustalić, co dla ciebie „najlepsze". Chciałbyś gwarancji z góry na to, że twój wybór okaże się „słuszny". A do tego wciąż zmieniasz zdanie!

Nie wiem, czy dobrze rozumiem. Nie powinienem próbować ustalić, co dla mnie najlepsze?

„Najlepsze" to pojęcie względne i zależy od setki zmiennych. To niesłychanie utrudnia wybór. Przy podejmowaniu decyzji należy mieć na względzie tylko jedno – Czy to mnie wyraża? Czy daje świadectwo temu, Czym Postanawiam Być?

Całe twoje życie powinno o tym świadczyć. I w gruncie rzeczy, świadczy. Tylko że ty możesz sprawić, aby odbywało się to **z przypadku** albo **ze świadomego wyboru.**

Życie z wyboru jest życiem świadomego działania. Życie z przypadku jest życiem nieświadomej reakcji.

Re-akcja to ni mniej, ni więcej tylko działanie, które podjąłeś już kiedyś w przeszłości. Kiedy reagujesz, to w istocie oceniasz napływające dane, odnajdujesz w swoim banku pamięci identyczne lub zbliżone zdarzenie i **postępujesz tak jak wtedy.** To dzieło twojego umysłu, a nie duszy.

Dusza kazałaby ci przeszukać jej „pamięć", abyś zobaczył, jak stworzyć **autentyczne doświadczenie** siebie w Chwili Teraźniejszej. Na tym polega „zgłębianie duszy", o którym zapewne słyszałeś wiele razy, ale trzeba „postradać rozum", aby tego dokonać.

Trwonisz czas główkując nad tym, co jest dla ciebie „najlepsze". Powiadam ci: lepiej oszczędzać czas niż trwonić go bez żadnego pożytku.

Odrzucenie rozumu pozwala uniknąć straty czasu. Decyzje podejmuje się szybko, wybory wprowadza w życie bezzwłocznie, gdyż dusza tworzy wyłącznie na podstawie obecnego doświadczenia, nie przegląda, nie analizuje, nie roztrząsa zdarzeń minionych.

Zapamiętaj to: dusza jest kreatywna, umysł – reaktywny.

W swej mądrości dusza wie, że to, co spotyka cię w Tej Chwili, jest doświadczeniem, które zesłał tobie Bóg, zanim zdążyłeś sobie to uświadomić. Bóg uprzedza twoje życzenie – jeszcze zanim poprosisz, otrzymasz. Każda Chwila Teraźniejszości to wspaniały dar Boży, to Boża obecność.

Dusza intuicyjnie wyszukuje sytuacje, okoliczności, jakich właśnie potrzeba do uzdrowienia złej myśli, sprzyjających poznaniu w doświadczeniu Twej Prawdziwej Istoty.

Pragnieniem duszy jest pojednać cię z Bogiem, przyprowadzić z powrotem do Mnie.

Dąży ona do poznania siebie **doświadczalnie** – i w ten sposób do poznania Mnie. Rozumie bowiem, że Ty i Ja to Jedno, nawet jeśli umysł zaprzecza tej prawdzie, a ciało tę negację odgrywa.

Toteż, podejmując doniosłe decyzje, odrzuć rozum i sięgnij w głąb duszy.

Dusza rozumie to, co dla rozumu niepojęte.

Jeśli będziesz zastanawiał się, co dla ciebie „najlepsze", twoje wybory zdławi ostrożność, decyzje przedłużą się w nieskończoność i wyruszysz w podróż życia po morzu oczekiwań.

Jeśli nie będziesz uważał, utoniesz.

To dopiero odpowiedź! Ale jak słuchać duszy? Skąd mam wiedzieć, co właściwie słyszę?

Dusza przemawia przez uczucia. Słuchaj głosu uczuć. Kieruj się nim. Szanuj go.

To dlaczego wydaje mi się, że właśnie szanowanie własnych uczuć wpędza mnie w kłopoty?

Ponieważ rozwój kojarzysz z „kłopotami", a zastój z „bezpieczeństwem".

Powiadam ci: Uczucia **nigdy** nie przysporzą ci „kłopotów", gdyż stanowią twoją prawdę. Jeśli chcesz przeżyć życie nie słuchając głosu uczuć, lecz każde uczucie poddając obróbce Umysłu, proszę bardzo. Opieraj się na analizie sytuacji dokonanej przez Umysł. Ale nie sądź, że znajdziesz w tych machinacjach radość, że będziesz mógł opiewać swą prawdziwa istotę.

Pamiętaj: świętowanie życia odbywa się bez umysłu.

Jeśli wsłuchasz się w duszę, dowiesz się, co dla ciebie „najlepsze", ponieważ to, co jest dla ciebie najlepsze, stanowi zarazem twoją prawdę.

Gdy działasz zgodnie ze swoją prawdą, przyspieszasz własny duchowy rozwój. Kiedy stwarzasz doświadczenie oparte na twej „obecnej prawdzie", zamiast powielać doświadczenie oparte na „prawdzie przeszłej", powstaje „nowy ty".

Dlaczego tyle czasu trwa stworzenie rzeczywistości, którą wybierasz? Oto dlaczego: ponieważ nie żyjesz zgodnie ze swoją prawdą.

Poznaj prawdę, a ona cię wyzwoli.

Lecz gdy raz ją poznasz, nie zmieniaj wciąż swojego zdania na ten temat. Tak właśnie przejawia się dążenie umysłu do określenia, co jest dla ciebie „najlepsze". Przestań! Opamiętaj się! Odrzuć rozum i zdaj się na zmysły!

Oznacza to powrót do tego, co czujesz, a nie, co myślisz. Myśli są tylko tym – myślami. Konstruktami umysłu. „Wymyślonymi" tworami. A uczucia? – one są **rzeczywiste.**

Uczucia są mową duszy. Dusza to twoja prawda.

To tyle. Czy to wydaje ci się spójne?

Czy mam przez to rozumieć, że należy wyrażać wszelkie uczucia – jakkolwiek by były szkodliwe czy negatywne?

Uczucia nie są ani szkodliwe, ani negatywne. Są prawdą. Wszystko sprowadza się do tego, jak ją przekazujesz.

Gdy wyrażasz ją z miłością, skutki ujemne, negatywne, występują rzadko, a jeśli wystąpią, to dlatego, że druga osoba postanowiła odebrać twoją prawdę w sposób negatywny. W takim przypadku raczej nic nie można na to poradzić.

Z pewnością nie jest rzeczą właściwą nieokazywanie swojej prawdy. Mimo to ludzie nieustannie to robią. Tak się boją sprawić czy narazić na przykrość, że skutecznie ukrywają swoją prawdę.

Wiedz jedno: O wiele większe znaczenie od tego, jak została odebrana wiadomość, ma to, jak została nadana.

Nie możesz brać odpowiedzialności za to, jak kto inny przyjmie twoją prawdę; możesz tylko zadbać o to, aby została właściwie przekazana. Przez właściwie rozumiem nie tylko jasno, ale również z miłością, współczuciem, wrażliwością, odważnie i do samego końca.

Nie pozostawia to miejsca na niedopowiedzenia, na „brutalną" czy „szczerą" prawdę. Chodzi tu o prawdę, całą prawdę i tylko prawdę, tak ci dopomóż Bóg.

Ten ostatni człon, „tak ci dopomóż Bóg", wzbogaca prawdę o Boski wymiar miłości i współczucia – Ja ze swej strony zawsze cię w tym wspomogę, jeśli o to poprosisz.

Tak więc wyrażaj swoje, jak je określasz, najbardziej „negatywne" uczucia, ale nie w sposób destrukcyjny.

Niedopuszczenie do wyrażania (czyli wypchnięcia na zewnątrz) uczuć negatywnych bynajmniej nie sprawi, że one znikną. One pozostaną w środku, stłumione. Uwięziona w ten sposób negatywność szkodzi ciału i ciąży duszy.

Ale jeśli druga osoba pozna każdą niepochlebną myśl, jaką ma się na jej temat, z pewnością odbije się to na związku, choćby przekazywana była z miłością.

Mówiłem, że trzeba wyrazić (wypchnąć na zewnątrz) negatywne uczucia – nie powiedziałem jednak ani jak, ani do kogo je kierować.

Nie trzeba okazywać wszystkich negatywnych uczuć osobie, wobec której się je żywi. Należy przekazać je drugiemu tylko wtedy, gdy nieujawnienie ich narazi na szwank twoją wewnętrzną uczciwość albo przedstawi sytuację w fałszywym świetle.

Postawa negatywna nie ma nic wspólnego z ostateczną prawdą, nawet jeśli w danej chwili wydaje ci się twoją prawdą. Może ona brać się z jakiejś nieuzdrowionej cząstki ciebie. W gruncie rzeczy, **zawsze stąd się bierze.**

Dlatego tak ważne jest, aby wyrzucić z siebie szkodliwe, ujemne myśli. Tylko wtedy gdy je uwolnisz, umieścisz przed sobą na widoku, dojrzysz je na tyle wyraźnie, aby osądzić, czy naprawdę im wierzysz.

Wszystkim wam zdarzyło się mówić rzeczy – przykre rzeczy – po to, aby się przekonać, że raz wypowiedziane, przestają być „prawdziwe".

Wszystkim wam zdarzyło się wyrażać uczucia – od strachu do złości i gniewu – po to, aby się przekonać, że raz wyrażone, nie oddają naprawdę tego, co odczuwacie.

Uczucia mogą być zwodnicze. Są one mową duszy, ale musisz się upewnić, że słuchasz głosu autentycznych swoich uczuć, a nie tworów swego umysłu pozorujących prawdziwe uczucia.

O nie, więc nawet nie mogę ufać własnym ***uczuciom****? Wspaniale! Sądziłem, że stanowią drogę do prawdy! Sądziłem, że tego właśnie mnie uczysz!*

Bo tak jest. Posłuchaj. Na obecnym twoim etapie wydaje ci się to niezrozumiałe, ale pewne uczucia są **autentyczne,** zrodzone w duszy, inne zaś nie, gdyż powstają w umyśle.

Innymi słowy, wcale uczuciami nie są – tylko myślami. Myślami **przebranymi** za uczucia.

Myśli te oparte są na twych wcześniejszych doświadczeniach i doświadczeniach innych ludzi, które podpatrzyłeś. Widzisz, jak ktoś się wykrzywia, gdy mu wyrywają ząb, i **sam** się wykrzywiasz, gdy wyrywają ząb tobie. Może wcale cię nie boli, ale i tak robisz cierpiącą minę. Twoja reakcja nie ma żadnego związku z rzeczywistością, tylko z tym, jak ją **postrzegasz**, w ramach doświadczeń innych ludzi albo własnych przeżyć w przeszłości.

Największym wyzwaniem dla ludzi jest Bycie Tutaj Teraz, zerwanie z nieustannym wymyślaniem rzeczy! Przestań tworzyć myśli na temat teraźniejszości. **Bądź w niej obecny!** Pamiętaj, że stanowi ona dar dla Jaźni. Ta chwila kryła w sobie zalążek doniosłej prawdy. Pragnąłeś tę prawdę zachować. Lecz gdy nadszedł ten moment, od razu przystąpiłeś do snucia o niej myśli. Zamiast być w tej chwili, stanąłeś **na zewnątrz** i osądziłeś ją. Potem nastąpiła re-akcja, czyli postąpiłeś jak **poprzednim razem.**

Przyjrzyj się tym dwóm słowom:

REAKCJA
KREACJA

Zauważ, że to jedno i to samo słowo. Tylko „K" zostało przesunięte! Gdy postawisz „K" na właściwym miejscu, stajesz się Kreatywny.

To bardzo sprytne.

Tego można się po Bogu spodziewać.

Lecz, jak widzisz, chodzi mi przede wszystkim o uwypuklenie pewnej prawdy: otóż, gdy podchodzisz do każdej chwili bez obciążeń przeszłości**, wolny od wcześniejszych myśli**, możesz stworzyć siebie na nowo, zamiast odgrywać to, **kim już byłeś**.

Życie to proces tworzenia, a ty żyjesz tak, jak gdyby polegało ono na odtwarzaniu!

Ale jak rozumna istota może odrzucić swoje uprzednie doświadczenia w chwili, gdy coś się dzieje? To chyba normalne, że odwołujesz się do swojej wcześniejszej wiedzy na ten temat i nią się kierujesz?

Normalne może tak, ale nie „naturalne". „Normalne" jest coś, co robi się zwykle. „Naturalne" jest twoje postępowanie, kiedy nie próbujesz być „normalny"!

To dwie różne rzeczy. W danej chwili możesz zrobić to, co robisz normalnie, albo to, co przychodzi do ciebie naturalnie.

Mówię ci: **Nie ma rzeczy bardziej naturalnej niż miłość.**

Kierowanie się miłością oznacza działanie naturalne. Kiedy zaś reagujesz strachem, urazą, złością, może zachowujesz się **normalnie,** ale nigdy nie osiągniesz **naturalności.**

Ale w jaki sposób mogę kierować się miłością, jeśli całe moje wcześniejsze doświadczenie ostrzega mnie, że dana „chwila" z pewnością przysporzy mi bólu?

Zignoruj wcześniejsze doświadczenia i **zanurz się w chwili obecnej.** Bądź Tutaj Teraz. Zobacz, co możesz wykorzystać w tej chwili do tworzenia siebie na nowo.

Pamiętaj, że **właśnie o to tutaj chodzi.**

Przychodzicie na ten świat tak, a nie inaczej, w tym czasie, w tym miejscu, aby dowiedzieć się, Kim Jesteście – i urzeczywistnić to, Kim Pragniecie Być.

Taki jest cel całego życia. To ciągły, nie kończący się proces tworzenia na nowo. Tworzycie od nowa swoją jaźń na obraz najwyższego o sobie mniemania, które wciąż się zmienia.

To przypomina mi sytuację człowieka, który skoczył z dachu najwyższego budynku, przekonany, że potrafi latać. Zignorował swoje „wcześniejsze doświadczenie" i „doświadczenie innych, które podpatrzył", i skoczył ogłaszając: „Jestem Bogiem! Jestem Bogiem!" To niezbyt roztropne.

A ja powiadam ci: Ludzie dokonali rzeczy większych. Uzdrawiali choroby. Wskrzeszali umarłych.

Ściślej mówiąc, ***jeden.***

Uważasz, że tylko jednemu człowiekowi została dana taka władza nad fizycznym wszechświatem?

Tylko jeden ją okazał.

Niezupełnie. Kto rozdzielił Morze Czerwone?

Bóg.

Istotnie, ale kto Go o to poprosił?

Mojżesz.

Właśnie. A kto Mnie prosił, abym uleczył chorych, ożywił zmarłych?

Jezus.

Zgadza się. Wobec tego, czy uważasz, że ty nie jesteś w stanie uczynić tego co Mojżesz i Jezus?

Ale przecież to Ty sprawiłeś przez nich! To co innego.

W porządku. Trzymajmy się więc twojego modelu. Czy uważasz, że ty też mógłbyś Mnie poprosić o dokonanie tych cudów?

Chyba mógłbym.

A czy spełniłbym twoją prośbę?

Nie wiem.

I to właśnie różni cię od Mojżesza! Dzieli od Jezusa!

Wielu ludzi wierzy, że jeśli będą prosić w imię Jezusa, spełnisz ich życzenia.

Tak, istotnie wielu w to wierzy. Uważają, że sami nie mają żadnej mocy, ale widzieli (albo przyjmują świadectwo tych, którzy widzieli) moc Jezusa, dlatego proszą w jego imię. Mimo że on sam powiedział: „Dlaczego tak się dziwicie? Te rzeczy i inne i wy czynić będziecie." Ale w to ludzie nie mogli uwierzyć. Nawet dziś budzi to opór.

Wszyscy myślicie, że nie jesteście godni. Dlatego wzywacie Jezusa. Albo Marię Pannę. Albo „świętego patrona" od tego czy owego. Przywołujecie Boga Słońca. Albo ducha Wschodu. Każde imię jest dobre – każde – byle nie wasze własne.

Lecz Ja wam powiadam – **Pytajcie, a będzie wam dane. Szukajcie, a znajdziecie. Pukajcie, a będzie wam otworzone.**

Skocz z dachu, a polecisz.

Cóż, znane są przypadki lewitacji. Wierzysz w lewitację?

Słyszałem o tym.

Niektórzy przenikają też przez ściany. I wychodzą poza ciało.

Owszem. Ale ja nigdy nie ***widziałem,*** *żeby ktoś przeszedł przez ścianę – i nikomu nie radziłbym tego próbować. Nie pochwalam też skakania z dachów. To raczej nie służy zdrowiu.*

Ten człowiek się zabił nie dlatego, że latanie jest niemożliwe, gdy znajdziesz się we właściwym stanie istnienia. Zginął, ponieważ nie można okazywać Boskości przez zaznaczenie swojej odrębności od drugiego człowieka.

Proszę o wyjaśnienie.

Człowiek ten żył w świecie własnych iluzji, wyobrażał sobie, że jest **inny niż pozostali.** Ogłaszając, że jest Bogiem, już na samym wstępie dopuścił się kłamstwa. Chciał się oddzielić. Pokazać, że jest ważniejszy. Potężniejszy.

To był czyn ego.

Ego – czyli to, co odrębne, indywidualne – żadnym sposobem nie może naśladować czy objawiać Jedności.

Usiłując dowieść, że jest Bogiem, człowiek ów okazał tylko swą odrębność, a nie więź ze wszystkim, co jest. Zatem próbował objawić Boskość objawiając jej przeciwieństwo, dlatego przegrał.

Z kolei Jezus okazywał Boskość potwierdzając Jedność – postrzegając Jedność i więź z Całością, gdziekolwiek (i na kogokolwiek) zwrócił swoje spojrzenie. W tym jego świadomość i Moja świadomość stanowiły jedno, w takim stanie ziszczało się w jego Boskiej rzeczywistości wszystko, o cokolwiek prosił.

Rozumiem. Aby móc dokonać cudów, potrzeba tylko „Świadomości Chrystusa". To upraszcza sprawę...

W istocie. Bardziej, niż ci się wydaje. Wielu osiągało taką świadomość. Wielu dostąpiło uChrystusowienia, nie tylko Jezus z Nazaretu.

Ty też możesz Nim się stać.

Jak?

Dążąc do tego. Wybierając. Ale tego wyboru musisz dokonywać każdego dnia, w każdej minucie. Musi to być celem twego życia.

To **jest** cel twojego życia – tylko o tym nie wiesz. A nawet jeśli wiesz, nawet jeśli pamiętasz o tym szczytnym przeznaczeniu, nie bardzo wiesz, jak **tam** dotrzeć ze swego obecnego położenia.

Otóż to. Zatem jak mogę dotrzeć tam, gdzie chcę być – stąd, gdzie jestem?

Powtarzam raz jeszcze: **Szukajcie, a znajdziecie. Pukajcie, a będzie wam otworzone.**

„Szukam i pukam" od trzydziestu pięciu lat. Wybacz, ale ta śpiewka już mi się sprzykrzyła.

Jesteś rozczarowany, prawda? Ale tak naprawdę, chociaż zasługujesz na dobrą ocenę za swoje starania, nie mogę się zgodzić z tym, że od trzydziestu pięciu lat poszukujesz i kołaczesz do drzwi.

Od trzydziestu pięciu lat, zgoda, ale z przerwami, głównie z przerwami.

Kiedyś, w młodości, przychodziłeś do Mnie tylko wtedy, kiedy miałeś kłopoty, kiedy czegoś potrzebowałeś. Gdy dorosłeś, dojrzałeś, uświadomiłeś sobie, że to nie był odpowiedni stosunek do Boga, stąd postanowienie stworzenia czegoś bardziej znaczącego, głębszego. Ale nawet wtedy byłem w zasadzie „raz na jakiś czas".

Jeszcze później, gdy zrozumiałeś, że **unię** z Bogiem można osiągnąć wyłącznie przez **komunię,** podjąłeś praktyki prowadzące do komunii, ale nawet im oddawałeś się sporadycznie, niesystematycznie.

Medytowałeś, uczestniczyłeś w obrzędach, przyzywałeś Mnie w modłach i śpiewach, budziłeś Mojego Ducha w sobie, ale tylko wtedy, gdy miałeś ku temu nastrój.

I choć te rzadkie doświadczenia były tak wspaniałe, i tak spędzałeś 95 procent swego życia uwikłany w iluzję **odrębności,** a przebłyski **ostatecznej rzeczywistości** stanowiły krótkotrwałe przerywniki, rozproszone i oderwane.

Twoje życie nadal kręci się wokół rachunków za telefon, wizyt w warsztatach samochodowych, tego, czego oczekujesz od innych, a zatem wokół dramatów, które stworzyłeś, a nie wokół ich twórcy.

Wiesz, **dlaczego** wciąż je podsycasz. Bo bardzo pochłania cię ich odgrywanie.

Powiadasz, że pojmujesz sens życia, ale nie żyjesz zgodnie ze swym pojmowaniem. Oświadczasz, że wiesz, jak dostąpić komunii z Bogiem, ale nie stosujesz tej wiedzy. Twierdzisz, że wstąpiłeś na duchową ścieżkę, ale nie kroczysz nią.

I zwracasz się do Mnie, mówisz, że poszukujesz i kołaczesz od 35 lat.

Przykro mi pozbawiać cię złudzeń, ale...

Najwyższy czas, abyś ujrzał prawdę o sobie, zamiast obwiniać Mnie o doznane rozczarowania.

Pytam więc: Czy chcesz stać się jak Chrystus? Jeśli tak, to **postępuj** jak Chrystus, **w każdej minucie każdego dnia.** (Nie wiesz jak? To marny wykręt. On sam pokazał ci przecież drogę.) W każdych okolicznościach zachowuj się jak Chrystus. (Nie potrafisz? To kiepska wymówka. Przecież zostawił ci **wskazówki.**)

Gdybyś potrzebował pomocy, znajdziesz ją. Ja udzielam ci rad bez przerwy. Jestem tym cichym głosem wewnętrznym, który podpowiada ci, gdzie się zwrócić, jaką drogą pójść, co odpowiedzieć, jakie podjąć działanie, co powiedzieć – jaką **rzeczywistość tworzyć,** jeśli szczerze pragniesz Jedności ze Mną. Po prostu **usłysz** Mnie.

Nie wiem, jak mam Ciebie nasłuchiwać.

Bzdura! Przecież właśnie Mnie słyszysz! Rób to przez cały czas.

Przecież nie mogę wszędzie chodzić z żółtym notatnikiem przez cały dzień. Nie mogę rzucić wszystkiego i napisać do Ciebie, w nadziei że udzielisz mi jednej ze swych genialnych odpowiedzi.

Dziękuję. **Są** genialne. I jeszcze jedno: owszem, możesz.

To znaczy, gdyby ktoś oznajmił ci, że możesz mieć bezpośrednie połączenie z Bogiem, „gorącą linię" do samego Boga, i do tego trzeba tylko, abyś stale miał w pogotowiu papier i pióro, czy zgodziłbyś się na to.

No, oczywiście.

Lecz dopiero co powiedziałeś coś zupełnie przeciwnego. Co się z tobą dzieje? Czy twoje słowa dają świadectwo twojej prawdzie!

Śpieszę ci oznajmić Dobrą Nowinę: nie potrzebujesz nawet papieru i pióra. Jestem z tobą zawsze. **Nie pióro jest Moim mieszkaniem,** lecz twoja dusza.

To prawda, to znaczy, chyba mogę w to wierzyć?

Oczywiście, że tak. O to prosiłem cię od początku – abyś w to uwierzył. Głosił to każdy Mistrz, sam Jezus. To naczelne przesłanie. Najważniejsza prawda.

Jestem z wami zawsze, aż do końca czasu.

Wierzysz w to?

Tak, teraz wierzę. To znaczy bardziej niż kiedykolwiek.

Znakomicie. Więc Mnie **wykorzystaj.** Jeśli w twoim przypadku sprawdza się notatnik i pióro (całkiem nieźle zresztą), to **bierz pióro i notatnik.** Jeszcze częściej. Codziennie. Co godzinę, jeśli wystąpi taka potrzeba.

Zbliż się do Mnie. **Zbliż się do Mnie!** Czyń, co w twojej mocy. Czyń, co konieczne. Czyń, co potrzeba.

Zmów różaniec. Ucałuj kamień. Skłoń się na wschodnią stronę. Odśpiewaj pieśń. Puść w ruch wahadełko. Napnij mięsień.

Albo napisz książkę.

Zrób, co trzeba.

Każdy z was pojmuje Mnie – tworzy Mój obraz – po swojemu.

Dla jednych jestem rodzaju męskiego. Dla innych – żeńskiego. Dla jeszcze innych jednego i drugiego. Dla jeszcze innych – nijakiego.

Jedni widzą we mnie czystą energię. Inni – najwyższe uczucie zwane miłością. Jeszcze inni nie mają pojęcia, czym jestem. Wiedzą tylko, że Ja Jestem.

To prawda.

Ja jestem.

Jestem wiatrem, który targa ci włosy. Jestem słońcem, które ogrzewa twoje ciało. Jestem deszczem, który igra na twojej twarzy. Jestem zapachem kwiatów rozchodzącym się w powietrzu, i jestem kwiatami, które rozsiewają swój aromat. Jestem powietrzem, które niesie ów aromat.

Jestem początkiem twojej pierwszej myśli. Jestem końcem ostatniej. Jestem ideą, która zrodziła twą najszczytniejszą chwilę. Jestem chwałą jej zwieńczenia. Jestem uczuciem, które natchnęło twój najszlachetniejszy czyn. Jestem tą cząstką ciebie, która tęskni za powrotem tego uczucia.

Cokolwiek się sprawdza w twoim przypadku, cokolwiek pozwala ci to osiągnąć – **jakikolwiek** obrządek, rytuał, medytacja, myśl, pieśń, słowo sprawia, że nawiązujesz ze Mną łączność – **czyń to.**

Czyń to na Moją pamiątkę.

3

Podsumowując to, co do tej pory powiedziałeś, tak mniej więcej przedstawiają się najważniejsze punkty:

- *Życie to nieustanny proces tworzenia.*
- *Sekret wszystkich Mistrzów polega na tym, aby nie zmieniać zdania, aby wciąż wybierać to samo.*
- *Nie zrażaj się przeciwnościami.*
- *„Przywołujemy" to, co myślimy, czujemy i mówimy.*
- *Życie może być procesem tworzenia albo odtwarzania.*
- *Dusza jest* ***kreatywna****, umysł* ***reaktywny****.*
- *Dusza pojmuje to, co dla umysłu jest nie do pomyślenia.*
- *Przestań zastanawiać się, co jest dla ciebie „najlepsze" (jak wygrać najwięcej, stracić najmniej, dostać to, czego się chce) i zacznij współdziałać z poczuciem własnej tożsamości.*
- *Twoje uczucia stanowią twoją prawdę. To, co dla ciebie najlepsze, zarazem prawdziwie o tobie świadczy.*
- *Myśli to* ***nie*** *uczucia; to twoje wyobrażenia na temat tego, co „powinieneś" odczuwać. Kiedy myli się uczucia z myślami, prawda się gubi, zaciera.*
- *Aby wrócić do odczuwania, należy* ***postradać rozum i zdać się na zmysły.***
- *Kiedy poznasz swoją prawdę, żyj nią.*
- *Negatywne uczucia nie są rzeczywistymi uczuciami; to twoje myśli na pewien temat, zawsze oparte na twym uprzednim doświadczeniu oraz doświadczeniu innych.*

- *Wcześniejsze doświadczenia nie są wyznacznikiem prawdy, gdyż Czysta Prawda powstaje tu i teraz, nie jest odtwarzana.*
- *Aby zmienić swoje reakcje, bądź obecny w chwili teraźniejszej – chwili, która została ci zesłana i była po prostu sobą, zanim zdążyłeś zasłonić ją myślą... Innymi słowy, Bądź Tutaj Teraz, nie w przeszłości ani nie w przyszłości.*
- *Przeszłość i przyszłość istnieją tylko w myśli. Jedyną Rzeczywistością jest Chwila Obecna. Pozostań w niej!*
- *Szukajcie, a znajdziecie.*
- *Czyń, co potrzeba, aby połączyć się z Bogiem/Boginią/Prawdą. Nie zarzucaj praktyk duchowych, modlitw, obrządków, medytacji, lektur, pisania, słowem „tego, co sprawdza się w twoim przypadku" i utrzymuje cię w jedności ze Wszystkim, Co Jest.*

Co o tym sądzisz?

Wspaniale! Widzę, że się rozumiemy. Pojąłeś to. Ale czy potrafisz tym żyć?

Postaram się.

To dobrze.

Czy wobec tego możemy powrócić do naszych przerwanych rozważań o Czasie?

Nie ma takiego drugiego Czasu jak teraz!

Na pewno już to słyszałeś. Ale nie rozumiałeś. Do tej pory.

Nie ma innego razu niż TE-N-RAZ. Nie ma innej chwili niż obecna. „Teraz" to wszystko, co istnieje.

A „wczoraj" i „dziś"?

Chimery wyobraźni. Konstrukty umysłu. Nie istnieją w Ostatecznej Rzeczywistości.

Cokolwiek się zdarzyło, zdarza i zdarzy, dzieje się teraz.

Nie rozumiem.

Bo nie możesz. To znaczy, do końca. Ale możesz zrobić pierwszy krok w kierunku zrozumienia. A ten krok to wszystko, czego tu trzeba.

Więc... po prostu słuchaj.

„Czas" nie jest kontinuum. To wymiar względnej rzeczywistości, który rozciąga się nie horyzontalnie, poziomo, lecz wertykalnie, pionowo.

Przedstawia się go jako coś ukierunkowanego „z lewej strony do prawej" – jako tak zwaną linię czasu, która dla każdego człowieka biegnie od narodzin do śmierci, a dla wszechświata od jednego skończonego punktu do drugiego skończonego punktu.

A naprawdę „Czas" to coś, co ma „górę i dół"! Wyobraź go sobie jak wrzeciono, przedstawiające Wieczną Chwilę Teraźniejszości.

Teraz na to wrzeciono nadziej kartki papieru, jedna na drugą. To będą składniki czasu, każdy z nich jest oddzielny, ale istnieje **równocześnie z innymi.** Wszystkie kartki na wrzecionie od razu! Tyle, ile ma być – tyle, ile zawsze było...

Jest tylko Jedna Chwila – obecna – Wieczna Chwila Teraźniejszości.

Wszystko dzieje się **teraz** – na Moją chwałę. Nie trzeba czekać na jej objawienie. Obmyśliłem to w ten sposób, ponieważ **nie mogłem się doczekać!** Tak mocno pragnąłem Być Sobą, że nie mogłem powstrzymać się, aby to urzeczywistnić. I BUM, oto jest – tutaj, teraz – WSZYSTKO NARAZ. Nie ma tu Początku, tak jak nie ma Kresu. To – Całość Stworzenia – po prostu Jest.

Wasze doświadczenie rozgrywa się w **obrębie Jest** – tu kryje się też wasz największy sekret. W obrębie Jest możecie przemieszczać się świadomością w dowolny „czas" czy „miejsce".

Chcesz powiedzieć, że możemy podróżować w czasie?

Jak najbardziej. Wielu już tego dokonało. Właściwie nawet wszyscy – robicie to co noc, w stanie, który nazywacie snem. Przeważnie nie zdajecie sobie z tego sprawy. Nie możecie zachować świadomości tego przeżycia. Ale jego energia przylega do was niczym klej. Czasami jest jej tyle, że osoby wrażliwe na ten rodzaj energii wyłapują rzeczy z waszej „przeszłości" czy „przyszłości". „Odczytują" przyległą energię, a wy nazywacie ich jasnowidzami, mediami. Zdarza się, że zasoby tej energii są tak pokaźne, iż nawet wy, z waszą zawężoną świadomością, zdajecie sobie sprawę, że „już tu kiedyś byliście". Całe wasze jestestwo zostaje porażone nagłym odkryciem, że „już to kiedyś robiliście"!

Déjà vu!

Właśnie. Albo to cudowne wrażenie, gdy kogoś poznajesz, że **znasz go od zawsze – całą wieczność!**

To nadzwyczajne uczucie. Wyśmienite. I **prawdziwe.** Jest to bowiem znajomość odwieczna.

Wieczność jest teraz!

Zatem często spoglądałeś w górę lub w dół, ze swojej „kartki papieru" na wrzecionie, i ujrzałeś wszystkie pozostałe! I widziałeś też siebie – ponieważ **cząstka ciebie występuje na każdej kartce!**

Jak to możliwe?

Powiadam ci: Ty byłeś zawsze, jesteś teraz i będziesz zawsze. Nie istniał nigdy żaden czas bez ciebie – i nigdy nie zaistnieje.

Chwileczkę! A co z pojęciem starszych dusz? Czy dusze nie różnią się wiekiem?

Nic nie różni się wiekiem od całej reszty. Wszystko stworzyłem **OD RAZU** – i wszystko istnieje **NARAZ i TERAZ.**

Doświadczenie różnicy wieku, o którym mówisz, ma związek z **poziomem świadomości** poszczególnej duszy czy Aspektu Bytu. Wszyscy stanowicie Aspekty Bytu, cząstki Tego, Co Jest. Każda zawiera w sobie świadomość Całości. Każdy element kryje w sobie nadrzędny wzór.

„Świadomość" to przebudzenie. Indywidualny aspekt Całości uświadamia sobie swoje istnienie. Staje się, dosłownie, **samoświadomy.**

Następnie stopniowo uświadamia sobie obecność wszystkich innych, a wreszcie zdaje sobie sprawę, że innych nie ma – że Wszystko jest Jednym.

Ostatecznie zaś jestem tylko Ja. Wspaniały!

Niech mnie, uwielbiasz siebie, prawda?

A ty Mnie nie?

Skądże znowu. Uważam, że świetny z ciebie facet!

Podzielam tę opinię. A Ja uważam, że z ciebie świetny facet! I w tym punkcie się nie zgadzamy. **Ty wcale nie uważasz, że jesteś cudowny.**

Jak tak mogę myśleć, skoro dostrzegam wszystkie swoje wady, wszystkie swoje błędy – całe swoje zło?

A Ja ci mowię, że zło nie istnieje. Chciałbym, aby to była prawda!

Jesteś doskonały, taki, jaki jesteś. Chciałbym, aby to też była prawda.

To **jest** prawda. Drzewo nic nie traci ze swej doskonałości będąc zalążkiem drzewa. Niemowlę nie ustępuje doskonałością dorosłemu. To **sama perfekcja.** To, że nie potrafi czegoś zrobić, że czegoś nie wie, nie ujmuje w niczym jego perfekcji.

Dziecko robi błędy. Staje. Stawia chwiejny krok. Upada. Podnosi się, czepiając matczynej spódnicy. I czy jest przez to ułomne?

Wręcz przeciwnie! Dziecko to wcielona doskonałość, zasługująca na bezwarunkowy i bezbrzeżny podziw.

Tak jak i ty.

Ale dziecko nie uczyniło nic złego! Nie skrzywdziło nikogo, nie popełniło wykroczenia, nie działało na własną szkodę!

Dziecko nie **odróżnia** dobra od zła.

Właśnie.

Ty też.

Ja odróżniam. Wiem, że jest złem zabijanie ludzi, a dobrem miłość do nich. Wiem, że krzywdzić jest złem, uzdrawiać, naprawiać – dobrem. Wiem, że przywłaszczanie sobie cudzego mienia, wykorzystywanie innych, oszukiwanie to zło.

Mógłbym pokazać ci przypadki, w których każde to zło byłoby **dobrem.**

Pokpiwasz sobie ze mnie.

Wcale nie. Tylko staram się być rzeczowy.

Jeśli chodzi Ci o to, że od każdej zasady są wyjątki, to się zgadzam.

Jeśli zdarzają się **wyjątki,** to reguły nie ma.

Chcesz powiedzieć, że nie jest złem zabijanie, krzywdzenie czy okradanie innych?

To zależy od tego, czemu to **służy.**

W porządku, już rozumiem. Ale to nie świadczy o tym, że staje się ***dobrem.*** *Czasami trzeba zrobić coś nikczemnego, żeby osiągnąć szczytny cel.*

Przez co nie jest wcale takie „nikczemne", prawda? To środek wiodący do celu.

Twierdzisz więc, że cel uświęca środki?

A jak myślisz?

Nie. Absolutnie.

To niech tak będzie.

Nie widzisz, o co tu chodzi? **Sami ustanawiacie zasady idąc przez życie.**

I jeszcze jedno: **Tak właśnie ma być.**

Po to tutaj jesteście!

Życie polega na decydowaniu, Kim Jesteś, i na doświadczaniu tego.

W miarę poszerzania swojego pola widzenia wymyślacie nowe reguły, aby objąć nimi przybywające obszary! W miarę rozrastania się waszej koncepcji własnej Jaźni tworzycie nowe zakazy i nakazy, aby to określić. Staracie się pomieścić w wytyczonych w ten sposób granicach coś, co z natury rzeczy jest nieograniczone.

Nie możesz zawrzeć w nich siebie, ponieważ jesteś tak rozległy jak wszechświat. Ale możesz przyjąć **koncepcję** swej niezmierzonej Jaźni narzucając jej **ramy.**

W pewnym sensie tylko w ten sposób jesteś w stanie **poznać** siebie jako coś określonego.

To, co nie ma granic, nie ma granic. To, co jest niezmierzone, jest niezmierzone. Nie może istnieć gdzieś, ponieważ jest wszędzie. Jeśli jest **wszędzie**, to nie może zaistnieć **nigdzie w szczególności.**

Bóg jest wszędzie. Toteż nie jest nigdzie w szczególności, ponieważ aby zaistnieć gdzieś w szczególności,

Bóg musiałby przestać być **gdzie indziej** – a to w przypadku Boga niemożliwe.

Tylko jedna rzecz nie jest dla Boga „możliwa" – aby nie był Bogiem. Bóg nie może odwołać swego Boskiego istnienia. Bóg nie może też zaprzeczyć swej Boskości. Innymi słowy, Bóg nie może stać się bez-Bożny.

Jestem wszędzie, nic więcej nie da się na ten temat powiedzieć. A skoro jestem wszędzie, jestem nigdzie. Dla was jestem Obecny – Tu i Teraz.

Pamiętam. Wyłożyłeś to wszystko w części pierwszej.

Czy udało Mi się co nieco wyjaśnić? Widzisz teraz, że pojęcia „dobra" i „zła" potrzebne są do wytyczenia granic określających, Kim Jesteś.

Czy pojmujesz, że bez tych wytycznych – bez tych granic – jesteś niczym?

I czy dostrzegasz, że podobnie jak Ja przesuwasz te granice zgodnie z tym, jak zmienia się twoje wyobrażenie o sobie?

Cóż, rozumiem twoje słowa, ale nie wydaje mi się, aby moje granice – osobiste granice – ulegały większym przesunięciom. Zabijanie zawsze było dla mnie złem, tak jak kradzież czy skrzywdzenie drugiego człowieka. Podstawowe nakazy etyczne, którymi się kierujemy, istnieją od początku czasu, i większość ludzi je przyjmuje.

Więc skąd się biorą wojny?

Bo zawsze znajdzie się ktoś, kto złamie zasady. W każdej beczce trafi się zgniłe jabłko.

To, co za chwilę usłyszysz, z pewnością okaże się dla niektórych nie do przyjęcia. Obali wiele poglądów uznawanych przez ciebie za prawdę. Nie mogę jednak utwierdzać cię w błędnych przekonaniach, jeśli ten dialog ma służyć twojemu dobru. Toteż musimy w tej drugiej części zmierzyć się wprost z pewnymi koncepcjami. Czy jesteś gotowy do drogi? Uważaj, trochę cię wytrzęsie.

Sądzę, że jestem przygotowany. Dzięki za przestrogę. Cóż takiego dramatycznego czy kontrowersyjnego zamierzasz mi oznajmić?

Otóż nie ma „zgniłych jabłek". Są tylko ludzie, którzy **nie podzielają twojego punktu widzenia w pewnych kwestiach,** ludzie, którzy ukształtowali na swój użytek odmienny model świata. Wiedz, że **każdy postępuje właściwie, biorąc pod uwagę jego model świata.**

*W takim razie ich „model" jest pochrzaniony. Ja umiem odróżnić dobro od zła, a ponieważ kto inny tego nie potrafi, to nie znaczy, że **ja** zwariowałem, jeśli to **potrafię. To oni zwariowali!***

Z przykrością muszę stwierdzić, że właśnie taka postawa jest przyczyną wojen.

Wiem, wiem. Zrobiłem to celowo. Przytoczyłem tylko pogląd, który głosi wielu ludzi. Ale co można na to powiedzieć? Jakich argumentów użyć?

Możesz zacząć od tego, że pojęcia ludzi na temat „dobra" i „zła" zmieniają się, różnią w zależności od kultury, epoki, religii, miejsca... nawet w obrębie społeczeństwa czy rodziny. Możesz podkreślić, że to, co kiedyś uznawano za „słuszne" – palenie ludzi na stosie za tak zwane czary – dzisiaj jest „naganne".

Możesz im wyjaśnić, że definicje „dobra" i „zła" nie są zależne tylko od czasu, ale również od zwykłej geografii. Możesz otworzyć im oczy na fakt, że pewne rzeczy na waszej planecie (na przykład prostytucja) w jednym miejscu są zakazane, a w innym, kilka mil dalej, dozwolone. Toteż osądzenie, czy ktoś postąpił „źle", to nie kwestia tego, co w istocie uczynił, ale **gdzie.**

Powtórzę teraz to, co stwierdziłem w części pierwszej, a co, jak wiem, trudno, bardzo trudno jest niektórym pojąć.

Hitler poszedł do nieba.

Nie sądzę, żeby ludzie byli na to przygotowani.

Zamierzeniem tej książki, i całego cyklu, jest wytworzenie tej gotowości – gotowości na przyjęcie nowego paradygmatu, nowego rozumienia; szerszego spojrzenia, wspanialszej idei.

Cóż, muszę jednak zadać to pytanie, które, jestem pewien, wielu chciałoby zadać. Jak to możliwe, że ktoś taki jak Hitler trafił do nieba? Wszystkie religie świata, co do jednej, ogłosiły jego potępienie i zesłanie wprost do piekła.

Przede wszystkim nie mógł pójść do piekła, gdyż piekło nie istnieje. Dlatego pozostaje tylko jedno miejsce, do którego **mógł** trafić. I tu budzą się wątpliwości. Chodzi o to, czy czyny Hitlera zasługują na potępienie jako „złe"?

Przecież raz po raz oświadczałem, że we wszechświecie nie ma ani „dobra", ani „zła". Rzecz sama w sobie zła lub dobra nie jest. Rzecz po prostu **jest.**

Podstawę waszej oceny Hitlera jest to, że nakazał wymordowanie milionów ludzi, zgadza się?

Tak, oczywiście.

A gdybym tak ci oznajmił, że to, co zwiecie „śmiercią", to **najcudowniejsza rzecz, jaka może się komuś przytrafić** – co wtedy?

Trudno by mi było się z tym pogodzić.

Uważasz, że ziemskie życie jest lepsze niż niebo? Powiadam ci, w chwili śmierci znajdziesz wolność, pokój, radość i miłość, jakich nigdy przedtem nie zaznałeś. Zatem czy mamy ukarać pana Lisa za to, że wpuścił pana Królika w maliny?

Pomijasz fakt, że jakkolwiek wspaniałe może być nasze istnienie po śmierci, nie wolno skracać czyjegoś życia tutaj wbrew jego woli. Przyszliśmy na ten świat, aby coś osiągnąć, czegoś doświadczyć, nauczyć się i żaden maniak z obłąkanymi poglądami nie powinien nam tego odbierać.

Po pierwsze, **niczego tu się nie uczycie.** (Zajrzyj do części pierwszej!) Życie nie jest szkołą, nie 'chodzi o pobieranie nauk, lecz o przypomnienie. Poza tym życie często przerywają różne czynniki... huragan, trzęsienie ziemi...

To co innego. Tu mamy do czynienia z Czynem Boga.

Każde zdarzenie jest Czynem Boga.

Sądzisz, że cokolwiek mogłoby się wydarzyć, gdybym Ja sobie tego nie życzył? Że mógłbyś chociaż kiwnąć swoim palcem, gdybym Ja postanowił inaczej? Jeśli Ja się temu sprzeciwię, nic nie możesz zrobić.

Ale idźmy dalej w naszych rozważaniach o „niesłusznej" śmierci. Czy jest rzeczą „niesłuszną", gdy życie skraca choroba?

To określenie nie ma tu zastosowania. To są naturalne przyczyny. Nie mają nic wspólnego z mordowaniem ludzi przez takich jak Hitler.

A wypadek? Głupi wypadek?

Bez różnicy. To nieszczęście, tragedia, ale taka jest Wola Boża. Nie sposób przeniknąć Boskiego umysłu i poznać powodu, dla którego wypadki się zdarzają. Nawet nie powinniśmy próbować, ponieważ Wola Boża jest niewzruszona i niepojęta. Dążenie do przejrzenia Boskiej Tajemnicy oznacza pragnienie wiedzy wykraczającej ponad ludzki stan. To grzech.

Skąd wiesz?

Gdyby Bóg chciał, aby wszystko było dla nas zrozumiałe, to byśmy rozumieli. To, że nie jest to w naszej mocy, świadczy o tym, że wolą Boga jest, abyśmy nie rozumieli.

Ach tak. Fakt, że tego nie **rozumiecie,** wskazuje na Wolę Bożą. Fakt, że to **ma miejsce**, nie wskazuje na Wolę Bożą. No cóż...

Chyba niezbyt jasno się wyraziłem, ale wiem, w co wierzę.

Wierzysz w Wolę Boga, w to, że Bóg jest Wszechpotężny?

Tak.

Z wyjątkiem Hitlera. To, co się z nim wydarzyło, **nie było**, było **Wolą Bożą**.

Nie było.

Jak to?

Hitler pogwałcił Wolę Bożą.

Jak twoim zdaniem mu się to udało, skoro Moja Wola jest wszechmocna?

Pozwoliłeś mu na to.

Zatem jeśli mu pozwoliłem, było Moją **Wolą,** aby tak się stało.

Na to by wyglądało... ale jaka ***pobudka*** *mogła Tobą kierować? Nie. Ty dałeś mu Wolny Wybór.* ***Jego*** *wolą było to, że zrobił to, co zrobił.*

Jesteś bliski prawdy. Bardzo bliski.

Masz rację, oczywiście. Dałem Hitlerowi – wam **wszystkim** – Wolny Wybór. Ale nie jest Moją Wolą, abyście bez końca cierpieli karę za to, że nie dokonacie wyboru, jakiego od was wymagam. Gdyby tak było istotnie, to na ile „wolny" byłby wasz wybór? Czy rzeczywiście masz swobodę postępowania zgodnie ze swoim pragnieniem, jeśli wiesz, że czekają cię nieopisane męki, gdy nie zrobisz tego, co **Ja** sobie życzę? Co to za wybór?

To nie jest kwestia kary. To Naturalne Prawo. Zwykłe konsekwencje.

Widzę, że jesteś świetnie zaznajomiony z teologicznymi konstrukcjami, które przedstawiają Mnie jako Boga mściwego – zdejmując zarazem ze Mnie odpowiedzialność za to.

Kto jednak **ustanowił** te Naturalne Prawa? Jeśli zaś zgodzimy się co do tego, że Ja je wprowadziłem, po co bym je wprowadzał – a następnie wyposażył was w moc ich przekroczenia?

Gdybym nie chciał, abyście byli pod ich władzą – gdyby było Moją Wolą, aby Moje wspaniałe twory nigdy nie cierpiały – dlaczego tworzyłbym **taką** możliwość?

I wreszcie, po cóż miałbym was kusić, dzień i noc, abyście złamali prawa, które ustanowiłem?

Nie Ty nas kusisz. To Szatan.

I proszę, znów Mnie rozgrzeszasz z odpowiedzialności.

Czy naprawdę nie widzisz, że jedynym uzasadnieniem waszych teologii jest odebranie Mi wszelkiej władzy? Czy nie widzisz, że wasze konstrukcje nabierają sensu tylko wtedy, gdy **Moje** tracą sens?

Czy naprawdę odpowiada ci idea Boga, który nie panuje nad poczynaniami istoty, którą stworzył?

*Nie powiedziałem, że nie masz nad Szatanem władzy. Rządzisz **wszystkim**. Jesteś przecież Bogiem! Po prostu nie chcesz. **Pozwalasz** Szatanowi nas kusić, sięgać po nasze dusze.*

Ale **w jakim celu?** Po co bym to robił, skoro pragnę, abyście powrócili do Mnie?

Ponieważ chcesz, abyśmy wrócili do ciebie z własnego wyboru, a nie dlatego, że innego wyjścia nie ma. Ustanowiłeś Niebo i Piekło, aby można było wybrać. Abyśmy działali z wyboru, a nie po prostu szli jedyną istniejącą drogą.

Teraz rozumiem, skąd się wziął u ciebie ten pogląd. Tak urządziłem **wasz** świat, więc zakładasz, że tak samo musi być w **Moim.**

W waszej rzeczywistości Dobro nie może istnieć bez Zła. Dlatego wierzycie, że w Mojej również.

Lecz powiadam ci: Nic nie jest „złe" tam, gdzie Ja jestem. Nie ma Zła. Jest tylko Całość Wszystkiego. Jedność. I Świadomość, Doświadczenie tego.

Moje królestwo jest Światem Absolutu, gdzie żadna rzecz nie istnieje w związku z drugą, lecz zupełnie samodzielnie.

Moje królestwo to miejsce, w którym Miłość Jest Wszystkim, Co Istnieje.

I to, co myślimy, mówimy, robimy tu, na Ziemi, nie pociąga za sobą żadnych konsekwencji?

Konsekwencje występują. Rozejrzyj się tylko wokoło.

Miałem na myśli – po śmierci?

„Śmierci" nie ma. Życie trwa wiecznie. Życie Jest. Zmieniacie tylko postać.

W porządku, niech będzie po Twojemu – po tym, jak „zmieniamy postać"?

Kiedy zmieniacie postać, konsekwencje znikają. Istnieje tylko Wiedza.

Następstwa przynależą do świata względności. Nie ma dla nich miejsca w dziedzinie Absolutu, ponieważ uwikłane są w czas „linearny" i w kolejność zdarzeń, a te nie występują w wymiarze absolutnym. W tamtym świecie jest sam pokój, radość i miłość.

W tamtym świecie poznasz w końcu Dobrą Nowinę: że wasz Szatan nie istnieje, że jesteś tym, za kogo zawsze się uważałeś – dobrocią i miłością. To zbłąkany świat zewnętrzny poddał ci myśl, że możesz być inny, przyczyniając się do twych zbłąkanych postępków. Zewnętrzny świat osądu i potępienia. Osądzili cię inni i na tej podstawie sam dokonałeś swego osądu.

Teraz oczekujesz, że osądzi cię Bóg, a Ja tego nie uczynię.

A ponieważ nie potrafisz pojąć Boga, który nie powiela ludzkich zachowań, gubisz się.

Twoja teologia to próba odnalezienia się na nowo.

Odmawiasz naszym teologiom racji – ale czy jakakolwiek teologia sprawdziłaby się bez systemu nagród i kar?

Wszystko zależy od tego, co stanowi dla ciebie cel życia – i zarazem podstawę teologii.

Jeśli uważasz, że życie to próba, sprawdzian, który ma dowieść, czy jesteś „godny", wówczas wasze teologie nabierają sensu.

Jeśli zaś wierzysz, że życie to **sposobność,** proces, dzięki któremu odkrywasz – przypominasz sobie – że **jesteś** godny (i **zawsze** byłeś), wtedy wasze teologie wydają się obłąkane.

Jeśli wyznajesz Boga, którego rozpiera ego, który domaga się uwagi, względów, uwielbienia – **i posunie się do zabójstwa, aby to uzyskać** – wasze teologie zaczynają „trzymać się kupy".

Jeśli zaś Bóg jest dla ciebie pozbawiony ego i potrzeb, i stanowi źródło wszystkiego, skarbnicę mądrości i miłości, wówczas wasze teologie „rozłażą się w szwach".

Jeśli wierzysz, że Bóg jest mściwy, zazdrosny w swej miłości, groźny w swoim gniewie, wasze teologie są doskonałe.

Jeśli zaś wierzysz, że Bóg przynosi ukojenie, że jest radosna w swej miłości i namiętna w ekstazie, wtedy twoje teologie są do niczego.

Powiadam ci: żyje się nie po to, aby zadowolić Boga. Żyje się po to, aby poznać i na nowo stworzyć, Kim Się Jest.

Kiedy to czynisz, zadowalasz Boga i sławisz **Jej** imię.

Dlaczego używasz rodzaju żeńskiego? Czy Bóg to Ona?

Nie jestem ani „on", ani „ona". Od czasu do czasu stosuję żeńskie końcówki i zaimki, aby wybić cię z twego ograniczonego sposobu myślenia.

Jeśli pojmujesz Boga tylko w jeden sposób, nie dopuszczasz, że może istnieć w inny, to poważny błąd.

Hitler poszedł do nieba z następujących powodów: Piekła nie ma, a więc nie mógł trafić gdzie indziej.

Jego postępki można uznać za pomyłki – postępki nisko rozwiniętej istoty – a pomyłek nie karze się skazując na potępienie, lecz zapewniając możliwość poprawy, dalszego rozwoju.

Błędy Hitlera nie wyrządziły szkody tym, których dotknęły bezpośrednio. Dusze uwolnione zostały z ziemskiej niewoli, niczym motyle z kokonu...

Ci, którzy pozostali, opłakuję ich śmierć tylko dlatego, że nie zdają sobie sprawy, jakiej radości zaznają teraz te dusze. Kto doznał śmierci, **nie boleje nad śmiercią drugiego.**

Twoje stwierdzenie, iż mimo wszystko ich odejście było przedwczesne, a zatem „niewłaściwe", sugeruje, iż we wszechświecie może wydarzyć się coś „nie w porę". Lecz zważywszy na to, Kim Jestem i Jaki Jestem, to czysta niemożliwość.

We wszechświecie wszystko przebiega idealnie. Bóg nie pomylił się już od dawna.

Kiedy dostrzegasz skończoną doskonałość we wszystkim – nie tylko w tym, co jest ci miłe, ale również (a może przede wszystkim) w tym, z czym się nie zgadzasz – osiągnąłeś mistrzostwo na duchowej drodze.

Wszystko to jest mi już znane. Omawialiśmy to w poprzedniej książce. Ale uznałem, że warto tutaj ustalić płaszczyznę zrozumienia dostatecznie wcześnie, dla tych, którzy pierwszej części nie czytali. Dlatego naprowadziłem naszą rozmowę na te obszary. Jednak zanim przejdziemy dalej, chciałbym zatrzymać się na chwilę na kilku niezwykle zawiłych doktrynach teologicznych, będących dziełem ludzi.

Na przykład w dzieciństwie uczono mnie, że wszyscy jesteśmy grzeszni i nic nie możemy na to poradzić; tacy się rodzimy. Przychodzimy na świat w grzechu.

Nader ciekawa to koncepcja. Jak można w coś takiego uwierzyć?

Opowiadano nam o Adamie i Ewie. Wbijano nam do głowy w czwartej, piątej i szóstej klasie na lekcji katechizmu, że ***my sami*** *być może nie popełniliśmy grzechu, a na pewno nie* ***zgrzeszyły*** *małe dzieci – ale Adam i Ewa popełnili grzech – a my, którzy się od nich wywodzimy, dziedziczymy ich winę oraz grzeszną naturę.*

Jak wiesz, Adam i Ewa spożyli zakazany owoc – poznali Dobro i Zło – i w ten sposób skazali wszystkich swoich potomków na rozłąkę z Bogiem już od chwili narodzin. Wszyscy przychodzimy na świat z duszami obciążonymi „Grzechem Pierworodnym". Każdemu z nas przypada w udziale wina przodków. Dano nam więc Wolny Wybór, chyba po to, aby sprawdzić, czy postąpimy tak samo jak Adam i Ewa i okażemy nieposłuszeństwo Bogu czy też zdołamy przezwyciężyć wrodzoną, dziedziczną skłonność do „zła" i będziemy kroczyć drogą prawości, na przekór pokusom tego świata.

A jeśli zejdziecie na „złą" drogę?

Wtedy Ty posyłasz nas do piekła.

Ach tak.

Owszem. Chyba że się opamiętamy.

Rozumiem.

Jeśli ktoś powie, że żałuje za grzechy – dokona Aktu Skruchy Doskonałej – ocalisz go od piekła, ale nie od cierpienia. Mimo wszystko będzie musiał pobyć jakiś czas w Czyśćcu, aby zmyć swoje grzechy.

Jak długo trwa pobyt w „Czyśćcu"?

To zależy. Trzeba wypalić z siebie grzechy. Nie jest to przyjemne, zapewniam Cię. Im więcej masz grzechów na sumieniu, tym dłużej trwa ich wypalenie. Tylko tyle mi powiedziano.

Oczywiście.

Ale przynajmniej nie idziemy do piekła, gdzie spędza się całą wieczność. Jednak jeśli ktoś umrze z grzechem śmiertelnym na sumieniu, trafia ***prosto*** *do piekła.*

Z grzechem śmiertelnym na sumieniu?

Tak. W przeciwieństwie do grzechu powszedniego. Jeśli ciąży na nas jedynie grzech powszedni, wędrujemy do Czyśćca. Grzech śmiertelny skazuje nas na piekło.

Czy mógłbyś podać mi jakiś przykład tych różnych kategorii grzechu, o których cię uczono?

Pewnie. Grzechy śmiertelne to poważne wykroczenia. Coś takiego jak Teologiczne Zbrodnie. Odpowiedniki rozboju, gwałtu, morderstwa. Grzechy powszednie są przestępstwami drobnymi. Teologicznymi Występkami. Grzechem powsze-

dnim byłoby na przykład nieuczestniczenie w niedzielnej mszy. Albo, dawniej, zjedzenie mięsa w piątek.

Chwileczkę. Ten wasz Bóg posyłał was do Czyśćca, jeśli zjedliście mięso w piątek?

Kiedyś tak. Teraz już nie, mniej więcej od wczesnych lat sześćdziesiątych. Ale jeśli spożywałeś mięso w piątek ***przedtem****, biada ci.*

Naprawdę?

Słowo honoru.

No to co takiego wydarzyło się na początku lat sześćdziesiątych, że odwołano ten „grzech"?

Papież ogłosił, że to już nie jest grzechem.

Rozumiem. I ten wasz Bóg – **zmusza** was do oddawania Mu czci, chodzenia na msze co niedzielę? Pod groźba kary?

Tak, opuszczenie mszy stanowi grzech. Jeśli go nie wyznasz – jeśli umrzesz z tym grzechem na sumieniu – pójdziesz do Czyśćca.

A co z dziećmi? Co z małym niewinnym dzieciątkiem, które nie zna tych wszystkich „przepisów", na których opiera się miłość Boga?

Cóż, jeśli dziecko umrze, zanim otrzyma chrzest, trafia do miejsca zwanego limbus.

Trafia **gdzie?**

Do miejsca zwanego limbus. Nie cierpi się tam męki, ale też nie jest to niebo. Jest to... stan zawieszenia. Nie możesz być z Bogiem, lecz przynajmniej nie musisz „iść do diabła".

Ale dlaczego to śliczne, niewinne dziecię nie może przebywać z Bogiem? Przecież nie zrobiło nic złego...

To prawda, lecz nie zostało ochrzczone. Choćby było bez najmniejszej skazy, żadne dziecko – a dokładnie mówiąc, żadna osoba – nie może dostać się do nieba, jeśli nie otrzymało chrztu. Bez chrztu Bóg nie może przyjąć do siebie nikogo. Dlatego tak ważne jest, aby ochrzcić swoje dzieci zaraz po urodzeniu.

Skąd ty to wszystko wiesz?

Od Boga. Za pośrednictwem Jego kościoła.

Którego?

Świętego Kościoła Rzymskokatolickiego, ma się rozumieć. To jest kościół Boga. Tak naprawdę, jeśli jesteś wyznania rzymskokatolickiego, a zdarzy ci się uczestniczyć we mszy w ***innym*** *kościele, to również popełniasz grzech.*

Myślałem, że grzechem jest **niechodzenie** do kościoła!

Zgadza się*. Ale jest też grzechem pójście do* ***niewłaściwego*** *kościoła.*

To znaczy, do jakiego?

Każdego innego poza rzymskokatolickim. Nie wolno chrzcić się w innym kościele, żenić się – a nawet uczestniczyć we mszy. Wiem to na pewno, ponieważ w młodości chciałem wybrać się z rodzicami na ślub przyjaciela. Poproszono mnie, aby pełnił rolę mistrza ceremonii na weselu. Ale siostry zakonne powiedziały, że nie powinienem przyjmować tego zaproszenia, ponieważ kościół nie był właściwy.

Posłuchałeś ich?

Sióstr? Nie. Pomyślałem sobie, że Bóg, to znaczy Ty, równie chętnie pojawisz się w tym drugim kościele, co w moim, więc poszedłem. Przywdziałem smoking i czułem się świetnie.

Cieszę się. Zobaczmy teraz, co my tutaj mamy – niebo, piekło, czyściec, limbus, grzech śmiertelny i powszedni – czy coś jeszcze do tego dochodzi?

Jeszcze jest bierzmowanie, komunia i spowiedź – obrządek egzorcyzmów i sakrament ostatniego namaszczenia. Jest jeszcze...

Dość już...

... cały zastęp świętych – patronów i szereg świąt kościelnych.

Każdy dzień jest święty. Każda minuta. Teraz, ta właśnie chwila, to Błogosławiona Chwila.

Cóż, owszem, ale niektóre dni są ***naprawdę*** *święte – wtedy też trzeba obowiązkowo pójść do kościoła.*

Znowu jakieś obowiązki? A co się stanie, jeśli nie pójdziesz?

Popełnisz grzech.

I trafiasz do piekła.

Do Czyśćca, jeśli umrzesz obciążony tym grzechem. Dlatego warto chodzić do spowiedzi. Jak najczęściej. Niektórzy chodzą co tydzień albo nawet ***codziennie****. Dzięki temu zachowują czyste sumienie – na wypadek gdyby niespodziewanie spotkała ich śmierć...*

Niech Mnie – to dopiero życie w ciągłym poczuciu zagrożenia.

Tak, musisz wiedzieć, że na tym polega zadanie religii – zaszczepić nam bojaźń Bożą. Wtedy postępujemy właściwie i opieramy się pokusom.

Um-hmm. Ale załóżmy, że popełnisz „grzech" między jedną spowiedzią a drugą i przytrafi ci się jakiś wypadek i umrzesz?

Spokojnie. Bez paniki. Zmów tylko Akt Skruchy Doskonałej. „Boże, szczerze żałuję za to, że Cię obraziłem..."

Dobrze, dobrze – wystarczy.

Zaczekaj. To zaledwie jedna z wielkich religii świata. Nie chcesz przyjrzeć się innym?

Nie, już rozumiem, o co w tym wszystkim chodzi.

Mam nadzieję, że ludzie nie posądzą mnie o to, że zwyczajnie wyśmiewam ich wiarę.

Nikogo nie ośmieszasz, po prostu nie owijasz w bawełnę. Jak to mawiał wasz prezydent Harry Truman, gdy ludzie wołali do niego „Daj im popalić, Harry" – „Ja nie daję im popalić. Ja tylko cytuję słowo w słowo i to pali niczym ogień."

4

Trochę odbiegliśmy od tematu. Zaczęliśmy od Czasu, a skończyliśmy na zinstytucjonalizowanej religii.

Cóż, tak to jest, gdy się rozmawia z Bogiem. Trudno przestrzegać ustalonych ram.

Chciałbym podsumować główne wątki rozdziału trzeciego, jeśli pozwolisz.

- *Nie ma innego czasu tylko teraz; nie ma innej chwili niż obecna.*
- *Czas to nie kontinuum. To wymiar względnej rzeczywistości, który rozciąga się „w górę" i „w dół"; „chwile" czy „zdarzenia" poukładane są jedno na drugim i zachodzą równocześnie, w jednym czasie.*
- *Często przemieszczamy się między rzeczywistościami tej dziedziny czasu -bezczasu-wszechczasu, zazwyczaj we śnie. Uświadamiamy to sobie, na przykład, za pośrednictwem zjawiska déjà vu.*
- *Nie było takiego czasu, w którym byśmy nie istnieli – ani nie będzie.*
- *Pojęcie „wieku" w odniesieniu do duszy wiąże się z poziomem świadomości, a nie długością „czasu".*
- *Nic nie jest złe.*
- *Jesteśmy doskonali, tacy, jacy jesteśmy.*

- *„Zło" to koncepcja umysłu, oparta na doświadczeniu w obrębie względności.*
- *Ustanawiamy reguły w miarę rozwoju, dopasowujemy je do Obecnej Rzeczywistości, i nie ma w tym nic niestosownego. Tak być powinno, tak być musi, skoro mamy ewoluować.*
- *Hitler poszedł do nieba (!)*
- *Wszystko dzieje się z Woli Bożej – wszystko. Dotyczy to zarówno huraganów, trzęsień ziemi, jak i zjawisk w rodzaju Hitlera. Zrozumienie polega na poznaniu Celu kryjącego się za wszystkimi zdarzeniami.*
- *Nie ma kary po śmierci, a konsekwencje występują tylko w obrębie względności, a nie w dziedzinie Absolutu.*
- *Ludzkie teologie to obłąkana próba wytłumaczenia obłąkanego Boga, który nie istnieje.*
- *Ludzkie teologie nabierają sensu tylko wtedy, gdy przyjmiemy istnienie Boga bezsensownego. I jak wypadło? Kolejna udana rekapitulacja?*

Znakomita.

To dobrze. Ponieważ nurtuje mnie mnóstwo pytań. Domagają się bliższego wyjaśnienia pozycje 10 i 11. ***Dlaczego*** *Hitler poszedł do nieba? (Wiem, że dopiero co starałeś się mi to wyłożyć, ale czuję niedosyt.)* ***Jaki*** *cel kryje się za wszystkimi zdarzeniami? I jak się ma ten Nadrzędny Cel do Hitlera i innych tyranów?*

Zacznijmy od Celu.

Wszelkie zdarzenia, doświadczenia mają za zadanie stworzenie **sposobności.** Są sposobnością, niczym mniej, niczym więcej.

Błędem jest upatrywanie w nich „sprawki Szatana", „kary Boskiej", „zrządzenia niebios". To zwyczajne Zdarzenia i Doświadczenia – coś, co się dzieje.

Znaczenie nadaje im to, co o nich **myślimy,** jak wobec nich **postępujemy,** jacy w stosunku do nich **jesteśmy.**

Zdarzenia i doświadczenia to sposobności, które do siebie przyciągasz – tworzysz sam albo zbiorowo, za pomocą świadomości. Świadomość wywołuje doświadczenie. Ty próbujesz wznieść swą świadomość na wyższy poziom. Przyciągnąłeś do siebie te sposobności, aby wykorzystać je jako narzędzia do tworzenia i doświadczania, Kim w Istocie Jesteś. Jesteś obdarzony wyższą świadomością, niż to obecnie objawiasz.

Ponieważ jest Moją Wolą, abyś poznał i doświadczył, Kim w Istocie Jesteś, nie przeszkadzam ci w wyborze i wywoływaniu zdarzeń czy doświadczeń, które mają służyć temu celowi.

Raz po raz do tej Powszechnej Gry włączają się inni Zawodnicy – Przelotne Znajomości, Uczestnicy Poboczni, Tymczasowi Współpracownicy, Długoterminowi Wspólnicy, Krewni i Rodzina, Ukochani czy Życiowi Partnerzy.

Przyciągasz te dusze do siebie sam. A one ciebie. To wzajemne i twórcze doznanie, wyrażające życzenia i wybory obu stron.

Nic nie przytrafia ci się przez przypadek.
Zbieg okoliczności nie istnieje.
Nie ma zdarzeń losowych.
Życie nie jest dziełem przypadku.

Zdarzenia, podobnie jak ludzie, lgną do ciebie z twojego wyboru, aby służyć twoim celom. Zjawiska na szerszą skalę, ogólnoświatowe, są pochodną świadomości zbiorowej. Przyciąga je do siebie twoja zbiorowość jako całość, odbija ona wybory i życzenia całej zbiorowości.

Co rozumiesz przez pojęcie „twoja zbiorowość"?

Świadomość zbiorowa nie została jeszcze dobrze przez was poznana – mimo to wywiera ona potężny wpływ na świadomość indywidualną i jeśli nie zachowasz czujności, może wziąć nad nią górę. Toteż zawsze trzeba kształtować świadomość zbiorową, na każdym kroku, przy każdym zadaniu, jeśli życie na całej planecie ma toczyć się harmonijnie.

Z drugiej jednak strony, jeśli znajdziesz się w grupie, której świadomość różni się od twojej własnej, i nie jesteś w stanie skutecznie na nią wpłynąć, rozsądek nakazuje opuścić tę grupę, w przeciwnym razie zbiorowość może pokierować **tobą.** Pójdziesz tam, gdzie **ona** chce, niezależnie od tego, czy jest ci to po drodze czy nie.

Jeśli nie możesz znaleźć grupy, której świadomość zgadzałaby się z twoją, stań się jej **zalążkiem.** Przyciągniesz do siebie osoby o podobnej świadomości.

Jednostki i grupy mniejsze muszą oddziaływać na większe zbiorowości – aż po największą z istniejących, czyli całą ludzkość – jeśli na tej planecie ma się dokonać trwała i znacząca przemiana.

Wasz świat, położenie, w jakim się. obecnie znajduje, stanowią odbicie połączonej świadomości wszystkich, którzy w nim żyją.

Gdy rozejrzysz się wokół siebie, zobaczysz, że wiele jest jeszcze do zrobienia. Chyba że zadowala cię świat w swym obecnym kształcie.

To zadziwiające, ale **większości ludzi on odpowiada.** Dlatego świat się nie zmienia.

Większość ludzi naprawdę zadowala świat, w którym podkreśla się różnice, nie podobieństwa, a spory rozstrzyga konfliktem lub wojną.

Odpowiada im świat, w którym przetrwanie przysługuje tylko najlepiej przystosowanym, w którym działa „prawo pięści", w którym obowiązkowo trzeba rywalizować, a zwycięstwo stanowi najwyższe dobro.

Jeśli przy okazji taki system wytwarza „przegranych" – w porządku – o ile ciebie pośród nich nie ma.

Większość jest zadowolona, nawet jeśli w ramach tego systemu zabijani są ci, którzy postąpili „źle", wyzyskiwani i ciemiężeni ci, którzy nie są dość „silni", a głodzeni i pozbawieni dachu nad głowa ci, którym się nie „powiodło".

Za „złe" przeważnie uznawane jest to, co inne. W szczególności nie toleruje się odmiennych wyznań, podobnie zresztą jak różnic społecznych, ekonomicznych czy kulturowych.

Wyzysk biedaków klasy wyższe obłudnie usprawiedliwiają przez podkreślenie poprawy ich losu w stosunku do epok wcześniejszych. Dzięki temu zamożne warstwy społeczeństwa omijają kwestię godnego traktowania wszystkich ludzi, a zamiast tego czynią jedynie położenie biedaków odrobinę znośniejszym, same zaś ciągną z tego nieprzyzwoite zyski.

Ludzie zazwyczaj kwitują śmiechem wszelkie propozycje zastąpienia obecnego systemu innym, podkreślając, że rywalizacja, zabijanie, zasada „zwycięzca zgarnia łup", to podstawy **wielkości** ich cywilizacji! Większość ponadto sądzi, że jest to jedyny naturalny sposób **bycia,** że takie postępowanie jest zgodne z ludzką **naturą,** a wszelkie od tego odstępstwa uśmierciłyby ducha, który każe człowiekowi dążyć do sukcesu. (Nikt nie zadaje sobie pytania: „Sukcesu w **czym?**")

Choć oświeconym istotom trudno to pojąć, filozofię tę wyznają miliony ludzi na waszej planecie, przez co panuje taka obojętność wobec cierpienia mas, ucisku mniejszości, gniewu wyzyskiwanych czy życiowych potrzeb kogokolwiek innego poza wami samymi i najbliższą rodziną.

Ogól nie dostrzega postępującego niszczenia Ziemi – planety, która daje Życie – ponieważ ich działaniem kieruje tylko chęć podniesienia jakości ich własnego życia. To zadziwiające, ale w swej krótkowzroczności nie zauważają, że doraźne zyski na dłuższą metę mogą prowadzić do strat – i często prowadzą.

Większość ludzi czuje się zagrożona przez takie pojęcia jak świadomość zbiorowa, dobro ogółu, przezwyciężenie podziałów w świecie czy idea Boga, który istnieje w jedności z wszelkim stworzeniem, a nie osobno.

Powszechne na waszej planecie uwielbienie Wszystkiego, Co Dzieli, lęk przed tym co, wiedzie do zjednoczenia, przyczyniają się do niezgody, rozdźwięku, rozbicia. Wy zaś, jak się zdaje, nawet nie potraficie wyciągnąć wniosków z własnego doświadczenia, dlatego powielacie swoje zachowania i jego skutki.

Niezdolność do utożsamienia się z cierpieniem drugiego utrwala cierpienie na świecie.

Odrębność rodzi obojętność, złudne poczucie wyższości. Jedność przynosi współczucie, prawdziwą równość.

To, co dzieje się na tej planecie od trzech tysięcy lat, stanowi – jak już powiedziałem – odbicie Zbiorowej Świadomości „twojej grupy", całej ludności Ziemi.

Ten poziom świadomości nie zasługuje na inne określenie niż prymitywny.

Hmmm. Tak. Ale chyba trochę odbiegliśmy od tematu.

Niezupełnie. Pytałeś o Hitlera, a Doświadczenie Hitlera mogło zaistnieć wyłącznie wskutek zbiorowej świadomości. Wielu próbuje udowodnić, że Hitler manipulował grupą – w tym przypadku swymi rodakami – za sprawą niesłychanej zręczności i mistrzowskiej retoryki. Jest to wygodny sposób na zrzucenie całej winy na Hitlera, co bardzo ludziom odpowiada.

Niemniej Hitler niczego by nie dokonał bez poparcia milionów ludzi, ich zaangażowania i uległości. Społeczność, która zwała się Niemcami, musi wziąć na siebie ogromne brzemię odpowiedzialności za Holocaust. Podobnie jak, choć w mniejszym stopniu, większa zbiorowość zwana Ludzkością, choćby przez to, że przyglądała się biernie tragedii dziejącej się w Niemczech, aż osiągnęła ona takie rozmiary, że nawet najbardziej nieczuli izolacjoniści nie mogli dłużej zachować obojętności.

Jak widzisz, to **zbiorowa świadomość** stworzyła podatny grunt dla rozwoju nazizmu. Hitler tylko wykorzystał sposobność.

Trzeba zrozumieć płynącą z tego **naukę.** Zbiorowa świadomość, głosząca własną odrębność i wyższość, prowadzi do powszechnego zaniku współczucia, a to z kolei do zaniku sumienia.

Pojęcie zbiorowości zakorzenione w nacjonalizmie pozwala przymykać oczy na niedolę innych, zaś wszystkich pozostałych obarcza odpowiedzialnością za **twoje** niepowodzenia; w ten sposób usprawiedliwia odwet, „czystkę rasową" i wojnę.

Oświęcim był nazistowskim rozwiązaniem „kwestii żydowskiej".

Potworność Doświadczenia Hitlera nie polega na tym, że dopuścił się tego na ludzkiej rasie, lecz na tym, że **ludzka rasa do tego dopuściła.**

Zaskoczeniem jest nie tylko to, że pojawił się Hitler, ale i to, że tak wielu go poparło.

Hańbą jest nie tylko to, że Hitler wymordował miliony Żydów, ale i to, że trzeba było śmierci milionów Żydów, aby go powstrzymano.

Celem Doświadczenia Hitlera było ukazanie ludzkości jej oblicza.

Mieliście na przestrzeni dziejów wielu wybitnych nauczycieli, z których każdy ukazywał niezrównaną sposobność do przypomnienia sobie, Kim w Istocie Jesteście. Objawili wam oni ludzki potencjał w jego najwyższym i najniższym wymiarze.

Stanowili dobitny, zapierający dech w piersiach przykład tego, co znaczy być człowiekiem – dokąd może zawieść was to doświadczenie, dokąd może zaprowadzić **ogół, zważywszy na waszą świadomość.**

Pamiętaj: Świadomość jest wszystkim, ona wywołuje twoje doświadczenie. Świadomość **zbiorowa** to potężna siła, przynosząca wyniki piękne lub szpetne nie do opisania. Wybór zawsze należy do was.

Jeśli nie odpowiada ci świadomość twojej grupy, staraj się ją zmienić.

Najlepszym sposobem na to jest własny przykład.

Jeśli twój przykład nie wystarczy, załóż nową grupę – stań się **źródłem** świadomości, której doświadczenia pragniesz dla innych. Oni doświadczą jej wtedy, gdy sam jej doświadczysz.

Wszystko zaczyna się od **ciebie.** Zawsze.

Chcesz, żeby świat się zmienił? Uporządkuj najpierw własny świat.

Hitler dał wam ku temu znakomitą sposobność. Doświadczenie Hitlera – tak jak Doświadczenie Chrystusa – niesie ze sobą głębokie implikacje, objawia ci ukryte prawdy o **tobie samym.** Czy to będzie Hitler czy Budda, Dżyngis-chan czy Hare Kryszna, Atylla czy Jezus, nauki płynące z ich przykładu będą żywe tylko tak długo, jak długo zachowacie o nich pamięć.

To dlatego Żydzi stawiają pomniki na pamiątkę Holocaustu i proszą was, abyście nigdy nie zapominali. Gdyż w każdym kryje się odrobina Hitlera – tylko w różnym stopniu. Wybicie narodu to wybicie narodu, nieważne czy chodzi o Oświęcim czy o Wounded Knee. [Miejsce masakry Indian z plemienia Siuksów (przyp. tłum.)]

Czyli Hitler został do nas posłany, aby udzielić nam lekcji na temat okropności, do jakich może się posunąć człowiek, pokazać, jak nisko może się stoczyć?

Nikt do was Hitlera nie posyłał. Sami go stworzyliście. Wyrósł z waszej Zbiorowej Świadomości, bez niej nie mógłby zaistnieć. Oto dla was nauka.

Świadomość odrębności, różnicy, wyższości – „my" kontra „oni" – oto pożywka dla Doświadczenia Hitlera.

Świadomość Świętego Braterstwa, Jedności, więzi – „nasze" raczej niż „twoje/moje" – oto pożywka dla Doświadczenia Chrystusa.

Kiedy ból przestaje być „twój" i staje się „nasz", kiedy radość jest nie tylko „moja", ale i „nasza", kiedy **całe doświadczenie życia** jest Nasze, dopiero wówczas jest naprawdę doświadczeniem Życia w Całej Pełni.

Dlaczego Hitler poszedł do nieba?

Ponieważ nie zrobił nic „złego". Po prostu zrobił „swoje". Pragnę zwrócić ci uwagę, że przez wiele lat miliony ludzi uważały, że postępuje „słusznie". Czy wobec tego on sam mógł sądzić inaczej?

Jeśli puszczasz w obieg szalone idee i miliony ludzi zgadzają się z tobą, raczej nie uważasz się za takiego wariata.

Świat postanowił – w końcu – że Hitler jest „wariatem", i do tego niebezpiecznym. Znaczy to, że ludzie na świecie przewartościowali swoje pojęcie własnej tożsamości, tego, Kim Są i Czym Pragną Być w stosunku do Doświadczenia Hitlera.

On dostarczył im miary! Zakreślił granice, do których mogli odnieść własne o sobie wyobrażenie. Chrystus uczynił to samo, na przeciwległym końcu skali.

Chrystus i Hitler nie byli jedyni. Po nich przyszli i jeszcze przyjdą inni. Należy więc zachować czujność. Albowiem codziennie ocierasz się o ludzi tak o niskiej, jak i wysokiej świadomości. Za którą ty się opowiadasz?

Wciąż nie pojmuję, jak Hitler mógł trafić do nieba; jak mogła spotkać go taka **nagroda** *za to, co zrobił?*

Po pierwsze, zrozum, że śmierć niczego nie kończy, lecz rozpoczyna, nie zamyka, lecz otwiera, budzi nie grozę, lecz radość.

Najszczęśliwsza chwila twojego życia to jego ostatnia chwila.

Jest tak, ponieważ życie wcale się nie kończy, lecz toczy dalej.

5

Przyrzekłeś w pierwszej części, że w następnej zajmiesz się zagadnieniami natury bardziej ogólnej – przestrzenią i czasem, wojną i miłością, dobrem i złem, a także sprawami planetarnymi i geopolitycznymi o szerokim zasięgu. Obiecałeś również, że bardziej szczegółowo wyjaśnisz ludzkie doświadczenie seksu.

Zgadza się, wszystko to obiecałem.

Pierwsza książka poruszała kwestie bardziej osobiste, związane z jednostkowym aspektem życia na planecie. Druga, czyli obecna, dotyka życia zbiorowości. Książka trzecia dopełnia cykl prawdami najwyższego rzędu, takimi jak kosmologia, całość obrazu, wędrówka duchowa. Razem wzięte, stanowią Mój najnowszy poradnik na każdy temat, od zawiązywania butów do zrozumienia wszechświata.

Czy wyczerpałeś już zagadnienie czasu?

Powiedziałem właściwie wszystko, co jest tobie potrzebne.

Czasu nie ma. Wszystko istnieje jednocześnie. Wszystko dzieje się naraz.

Ta książka właśnie powstaje i już jest napisana. Już istnieje. Stamtąd czerpiesz wszystkie te informacje – z istniejącej książki. Ty po prostu nadajesz temu formę.

To, co mówisz o Czasie, wydaje się... ciekawe, ale dość ezoteryczne. Czy ma to jakieś zastosowanie w codziennym życiu?

Prawdziwe zrozumienie czasu pozwala wieść spokojniejsze życie w obrębie względności, gdzie czas doświadczany jest jako ruch, przepływ raczej niż coś stałego.

Lecz to **ty** się poruszasz, nie czas. Czas jest pozbawiony ruchu. Jest tylko Jedna Chwila.

W głębi duszy odczuwacie to intuicyjnie. Dlatego gdy w waszym życiu dzieje się coś doniosłego czy wspaniałego, macie wrażenie, jakby „czas stanął w miejscu".

Bo stoi. I kiedy ty też się zatrzymujesz, przeżywasz te przełomowe chwile.

Trudno mi w to uwierzyć. Jak to możliwe?

Wasza nauka już tego **dowiodła** matematycznie. Wyprowadzono wzory pokazujące, że gdy wsiądziesz do rakiety i odlecisz dostatecznie daleko dostatecznie **szybko,** możesz zawrócić w stronę Ziemi i **ujrzeć siebie, jak startujesz.**

Świadczy to o tym, że Czas to nie **ruch,** lecz pole, w obrębie którego **ty** się przemieszczasz – w tym przypadku na Statku Kosmicznym „Ziemia".

„Twierdzicie, że rok trwa 365 „dni". Ale czym jest „dzień"? Uznaliście – dość arbitralnie zresztą – że „dzień" to „czas" potrzebny na wykonanie przez wasz Statek jednego pełnego obrotu wokół własnej osi.

Skąd jednak wiadomo, że dokonał takiego obrotu? (Przecież nie **czujesz,** jak się kręci!) Obraliście punkt odniesienia na niebie – Słońce. Twierdzicie, że potrzeba jednego „dnia", aby ta część Statku, na której się znajdujecie, odwróciła się od Słońca i ponownie zwróciła do niego.

Podzieliliście ten „dzień" na 24 „godziny" – znów całkiem dowolnie. Równie dobrze mogłoby to być „W" lub „73"!

Następnie każdą „godzinę" podzieliliście na „minuty". Ogłosiliście, że każda jednostka godzinowa zawiera 60 jednostek mniejszych, zwanych „minutami" – a każda **z nich** składa się jeszcze z sześćdziesięciu, zwanych „sekundami".

Pewnego dnia zauważyliście, że Ziemia nie tylko wiruje wokół własnej osi, ale również **leci!** Zobaczyliście, że obiega Słońce.

Skrzętnie obliczyliście, że potrzeba 365 obrotów Ziemi wokół własnej osi na pełne okrążenie Słońca.

Tę liczbę obrotów nazwaliście „rokiem".

Sprawa trochę się skomplikowała, kiedy postanowiliście podzielić „rok" na jednostki mniejsze, ale większe niż „dzień".

Wymyśliliście „tydzień" i „miesiąc". Udało wam się wcisnąć równą liczbę miesięcy do każdego roku, ale nie równą liczbę **dni do każdego miesiąca.**

Nijak nie mogliście podzielić nieparzystej liczby dni w roku (365) przez parzystą liczbę miesięcy (12), więc uznaliście po prostu, że **niektóre miesiące są dłuższe!**

Uważaliście, że należy trzymać się dwunastki jako dzielnika ze względu na liczbę cyklów księżyca, czyli pełnych zaobserwowanych zmian księżyca w ciągu „roku". Aby pogodzić te trzy zachodzące w przestrzeni zdarzenia – obieg Słońca, obroty Ziemi wokół własnej osi i cykle księżyca – dopasowaliście odpowiednio liczbę „dni" do każdego „miesiąca".

Ale nawet ten zabieg nie rozwiązał wszystkich problemów, ponieważ wasze wcześniejsze postanowienia prowadziły do ciągłej „nadwyżki czasu", z którą nie potrafiliście sobie poradzić. Zadecydowaliście więc, że raz na jakiś czas jeden rok będzie dłuższy o **cały dzień!** Nazwaliście go rokiem przestępnym, żartowaliście z niego, ale tak naprawdę **żyjecie,** opierając się na takich konstruktach – a ty mówisz, że Moja koncepcja czasu jest „niewiarygodna"!

Podobnie arbitralnie stworzyliście „dekady" i „stulecia" (co ciekawe, oparte na dziesiątkach, nie na dwunastkach), aby dalej odmierzać upływ czasu – lecz w rzeczywistości mierzycie nie czas, tylko **ruch w przestrzeni.**

Widzisz zatem, że to nie czas „płynie", lecz rzeczy płyną przez statyczne pole zwane **przestrzenią.** Wasz „czas" to ledwie miara ruchu!

Naukowcy pojmują ten związek i dlatego mówią o „kontinuum czasoprzestrzennym".

Einstein oraz inni wasi myśliciele uświadomili sobie, że czas to konstrukcja umysłu, **pojęcie względne.** „Czas" jest tym, czym jest **względem przestrzeni,** która występuje między przedmiotami! (Jeśli wszechświat się rozszerza – a rozszerza się – w takim razie dzisiaj „dłużej" trwa obieg Ziemi wokół Słońca niż milion lat temu. Musi pokonać więcej „przestrzeni".)

Wobec tego, potrzeba obecnie więcej minut, godzin, dni, tygodni, miesięcy, lat, dekad i stuleci do zaistnienia tych cyklicznych zdarzeń niż w roku 1492! (Od kiedy to „dzień" nie jest równy dniu! Od kiedy to „rok" nie jest równy rokowi!)

Wasze nowe, bardzo wyszukane instrumenty pomiarowe rejestrują tę rozbieżność „czasową" i co roku wszystkie zegary na świecie reguluje się, aby uwzględnić wszechświat, który „nie stoi w miejscu"! Nazywane jest to czasem Greenwich... w ten sposób zadaje się kłam kosmosowi!

Einstein założył, że jeśli to nie „czas" się porusza, ale **on sam** przesuwa się w przestrzeni z określoną prędkością, wystarczy tylko zmienić liczbę przestrzeni między przedmiotami – albo zmienić **prędkość,** z jaką przemieszcza się od jednego przedmiotu do drugiego – aby „wydłużyć" lub „skrócić" upływ czasu.

Jego ogólna teoria względności stała się podstawą waszego obecnego pojmowania współzależności między czasem a przestrzenią.

Może łatwiej ci będzie teraz zrozumieć, dlaczego po odbyciu podróży kosmicznej postarzałeś się tylko o dziesięć lat – podczas gdy dla twoich przyjaciół na Ziemi upłynęło lat trzydzieści! Im dalej polecisz, tym mocniej zagniesz kontinuum czasoprzestrzenne i jednocześnie zmaleją znacznie twoje szansę na to, że po powrocie zastaniesz jeszcze wśród żywych którąkolwiek z osób, które pamiętają twój odlot!

Gdyby jednak naukowcom w „przyszłości" udało się wynaleźć sposób na nadanie rakiecie większej prędkości, załoga mogłaby „oszukać" wszechświat i pozostać w synchronizacji z „czasem rzeczywistym" na Ziemi i czas płynąłby tak samo na Ziemi jak na pokładzie rakiety.

Oczywiście, gdyby możliwy był jeszcze szybszy napęd, można by wrócić na Ziemię jeszcze przed swoim startem! Znaczy to, że czas na Ziemi mijałby **wolniej** niż na statku kosmicznym. Mógłby wrócić po dziesięciu swoich „latach" i przekonać się, że Ziemi przybyły tylko cztery! Przyspiesz jeszcze bardziej, a dziesięć lat w kosmosie będzie równe dziesięciu minutom na Ziemi.

Powiedzmy, że do tego jeszcze natkniesz się na „fałdę" w strukturze przestrzeni (Einstein i inni fizycy wierzyli w ich istnienie – i słusznie!) i nagle, w nieskończenie krótkiej „chwili" pomkniesz w poprzek „przestrzeni". Czy takie zjawisko czasoprzestrzenne zdołałoby zawrócić cię w „czasie"?

Nietrudno teraz chyba zobaczyć, że „czas" istnieje wyłącznie jako konstrukt twojego umysłu. Cokolwiek już się zdarzyło i jeszcze się wydarzy, dzieje się **teraz.** Zdolność postrzegania tego zależy tylko od twojego punktu widzenia – twojego „położenia w przestrzeni".

Gdybyś był na Moim miejscu, ujrzałbyś Wszystko – **naraz!**

Jasne?

O, kurczę! Zaczyna mi coś świtać! Tak, na płaszczyźnie teoretycznej owszem!

To dobrze. Wyłożyłem ci to tak przystępnie, że nawet dziecko by zrozumiało. Nie jest to może ścisła nauka, ale sprzyja zrozumieniu.

Przedmioty fizyczne podlegają obecnie ograniczeniom co do prędkości – ale ***zjawiska niefizykalne*** *– myśli... moja dusza... teoretycznie mogą podróżować w eterze z niewiarygodną szybkością.*

Otóż to! Dokładnie! To właśnie ma miejsce podczas snów, podróży astralnych i innych zjawisk parapsychicznych.

Pojmujesz teraz, na czym polega *déjà vu*. Prawdopodobnie byłeś tam wcześniej.

Ale... skoro wszystko już się zdarzyło, to wobec tego nie mam żadnej władzy nad swoją przyszłością. Czy to oznacza predestynację?

Nie! Nie daj się na to wziąć! To nieprawda. Ten „układ" ma tobie **służyć,** a nie **szkodzić!**

W każdym położeniu, zawsze, zachowujesz wolną wolę i masz całkowicie nieskrępowany wybór. Wgląd w „przyszłość" powinien **dodać** ci sił do tego, abyś żył według własnego upodobania, a nie odbierać.

W jaki sposób? Chyba trzeba mi to wyjaśnić.

Jeśli „ujrzysz" przyszłe zdarzenie czy doświadczenie, które ci nie odpowiada, **nie wybieraj** go! Wybierz jeszcze raz! Wybierz co innego!

Zmień swoje postępowanie tak, aby **uniknąć niepożądanego rezultatu.**

Ale jak uchronić się przed czymś, co już się wydarzyło?

Tobie jeszcze się nie przydarzyło! Znajdujesz się w takim punkcie czasoprzestrzeni, gdzie **nie jesteś w pełni świadomy** tego zajścia! Nie „wiesz", że miało miejsce. Nie „przypomniałeś" sobie tej przyszłości!

(Właśnie to zapomnienie stanowi **zagadkę czasu.** Umożliwia ci branie udziału w tej wspaniałej grze zwanej życiem! Wytłumaczę to później!)

To, czego nie „wiesz", jest dla ciebie „żadne". Jeśli „ty" nie „pamiętasz" tej przyszłości, ona jeszcze dla „ciebie" nie zaistniała! Coś „dzieje się" tylko wtedy, gdy jest „doświadczane". Coś jest „doświadczane" tylko wtedy, gdy jest „znane".

Powiedzmy, że dane ci było „poznać", wejrzeć na ułamek sekundy w swoją „przyszłość". Jak do tego doszło? Twój Duch – niefizykalna cząstka ciebie – po prostu przeniosła się błyskawicznie do innego miejsca w czasoprzestrzeni i powróciła z odrobiną energii w postaci wrażeń, obrazów związanych z tą chwilą, czy zdarzeniem.

Możesz to „wyczuć" – albo zdarza się, że ktoś obdarzony zmysłem metafizycznym potrafi dostrzec kłębiące się wokół ciebie obrazy i energie.

Jeśli nie podobają ci się sygnały dochodzące z twojej „przyszłości", odsuń się od niej! Po prostu się odsuń! Natychmiast odmienisz swoje doświadczenie – i każde twoje „Ja" odetchnie z ulgą!

Zaczekaj chwilę! Co takiego?

Trzeba ci wiedzieć – już do tego dojrzałeś – że istniejesz na wszystkich poziomach czasoprzestrzennego kontinuum **jednocześnie!**

Znaczy to, że twoja dusza Zawsze Była, Zawsze Jest i Zawsze Będzie – bez końca – amen.

Ja „istnieję" w wielu miejscach naraz?

Oczywiście! Istniejesz **wszędzie** – i w każdym czasie!

Jest jakieś moje „ja" w przyszłości i w przeszłości?

Cóż, „przeszłość" i „przyszłość" nie istnieją, jak starałem się tobie wykazać – ale przyjmując znaczenia, w jakich używasz tych słów – tak.

Jest mnie więcej niż jedno „ja"?

„Ty" jesteś **tylko** jeden, ale znacznie przerastasz własne wyobrażenia na swój temat!

Zatem jeśli moje „ja" w teraźniejszości zmieni coś, co nie odpowiada mu w jego „przyszłości", to moje „ja" istniejące w „przyszłości" tego nie doświadczy?

W zasadzie tak. Zmienia się cała mozaika. Ale to „ja w przyszłości" nigdy nie traci doświadczenia, które mu przypadło w udziale. Po prostu cieszy się, że „ty" nie musisz tego przechodzić.

Ale moje „ja w przeszłości" musi jeszcze tego „doświadczyć", więc się w to pakuje?

W pewnym sensie tak. Ale „ty", oczywiście, możesz mu pomóc.

Mogę?

Owszem. Jeśli zmienisz to, co „ty" **przed** tobą doświadczyło, „ty" będące **za** tobą nie będzie musiało przez to przechodzić! W ten sposób postępuje ewolucja twojej duszy.

Na tej samej zasadzie twoje **przyszłe** „ja" otrzymało pomoc od **swej własnej** przyszłej jaźni. To pozwala **tobie** uniknąć tego, czego **jemu** się nie udało.

Zrozumiałeś?

Tak. To daje do myślenia. Ale chciałbym zapytać o coś innego. Jak to jest z przeszłymi żywotami? Jeśli zawsze byłem i jestem „sobą" – w „przeszłości" i w „przyszłości" – to w jaki sposób mogłem być kimś innym, inną osobą w przeszłym życiu?

Jesteś Istotą Boską, zdolną doświadczać wielu rzeczy w tym samym „czasie" – i zdolną dzielić się na dowolną liczbę różnych „jaźni".

Możesz od nowa przeżywać na inne sposoby „to samo" życie – wyjaśniałem to już. Możesz też zaistnieć inaczej w różnych „czasach" w kontinuum.

W ten sposób, podczas gdy jesteś sobą, tu i teraz – możesz również być i byłeś kimś „innym" w innym „czasie" i „miejscu".

Uffff, strasznie to zawiłe!

Tak – a zaledwie drasnęliśmy czubek góry lodowej.

Wiedz jednak to: Jesteś istotą Boskich Rozmiarów, bez granic. Cząstka ciebie z własnego wyboru uznaje za swoją obecnie doświadczaną przez ciebie tożsamość. Ale to wcale nie wyczerpuje twojej Istoty, **choć ty uważasz, że wyczerpuje!**

Dlaczego?

Musisz tak uważać, inaczej nie mógłbyś wypełnić tego, co wyznaczyłeś sobie w tym życiu.

To znaczy czego? Wiem, że już mi to mówiłeś, ale chcę to usłyszeć jeszcze raz, „tu i teraz".

Wykorzystujesz całość Życia – wszystkie poszczególne żywoty – aby postanowić i stać się, Czym Naprawdę Jesteś; aby wybrać i tworzyć swą prawdziwą istotę; aby doświadczyć swej obecnej idei siebie i ją spełnić.

Przebywasz w Odwiecznej Chwili Samokreacji i Samourzeczywistnienia dzięki procesowi Samowyrażania.

Przyciągasz do siebie ludzi, zdarzenia i okoliczności jako narzędzia, z pomocą których wykuwasz Najwspanialszą Wersję Najwznioślejszej Wizji samego siebie.

Ten proces tworzenia wciąż na nowo przebiega na wielu płaszczyznach i nigdy się nie kończy. Dzieje się „właśnie teraz" oraz na innych poziomach czasu.

W swej linearnie uporządkowanej rzeczywistości postrzegasz swoje doświadczenie jako doświadczenie Przeszłości, Teraźniejszości i Przyszłości. Wyobrażasz sobie, że masz jedno życie, może więcej, ale z pewnością tylko jedno **naraz.**

A gdyby „czasu" nie było? Wówczas miałbyś **wszystkie swoje „życia" od razu!**

I tak jest!

Przeżywasz to życie, obecnie urzeczywistniane życie w swojej Przeszłości, Teraźniejszości i Przyszłości naraz! Czy ogarnęło cię kiedykolwiek „dziwne przeczucie" w związku z jakimś przyszłym wydarzeniem – na tyle silne, że się przed tym cofnąłeś?

Wy nazywacie to przeczuciem. Z Mojego punktu widzenia to po prostu nagła świadomość tego, co już przytrafiło ci się w „przyszłości".

Twoje „przyszłe ja" mówi ci w ten sposób: „Hej, to nie było przyjemne. Nie rób tego!"

Przeżywasz również inne żywoty, które choć nazywacie „przeszłymi", przebiegają właśnie teraz. Trudno byłoby ci uczestniczyć w tej wspaniałej grze życia, gdybyś miał **pełną świadomość** tego, co się dzieje. Tego zapewnić nie może nawet przedstawiony tu opis. Gdyby mógł, „gra" dobiegłaby końca! Trzeba brać Proces Życia takim, jaki jest – włącznie z niedostatkiem własnej świadomości na tym etapie.

Więc chwal Proces, przyjmij go jako wspaniały dar Życzliwego Stwórcy. Zanurz się w nim, przejdź go ze spokojem, radością i mądrością. Użyj go, przetwórz, tak by z czegoś tobie narzuconego stał się wybranym narzędziem tworzenia najwspanialszego doświadczenia Wszechczasu: urzeczywistniania twej Boskiej Jaźni.

Jak? Jak tego dokonać?

Nie marnuj cennych chwil tej obecnej rzeczywistości na zgłębianie wszystkich tajemnic życia.

Nie bez powodu stanowią one sekret. Zaufaj swojemu Bogu. Wykorzystaj Teraźniejszą Chwilę do Najwyższego Celu – tworzenia i wyrażania swej prawdziwej tożsamości.

Zdecyduj, Kim Jesteś – Kim chcesz być – i czyń wszystko, co w twojej mocy, aby tym się stać.

Użyj tego, czego dowiedziałeś się o czasie, jako fundamentu, w ramach twojego ograniczonego pojmowania, na którym wzniesiesz swą Najwyższą Ideę siebie.

Jeśli odbierzesz sygnał z „przyszłości", **uszanuj** go. Gdy dotrze do ciebie wrażenie z „przeszłego życia", zobacz, czy na coś ci się przyda – nie lekceważ go. Nade wszystko zaś, jeśli zostanie ci objawiona droga tworzenia, wyrażania, przedstawiania i doświadczenie twej Boskiej Jaźni ku jej większej chwale, tu i teraz, **pójdź** tą drogą.

A zostanie ci ona ukazana, ponieważ prosiłeś. Ta książka jest tego znakiem, nie mógłbyś bowiem jej tworzyć w tej właśnie chwili, bez otwartego umysłu i serca, bez gotowości duszy, łaknącej poznania.

Dotyczy to również tych, którzy ją teraz **czytają.** Albowiem oni również przyczynili się do jej powstania. Inaczej bowiem jak mogliby jej doświadczać?

Każdy współtworzy całość obecnego doświadczenia – czyli, innymi słowy, **Ja** tworzę całość obecnego doświadczenia, gdyż **Ja jestem każdym.**

Czy dostrzegasz tę symetrię? Czy widzisz w tym Doskonałość?

Wszystko zawiera w sobie jedną prawdę:

ISTNIEJE TYLKO JEDEN Z NAS.

6

Opowiedz mi o przestrzeni.

Przestrzeń to czas... ukazany.

Właściwie nie ma czegoś takiego jak czysta, „pusta" przestrzeń, w której nie znajduje się nic. Wszystko jest **czymś.** Nawet „najpustszą" przestrzeń wypełniają znikome opary, rozciągnięte niemal w nieskończoność, tak że wydaje się, jakby ich wcale nie było.

Kiedy zaś zanikają opary, pozostaje jeszcze energia. Czysta energia. Objawia się w postaci wibracji. Drgań. Ruchów z określoną częstotliwością.

Ta niewidzialna „energia" jest właśnie „przestrzenią", która spaja całą „materię".

Był taki czas – odwołując się do waszego linearnego pojmowania czasu – że całość materii wszechświata skupiona była w maleńkiej drobince. Nie jesteś w stanie wyobrazić sobie jej gęstości – gdyż materia w swej **obecnej** postaci wydaje ci się gęsta.

Tak naprawdę zaś to, co nazywacie materią, składa się głównie z przestrzeni. Wszystkie ciała „stałe" to w 2 procentach stała „materia", a w pozostałych 98 – „powietrze"! Ogromna przestrzeń dzieli najmniejsze cząstki materii we wszystkich ciałach. Nasuwa się tu porównanie z odległościami między gwiazdami i planetami w kosmosie. Mimo to upieracie się, że to ciała „stałe".

Kiedyś cały wszechświat rzeczywiście był zbity w jedną masę. Drobin materii nie oddzielała żadna przestrzeń. Tak jakby spomiędzy nich wyjęto całą „przestrzeń" – a z braku przestrzeni objętość całej materii była mniejsza niż główki szpilki.

Był w istocie „czas", zanim nastał tamten „czas", kiedy materia nie istniała – tylko najczystsza postać Energii Najwyższej Wibracji, którą nazywacie **antymaterią.**

„Czas" ten poprzedzał „czas", w którym istniał znany wam wszechświat fizyczny. Nie było materii i „nie było sprawy", czyli „wszystko było w porządku". Słowem, istny raj.

Na samym początku czysta energia – czyli Ja – wprawiła się w tak szybkie drgania, że powstała materia – **cała materia wszechświata!**

Ty również możesz tego dokonać. W gruncie rzeczy **robisz** to co dzień. Twoje **myśli** to czysta wibracja – może ona tworzyć i wytwarzać fizyczną materię! Jeśli dostatecznie wielu z was pomyśli to samo, jesteście w stanie wpłynąć na – a nawet powołać do istnienia – obszary waszego fizycznego wszechświata. Szczegółowo objaśniłem to w pierwszej książce.

Czy wszechświat się rozszerza?

W niepojętym dla ciebie tempie.

Czy będzie się tak rozszerzał bez końca?

Nie. Nadejdzie taki czas, że energia ekspansji się wyczerpie i wtedy weźmie górę energia spajająca – i upchnie z powrotem wszystko razem.

Chcesz powiedzieć, że wszechświat się skurczy?

Tak. Wszystko dosłownie „wróci na miejsce"! I nastanie raj. Żadnej materii. Czysta energia.

Innymi słowy – Ja!

W końcu wszystko sprowadzi się do Mnie. Stąd bierze się wasze powiedzenie: „wszystko sprowadza się do tego".

Czyli przestaniemy istnieć!

W swej fizycznej postaci, owszem. Ale wy jako wy będziecie **zawsze.** Nie możecie **nie** istnieć. Jesteście tym, co Jest, wiecznie.

Co się stanie, gdy wszechświat się „zapadnie"?

Cały proces ruszy od nowa! Nastąpi kolejny Wielki Wybuch i narodzi się nowy wszechświat.

Rozszerzy się i skurczy. I powtórzy to. Jeden raz, drugi, i tak ciągle. Świat nie ma końca.

To tchnienie Boga wracające do Boga.

Cóż, doprawdy, to fascynujące – ale nie ma odniesienia do mojego codziennego życia.

Jak już mówiłem, z pewnością istnieją lepsze sposoby wykorzystania czasu niż nadmierne głowienie się nad najbardziej doniosłymi sekretami wszechświata. Mimo to można wynieść coś pożytecznego z tych prostych, przystępnych alegorii i opisów Wielkiego Procesu.

Na przykład?

Na przykład zrozumienie, że wszystko ma charakter cykliczny, nawet samo życie.

Zrozumienie prawideł rządzących makrokosmosem pomoże ci zrozumieć mikrokosmos twego własnego wnętrza.

Życie przebiega cyklicznie. Wszystko jest cykliczne. Wszystko. Kiedy to pojmiesz, nauczysz się czerpać większą radość z tego Procesu – zamiast ledwie go znosić.

Życie toczy się swoim naturalnym rytmem, któremu podlega wszystko; wszystko poddaje się jego biegowi. Dlatego napisane jest: „Wszystko ma swój czas i każda sprawa pod niebem ma swoją porę".

Mądry jest ten, kto to rozumie. Sprytny jest ten, który to wykorzysta.

Chyba nikt nie wyczuwa cyklu życia lepiej od kobiet. Całe ich życie płynie swoim rytmem. Są one zestrojone z rytmem samego życia.

Kobiety potrafią „poddać się biegowi życia", w przeciwieństwie do mężczyzn, którzy raczej opierają się lub prą, a nawet próbują regulować bieg życia. Kobiety **doświadczają** go – a następnie naginają się do niego i powstaje harmonia.

Kobieta słyszy melodię kwiatów, którą niesie wiatr. Dostrzega piękno tego, co Niewidoczne. Wyczuwa, czego domaga się życie. **Wie,** kiedy jest czas na bieg i czas na odpoczynek; czas na śmiech i czas na płacz; czas na opór i czas na poddanie się.

Kobiety przeważnie opuszczają swe ciała z wdziękiem. Mężczyźni na ogół buntują się. Kobiety również lepiej obchodzą się ze swoimi ciałami, kiedy jeszcze w nich przebywają. Mężczyźni dopuszczają się okropnych rzeczy w stosunku do swego ciała. Podobnie zresztą odnoszą się do życia.

Oczywiście, trafiają się wyjątki. Posługuję się tutaj uogólnieniami. Mówię o tym, jak było dotychczas. Bez rozdrabniania się. Ale jeśli przyjrzysz się życiu, jeśli dopuścisz do siebie to, co widzisz, co widziałeś, jeśli uznasz to, co jest, dojrzysz ziarno prawdy w tych uogólnieniach.

Smutno mi z tego powodu. Z tego wynika, że kobiety są wyższymi istotami. Są ulepione z „lepszej gliny" niż mężczyźni.

W skład cudownego rytmu życia wchodzi zarówno jin jak i jang. Żaden Aspekt Bytu nie jest „doskonalszy" czy „lepszy" od drugiego. Oba są po prostu – i wspaniale – sobą; aspektami.

Mężczyźni, rzecz jasna, ucieleśniają inne strony Boskości, które są przedmiotem wcale nie mniejszej zawiści kobiet.

Lecz powiedziano też, że bycie mężczyzną to poligon doświadczalny, okres próbny. Gdy jesteś mężczyzną dostatecznie długo – gdy nacierpiałeś się wskutek własnej głupoty, gdy zadałeś sobie dość bólu własnymi wytworami, gdy dostatecznie zraniłeś innych, aby zaprzestać tego rodzaju zachowań – aby agresję zastąpić rozumem, pogardę współczuciem, zasadę zwyciężania zrozumieniem, że nie ma przegranych – wówczas dojrzałeś do tego, aby być kobietą.

Gdy nauczyłeś się, że „prawo pieści" jest bezprawiem, że moc płynie nie z dominacji, lecz współpracy, że władza absolutna nie wymaga absolutnie niczego od innych;

gdy pojąłeś te wszystkie rzeczy, zasłużyłeś na pobyt w kobiecym ciele – gdyż w końcu zrozumiałeś jej Istotę.

Zatem kobieta jest czymś lepszym niż mężczyzna.

Nie „lepszym" – innym! To ty wartościujesz. W obiektywnej rzeczywistości nie ma rozróżniania na „lepsze" czy „gorsze". Jest to, Co Jest – i czym ty pragniesz Być.

Gorące w niczym nie jest lepsze od zimnego, to, co u góry, od tego, co w dole – podkreślałem już to wiele razy. Toteż męskość nie jest gorsza od kobiecości. Po prostu **jest** tym, czym Jest. Tak jak ty.

Mimo to niczym nie jesteście ograniczeni, żadne z was. Możecie Być, kimkolwiek pragniecie Być, wybrać, czegokolwiek pragniecie doświadczyć. W tym życiu czy w kolejnym, albo w jeszcze następnym – jak uczyniłeś to w poprzednim. Każde z was zawsze ma wybór. Każde z was ma w sobie cząstkę Wszystkiego, Co Jest. Kobiety i mężczyzny. Wyrażajcie ten aspekt was, który macie ochotę wyrażać. Wiedzcie, że **wszystko** stoi przed wami otworem.

Nie chciałbym odbiegać od tego tematu. Pozostańmy przy stosunkach damsko-męskich. Na końcu części pierwszej przyrzekłeś, że dokładniej omówisz seksualną stronę tej dwoistości.

Zgadza się. Myślę, że nadszedł czas poruszyć sprawy płci.

7

Dlaczego stworzyłeś dwie płci? Czy był to jedyny sposób na to, abyśmy mogli się rozmnażać? Jak powinniśmy podchodzić do tego niesamowitego doświadczenia zwanego seksualnością?

Na pewno bez wstydu. I bez winy, i bez lęku.

Albowiem wstyd nie jest cnotą, wina nie jest dobrocią, lęk nie jest honorem.

I bez lubieżności, gdyż lubieżność to nie namiętność.

I nie bez opamiętania, gdyż brak opamiętania to nie wolność.

I oczywiście, nie z myślą o kontroli, władzy czy dominacji; albowiem to nie ma nic wspólnego z Miłością.

Ale... czy można uprawiać seks dla prostego zaspokojenia siebie? Może to dla was dziwne, lecz odpowiedź brzmi: tak – gdyż „zaspokojenie osobiste" to inna nazwa miłości jaźni.

Pojęcie własnego zaspokojenia od lat jest piętnowane, stąd tak bardzo obciąża seks poczucie winy.

Przestrzega się was przed używaniem dla zaspokojenia siebie czegoś, co jest źródłem **ogromnego osobistego zaspokojenia!** Co prawda, tę oczywistą sprzeczność dostrzegacie, ale nie wiecie, co zrobić z płynącym stąd wnioskiem. Uznajecie więc, że jeśli będziecie się czuć **winni** z powodu tego, jak dobrze wam było, gdy się kochaliście oraz potem, to przynajmniej jakoś to naprawicie.

Przypomina się w związku z tym pewna znana piosenkarka, której nazwiska nie wymienię, a która za swoje piosenki otrzymuje miliony dolarów. Poproszona o skomentowanie swojego sukcesu oraz bogactwa, jaki jej przyniósł, odparła: „Mam z tego powodu pewne wyrzuty sumienia, ponieważ uwielbiam to, co robię."

Wynika stąd jasno, że jeśli kochasz swoją pracę, nie powinieneś być za nią dodatkowo wynagradzany pieniędzmi. Większość ludzi zarabia pieniądze **wykonując coś, czego nienawidzą –** albo przynajmniej **harują w pocie czoła,** nie czerpiąc z tego żadnej **radości!**

Przesłanie, jakie głosi świat, brzmi więc: Jeśli z powodu czegoś czujesz się źle, **wtedy wolno ci się tym czymś cieszyć!**

Obwinianie się często stanowi próbę narzucenia sobie **wyrzutów sumienia** z powodu czegoś, co sprawia nam przyjemność – a to doprowadzić ma do pojednania z Bogiem... który, waszym zdaniem, nie życzy sobie, aby cokolwiek sprawiało wam radość!

Szczególnie zaś nie wolno wam czerpać przyjemności z ciała. A już bezwzględnie zabronione są rozkosze (jak zwykły szeptać nasze babki) „łóżka".

Dobra wiadomość jest taka, że **wolno wam uwielbiać seks!**

Wolno też **kochać siebie!**

A nawet trzeba.

Nie służy wam tylko **uzależnienie się** od seksu (czy czegokolwiek innego). Ale zakochać się w seksie można jak najbardziej!

Powtarzaj to sobie na głos codziennie dziesięć razy: KOCHAM SEKS!

Powtarzaj też to:

KOCHAM PIENIĄDZE!

Czy jesteś gotowy na prawdziwy wstrząs? Spróbuj dziesięć razy powtórzyć to:

KOCHAM SIEBIE!

Oto zestaw kolejnych rzeczy, których nie wolno ci wielbić. Poćwicz wielbienie ich:

WŁADZA

CHWAŁA

SŁAWA

SUKCES

ZWYCIĘŻANIE.

Chcesz jeszcze? Spróbuj **tych. Naprawdę** powinieneś czuć się winny, jeśli kochasz:

BYĆ PODZIWIANYM

BYĆ LEPSZYM

POSIADAĆ WIĘCEJ

WIEDZIEĆ JAK

WIEDZIEĆ **DLACZEGO.**

Masz dość? Zaczekaj! Oto **sam szczyt poczucia winy:** osiągasz go, gdy czujesz, że

ZNASZ BOGA.

Ciekawe, co? Przez całe życie wpajano ci poczucie winy z powodu

RZECZY, KTÓRYCH PRAGNIESZ NAJBARDZIEJ.

Lecz Ja ci mówię: miłuj, miłuj, **miłuj** rzeczy, których pragniesz – gdyż twoja miłość do nich **przyciągnie je do ciebie.**

Te rzeczy składają się na życie! Gdy je kochasz, kochasz życie! Ogłaszając, że ich pragniesz, oświadczasz zarazem, że wybierasz całe dobro, które ma do zaofiarowania życie!

Więc wybierz **seks** – ile tylko możesz go dostać! I wybierz **władzę** – ile tylko zdołasz zdobyć! I wybierz **sławę** – ile tylko możesz zyskać! Wybierz **sukces** – ile tylko możesz osiągnąć! I wybierz **zwycięstwo** – ile tylko możesz odnieść!

Lecz nie stawiaj seksu w miejsce miłości – niech będzie jej **celebracją.** Nie szukaj władzy nad kimś – lecz **wspólnie z kimś**. Nie szukaj sławy dla niej samej – lecz **jako środka do wyższego celu**. Nie dąż do sukcesu kosztem innych – lecz **jako do narzędzia do niesienia pomocy innym.** I nie dąż do zwycięstwa za wszelką cenę – lecz **do takiego, które nic nie kosztuje innych,** a nawet **przysparza im korzyści.**

Śmiało, wywołuj podziw innych – ale dostrzegaj też w nich obiekt **twojego** podziwu, i nie **szczędź go innym!**

Śmiało, bądź lepszy – ale nie lepszy od innych; raczej bądź lepszy **niż dotychczas**.

Śmiało, miej więcej – **ale tylko po to,** aby móc więcej rozdać.

I oczywiście **staraj się** „dowiedzieć, jak i dlaczego" – po to, aby dzielić się wiedzą z innymi.

I ze wszystkich sił staraj się POZNAĆ BOGA. Właściwie WYBIERZ TO PRZED WSZYSTKIM, a cała reszta sama przyjdzie.

Przez całe życie uczono cię, że lepiej jest dawać niż brać. **Lecz nie możesz dać, czego sam nie posiadasz.**

Dlatego tak istotne jest samozaspokojenie – i dlatego należy uznać za nieszczęście to, że słowo to obecnie tak źle się kojarzy.

Rzecz jasna, nie chodzi tu o samozaspokojenie kosztem innych. Nie wolno ignorować potrzeb drugiego człowieka. Tak samo jednak trzeba **dbać o własne potrzeby. Nie żałuj sobie przyjemności, a będziesz mógł sprawiać mnóstwo radości innym.**

Nauczyciele seksu tantrycznego dobrze to rozumieją. Dlatego zalecają masturbację, przez niektórych uznawaną za grzech.

Masturbację? Chłopie, chyba ździebko przesadziłeś. Jak możesz wyskakiwać z czymś takim – jak możesz w ogóle o tym ***wspominać*** *– w przesłaniu, które podobno pochodzi prosto od Boga?*

Widzę, że masz zastrzeżenia wobec masturbacji.

Ja nie, ale wielu czytelników może być przeciwko. Myślałem, że tworzymy tę książkę dla innych.

Bo tak jest.

Dlaczego więc rozmyślnie ich obrażasz?

Nie „obrażam rozmyślnie" nikogo. Ludziom wolno czuć się „obrażonym" lub nie, wedle własnego uznania. Ale czy naprawdę uważasz, że można szczerze i otwarcie omówić temat ludzkiej seksualności bez „urażenia" czyichś uczuć? Zawsze znajdzie się ktoś, kto poczuje się „dotknięty".

Owszem, ale są pewne granice. Nie sądzę, aby ludzie gotowi byli usłyszeć Boga rozprawiającego o „samogwałcie".

Gdybyśmy się mieli ograniczyć do tego, co większość ludzi gotowa jest usłyszeć od Boga, powstałaby nie książka, lecz książeczka. Ludzie na ogół nie są przygotowani na przyjęcie słów Boga, gdy do nich przemawia. Muszą odczekać dwa tysiące lat.

W porządku, idźmy dalej. Chyba minął mi już pierwszy szok.

Dobrze. Użyłem tego doświadczenia ludzkiego życia (któremu oddajecie się wszyscy, ale boicie się przyznać), aby zilustrować donioślejszą prawdę.

Brzmi ona tak: **Nie żałuj sobie przyjemności, a będziesz mógł sprawiać mnóstwo radości innym.**

Mistrzowie tantrycznego seksu – który stanowi zresztą wysoko rozwiniętą formę seksualnej ekspresji – wiedzą, iż jeśli oddajesz się miłości fizycznej **z łaknieniem seksu,** twoja zdolność dawania partnerowi rozkoszy i doznania długiej, radosnej unii ciał i dusz – co, nawiasem mówiąc, stanowi wspaniały powód uprawiania seksu – zostaje mocno obniżona.

W związku z tym kochankowie praktykujący tantryzm często najpierw sami się zaspokajają, a dopiero potem obdarzają rozkoszą partnera. Zazwyczaj odbywa się to w jego obecności, z jego zachętą i pomocą. Gdy nasycą swój pierwszy głód, wówczas może zostać zaspokojone, powoli, niespiesznie, głębokie pragnienie – pragnienie ekstazy za sprawą zespolenia.

Obdarzanie siebie samego rozkoszą jest częścią radosnej miłości fizycznej w pełni wyrażonej. Jedną z wielu. To, co nazywacie stosunkiem, może nastąpić pod koniec dwugodzinnych miłosnych igraszek.

Albo i nie. Dla większości z was stanowi on **jedyny cel** dwudziestominutowych starań. To znaczy dwudziestominutowych, jeśli dopisze ci szczęście!

Nie spodziewałem się, że ta książka zamieni się w podręcznik erotyki.

Nie zamieni się. A nawet gdyby, to co w tym złego? Ludzie wciąż muszą się wiele nauczyć o seksualności, o wyrażaniu jej w sposób najbardziej zachwycający i dobroczynny.

Niemniej chodziło mi raz jeszcze o zobrazowanie donioślejszej prawdy. Im więcej przyjemności sprawiasz sobie, tym więcej możesz dać jej innym. Podobnie też jeśli pozwolisz sobie na rozkosz władzy, będziesz miał jej więcej do podziału. To samo dotyczy sławy, bogactwa, chwały, sukcesu i wszystkiego innego, co przynosi ci zadowolenie.

A przy okazji, czas, abyśmy zastanowili się wspólnie nad tym, co to znaczy, że coś przynosi ci zadowolenie.

Poddaję się. Co?

„Zadowolenie" to wołanie duszy: „Oto kim naprawdę jestem!"

Czy pamiętasz, jak nauczyciel na lekcji sprawdzał obecność, wyczytywał nazwiska, a gdy doszedł do twojego, musiałeś odpowiedzieć: „Obecny!"

Pamiętam.

Więc stan „zadowolenia" to sposób, w jaki dusza mówi ci: „Obecna!"

Wiem, że idea „robienia tego, co daje zadowolenie", jest wyśmiewana przez ludzi, którzy twierdzą, że ta droga prowadzi prosto do piekła. Lecz Ja powiadam, że to droga do **nieba!**

Oczywiście, wiele zależy od tego, co daje zadowolenie, jakiego rodzaju doświadczenie sprawia ci przyjemność. Ale Ja zapewniam cię, że żaden postęp duchowy nie dokonał się jeszcze przez **wyrzeczenie.** Jeśli masz się rozwinąć, to na pewno nie dzięki temu, że skutecznie odmawiałeś sobie przyjemności, lecz dzięki temu że sobie na nie **pozwoliłeś** – i przez to odkryłeś coś jeszcze większego. Albowiem jak możesz poznać, że coś jest „większe", jeśli nigdy nie zasmakowałeś „mniejszego"?

Religia kazałaby ci to przyjąć na wiarę. Dlatego wszystkie religie ostatecznie zawodzą.

Dla odmiany **Duchowość** zawsze skutkuje.

Religia żąda, abyś uczył się z doświadczenia innych. Duchowość nalega, abyś szukał własnego.

Religia nie może znieść Duchowości. Nie może się z nią pogodzić. Gdyż Duchowość może doprowadzić do **wniosku odmiennego** od tego, który głosi dana religia, a tego żadna znana religia tolerować nie może.

Religia zachęca cię do zgłębiania cudzych myśli i uznania ich za swoje. Duchowość zaleca odrzucenie cudzych poglądów i kształtowanie własnych.

„Zadowolenie" to sposób, w jaki mówisz sobie, że twa ostatnia myśl była **prawdą,** ostatnie słowo **mądrością,** ostatni uczynek **miłością.**

Aby ocenić, jakiego postępu dokonałeś, aby zmierzyć, jak dalece się rozwinąłeś, przyjrzyj się po prostu temu, co daje ci zadowolenie.

Nie przyspieszysz tempa swojej ewolucji odmawiając sobie tego, co przynosi ci zadowolenie, odpychając to od siebie.

Wyrzeczenie to zniszczenie.

Wiedz jednak i to – regulacja nie oznacza wyrzeczenia. Dostosowywanie swojego zachowania to **wybór** postępowania zgodnie z tym, jaki aspekt siebie pragniesz wyrazić. Jeśli głosisz poszanowanie praw innych ludzi, wówczas postanowienie, że nie będziesz kradł, gwałcił czy rabował, w żadnej mierze nie oznaczać będzie „samowyrzeczenia". Stanie się **samopotwierdzeniem.** Dlatego miarą twojego rozwoju jest to, co przynosi ci zadowolenie.

Jeśli jest to zachowanie nieodpowiedzialne, szkodzenie czy sprawianie bólu innym, wówczas nie posunąłeś się daleko w swojej ewolucji.

Kluczowe znaczenie ma świadomość. Dlatego ważnym obowiązkiem, który spoczywa na starszych, jest uświadamianie młodych członków społeczności. Podobnie też do zadań posłańców Boga należy podnoszenie świadomości **wszystkich** ludzi, aby zrozumieli, iż to, co dzieje się jednemu, dzieje się zarazem wszystkim – gdyż wszyscy stanowimy Jedność.

Gdy wychodzisz z założenia, że „wszyscy stanowimy Jedność", właściwie niemożliwe jest znajdywanie przyjemności w ranieniu innych. Znika tak zwane „nieodpowiedzialne zachowanie". W tak właśnie wytyczonych ramach istoty ewoluujące pragną doświadczać życia. W obrębie tych właśnie wyznaczników nakazują ci korzystać z wszystkiego, co życie ma do zaofiarowania – i przekonasz się, że **oferta życiowa przekracza twoje najśmielsze wyobrażenia.**

Jesteś tym, czego doświadczasz. Doświadczasz tego, co wyrażasz. Wyrażasz to, co masz w sobie. Masz w sobie to, na co sobie pozwalasz.

To piękne, ale czy możemy powrócić do wyjściowego pytania?

Tak. Stworzyłem dwie płci z tego samego powodu, dla którego nadałem jin i jang każdej rzeczy – w całym wszechświecie! Płeć żeńska i płeć męska to przejaw powszechnego podziału na jin i jang. Najwspanialszy żywy tego wyraz istniejący w waszym świecie.

Są **formą,** jedną z wielu **fizycznych form,** jin i jang.

Jin i jang, tu i tam... to i tamto... góra i dół, ciepłe i zimne, małe i duże, szybkie i powolne – materia i antymateria...

To **wszystko** potrzebne jest w doświadczeniu życia, jakim je znasz.

Jak możemy najlepiej wyrazić to coś, co nazywamy energią seksualną?

Czule. Otwarcie.

Radośnie. Figlarnie.

Wyzywająco. Romantycznie. Z pasją. Z bogobojnością.

Na wesoło. Spontanicznie. Wzruszająco. Twórczo. Bez skrępowania. Zmysłowo.

I ma się rozumieć, często.

Niektórzy twierdzą, że jedynym uzasadnieniem ludzkiej seksualności jest prokreacja.

Bzdura. Dawanie życia to w większości przypadków szczęśliwe następstwo erotycznego zbliżenia, a nie z góry powzięte zamierzenie. Twierdzenie, że seks służy wyłącznie do robienia dzieci, to w najlepszym razie naiwność, a nieunikniony wniosek stąd płynący, iż dlatego właśnie należy powstrzymać się od dalszych kontaktów, gdy zostanie poczęte ostatnie dziecko, to coś jeszcze gorszego od naiwności. To gwałt zadany ludzkiej naturze – naturze, którą Ja was przecież obdarzyłem.

Seksualna ekspresja to nieuchronny skutek odwiecznego procesu przyciągania, rytmicznego przepływu energii, który napędza wszelkie życie.

Każda rzecz nosi w sobie wbudowaną przeze Mnie energię, która rozsyła swój sygnał na cały kosmos. Wszystko, ludzie, zwierzęta, rośliny, kamienie, drzewa, każdy fizykalny byt emituje energię, niczym nadajnik radiowy.

Ty też ślesz w tej chwili energię – nadajesz ja we wszystkie strony z samego środka swej istoty. Energia ta – czyli **ty** – rozchodzi się na zewnątrz w postaci fal. Przenika ściany, wznosi się ponad szczyty gór, ponad księżyc, w nieskończoność. Wieczność. **Nigdy, ale to nigdy** nie zanika.

Zabarwia tę energię każda myśl, jaką kiedykolwiek miałeś. (Kiedy o kimś myślisz, osoba ta może to wyczuć, pod warunkiem, że jest dostatecznie wrażliwa.) Kształtuje ją każde słowo, jakie kiedykolwiek wypowiedziałeś. Wpływa na nią każdy twój uczynek.

Wibracja, prędkość, długość i częstotliwość fal, jakie nadajesz, ulegają ciągłym przesunięciom zgodnie ze zmianami, jakie zachodzą w twoich nastrojach, uczuciach, myślach, słowach i działaniach.

Mówi się nieraz, że ktoś „wysyła dobre wibracje", i to prawda. To bardzo dokładne nazwanie rzeczy po imieniu!

To samo jednak robi cała reszta ludzi. Stąd „eter", „atmosfera" między wami naładowana jest energią. Ma ona postać Macierzy krzyżujących się i splatających osobistych wibracji, które razem tworzą strukturę o niepojętej wręcz dla ciebie zawiłości.

Ten splot to połączone pole energetyczne, w obrębie którego żyjesz. Jego moc oddziałuje na wszystko. Włącznie z tobą.

Ty wysyłasz nowe wibracje, powstałe pod wpływem dochodzących do ciebie wibracji, na działanie których jesteś wystawiony, a te z kolei wzbogacają i przeobrażają Macierz – która z kolei wpływa na pole energetyczne wszystkich pozostałych, a tym samym na wibracje przez nich wysyłane, i w relacji zwrotnej ponownie na Macierz – która oddziałuje na ciebie... i tak w kółko.

Myślisz może, że to czysta fantazja – ale czy nie zdarzyło ci się choć raz wejść do pokoju, w którym atmosfera „była tak naładowana", że aż „sypały się iskry"?

Albo może słyszałeś kiedyś o dwóch naukowcach pracujących nad tym samym zagadnieniem niezależnie od siebie – na przeciwległych krańcach globu – którzy w tym samym czasie nagle odkryli rozwiązanie?

To powszechne zjawiska, oczywiste przejawy Macierzy.

Macierz stanowi potężną wibrację – może bezpośrednio wpływać na zjawiska i przedmioty, a nawet je **stwarzać.**

(„Gdzie dwóch lub trzech zgromadzi się w imię Moje...")

Psychologia nazwała tę Macierz energii „Zbiorową Świadomością". Oddziałuje ona na **wszystko, co zachodzi na planecie:** perspektywę wojny i nadzieję na pokój, zaburzenia geofizyczne i spokój na powierzchni globu, rozległą epidemię i powszechne zdrowie.

Wszystko to skutek świadomości.

Tak samo zresztą jak konkretne zdarzenia i okoliczności twojego życia.

To fascynujące, ale jak się to ma do seksu?

Cierpliwości. Właśnie do tego zmierzam.

Cały świat wymienia nieustannie energię.

Twoja energia napiera na całą resztę. Cała reszta dotyka ciebie. Ale oto ma miejsce rzecz szczególna. W pewnym punkcie w połowie odległości między tobą a wszystkim innym – te energie się **stykają.**

Wyobraźmy sobie na przykład dwie osoby znajdujące się w tym samym pomieszczeniu, w przeciwległych jego końcach. Przyjmijmy, że mają na imię Tom i Mary.

Energia Toma śle swe sygnały w kosmos wokół niego. Część tych fal trafia w Mary.

Jednocześnie Mary nadaje własną energię, której jakaś wiązka uderza w Toma.

Lecz te energie spotykają się ze sobą w sposób, na który nigdy byś nie wpadł. Krzyżują się w połowie drogi między Tomem i Mary.

Tam łączą się ze sobą (są to **zjawiska fizyczne,** wymierne, wyczuwalne) i tworzą nową jednostkę energii, którą nazwiemy „Tamary". To wspólna energia Toma i Mary.

Tom i Mary równie dobrze mogliby ja nazwać Ciałem Pomiędzy Nami, gdyż w istocie jest ciałem energetycznym, do którego oboje są podłączeni, które oboje zasilają energią i które z kolei śle **sygnały zwrotne** do swych „mocodawców" po linii czy łączu, które zawsze występuje w Macierzy, jest warunkiem jej istnienia.

Doświadczenie „Tomary" staje się **prawdą** Toma i Mary. Świętą Komunią, do której oboje zmierzają. Czują bowiem, za pośrednictwem „łącza", wzniosłą radość Błogosławionej Unii, Zespolenia, Ciała Pomiędzy.

Tom i Mary, oddzieleni od siebie, wyczuwają, co dzieje się w Macierzy. Oboje czują przemożny pociąg ku temu doświadczeniu. Chcą zbliżenia Natychmiast!

Odzywa się jednak wcześniejszy „trening". Świat nauczył ich, że trzeba zwolnić tempo, wstrzymać się, chronić się przed możliwym „bólem", że nie należy ufać uczuciom.

Lecz dusza... pragnie poznać „Tomary" – zaraz!

Jeśli są szczęściarzami, zdobędą się na to, aby przezwyciężyć obawy i uwierzyć, że miłość jest wszystkim, co istnieje.

Nieodwracalnie lgną oboje do Ciała Pomiędzy. Doświadczają TOMARY na poziomie metafizycznym, teraz dążą do doznania **fizycznego.** Zbliżają się. Ale nie do siebie, jak może się wydawać postronnemu obserwatorowi. Każde z nich stara się dotrzeć do TOMARY, do tego miejsca Boskiego Zespolenia, które **już między nimi istnieje.** Do miejsca, gdzie, jak już wiedzą, stanowią Jedność – gdzie wiedzą też, co to znaczy Być Jednością.

Zbliżają się więc do tego „uczucia", którego doznają, i w miarę pokonywania rozdziału, w miarę „skracania sznura" energia, którą oboje wysyłają do TOMARY, ma do przebycia krótszą drogę i w związku z tym osiąga coraz wyższe natężenie.

Posuwają się ku sobie, odległość maleje, natężenie rośnie. Jeszcze bliżej. Raz jeszcze wzmaga się napięcie.

Teraz dzieli ich ledwie metr. Ciało Pomiędzy nimi jest rozgrzane do czerwoności. Wibruje z niesamowitą prędkością. „Łącze" biegnące do i od TOMARY jest grubsze, szersze, jaśniejsze, rozpalone od przekazu niewiarygodnej energii. Oboje, jak to się mówi, „płoną z pożądania". I rzeczywiście.

Zbliżają się.

Teraz już się stykają.

Wrażenie jest piorunujące. Wyśmienite. W dotyku wyczuwają całą energię TOMARY – całą skondensowaną, zespoloną substancję ich Złączonego Bytu.

Jeśli wyzwolisz w sobie swą najwyższą wrażliwość, odczujesz tę subtelną, wzniosłą energię w postaci „mrowienia" – mrowienie to może się rozejść po całym ciele – lub jako gorąco – gorąco, które nagle może objąć całe twoje ciało, lecz które pozostaje skupione w dolnej czakrze, ośrodku energii.

Szczególnie to miejsce intensywnie „płonie" – stąd określenie być „napalonym"!

Obejmują się i dzieląca ich szczelina niemal zanika – Tom, Mary i Tomary prawie się ze sobą pokrywają. Tom i Mary chcą **poczuć** między sobą Tomary – chcą się z nią. stopić. Stać się Tomary w postaci fizycznej.

Przystosowałem do tego odpowiednio ciała kobiet i mężczyzn. Ciała Toma i Mary są już do tego gotowe. Ciało Toma może wniknąć w Mary. Ciało Mary jest przygotowane na przyjęcie Toma w sobie.

Mrowienie i gorąco osiągają nieznośną intensywność. Nie sposób tego opisać. Dwa ciała zespalają się. Tom, Mary i Tomary stają się Jednością. **Jednym ciałem.**

Dalej trwa przepływ energii między nimi. Namiętny. Zapamiętały.

Wytężają się. Jęczą. Nie mogą się sobą nasycić, nie mogą się scalić. Prą. Bliżej, wciąż bliżej. BLIŻEJ.

Eksplodują – dosłownie – ich ciała ogarnia konwulsja. Wibracja dociera aż po koniuszki palców. W chwili gdy oboje wybuchnęli jednością, poznali Boga i Boginie, Alfę i Omegę, Wszystko i Nic – Istotę życia – Doświadczenie Tego, Co Jest.

Biorą w tym również udział procesy organiczne. Dwoje stało się Jednym – często powstaje w wyniku tego **trzecia** istota, w postaci fizycznej.

W ten sposób stworzone zostało podobieństwo i obraz TOMARY. Ciało z ich ciała. Krew z krwi!

Oboje dosłownie **dali początek życiu!**

Czyż nie mówiłem, iż jesteście jako Bogowie?

To najpiękniejszy opis ludzkiej seksualności, jaki kiedykolwiek słyszałem.

Piękno dostrzega się tam, gdzie chce się je widzieć. Dostrzegasz brzydotę tam, gdzie boisz się zobaczyć piękno.

Zdziwiłoby cię, jak wielu ludzi uznałoby to, co właśnie przedstawiłem, za okropne.

Nie, nie zdziwiłoby mnie. Zdążyłem zauważyć, jakim piętnem strachu i brzydoty świat naznaczył erotyzm. Wciąż jednak pozostaje mnóstwo pytań.

Jestem tu po to, aby odpowiadać na nie. Ale pozwól, że najpierw dokończę to, co zacząłem, potem możesz zarzucać Mnie pytaniami.

Ależ oczywiście.

Ten... **taniec**, jaki właśnie opisałem, ta wymiana energii odbywa się nieustannie – uczestniczy w niej **wszystko.**

Twoja energia – promieniująca niczym Złociste Światło – bez przerwy oddziałuje na wszystko inne. Im bliżej się znajdujesz, tym intensywniej. Gdy się oddalasz, wtedy bardziej subtelnie. Lecz nigdy nie jesteś do końca rozłączony z całą resztą.

Między tobą a każdą istniejącą osobą, rzeczą, miejscem występuje taki punkt, w którym dwie energie stykają się ze sobą, tworząc nową, trzecią jednostkę energii, nie tak gęstą, ale równie realną.

Każda rzecz, każdy byt – w całym wszechświecie – we wszystkie strony emituje energię. Energia ta krzyżuje się z wszystkimi innymi i powstaje wzór o zawiłości, której nie potrafiłyby zanalizować nawet wasze najpotężniejsze komputery.

To mieszanie się, splatanie, krzyżowanie energii w obrębie tego, co nazywasz światem fizykalnym, **stanowi jego spoiwo.**

To właśnie jest Macierz. To w Niej przesyłacie sobie sygnały – przekazy sensu, uzdrowienia, a także inne fizyczne skutki. Mogą one być dziełem jednostek, ale w przeważającej mierze są tworem zbiorowej świadomości.

Te niezliczone energie lgną do siebie nawzajem, o czym już mówiłem. Na tym polega Prawo Przyciągania. Na mocy niego swój „ciągnie" do swego.

Podobne myśli gromadzą się w Macierzy, a gdy zbierze się dostateczna ilość pokrewnej energii, ich wibracje zwalniają, stają się cięższe – i cześć przechodzi w materię.

Myśli naprawdę przybierają fizyczny kształt – kiedy wielu myśli naraz to samo, istnieje wysokie prawdopodobieństwo, że ich myśli staną się rzeczywistością. (Dlatego taką siłę ma połączona modlitwa. Świadectwami jej skuteczności można by zapełnić całą książkę.)

Prawdą jest też to, że odległe od ducha modlitewnego myśli są w stanie wywołać określone „efekty". Ogólnoświatowa świadomość zagrożenia, braku, niedostatku może doświadczenie to wywołać na skalę światową lub tylko w „ognisku zapalnym", gdzie te wspólne myśli mają największą moc.

Na przykład naród amerykański długo uważał się za naród „w Bożej pieczy, niepodzielny, gdzie każdy znajdzie wolność i sprawiedliwość". Nieprzypadkowo państwo to rozwinęło się w najbogatszy kraj na świecie. Nic dziwnego też, że obecnie naród ten stopniowo traci to, co kosztem ciężkiej pracy osiągnął, albowiem zagubił gdzieś swoją wizję.

Określenie „w Bożej pieczy, niepodzielny" wyrażało prawdę powszechnej Jedności: Macierz niemal niezniszczalną. Ale uległa Ona osłabieniu. Swobodę religijną zastąpiła świętoszkowatość granicząca z nietolerancją. Wolność jednostki zanikła, idąc w ślady indywidualnej odpowiedzialności.

Pojęcie **indywidualnej odpowiedzialności** wypaczono tak, że teraz znaczy to tyle co „każdy sobie". Ta nowa filozofia zdaje się nawiązywać do wczesnych amerykańskich tradycji niepokornego indywidualizmu.

Ale pierwotne poczucie odpowiedzialności jednostki, na której wzniesiono amerykańską wizję, zasadzało się na idei braterstwa.

Swą wielkość Stany Zjednoczone zawdzięczają nie temu, że każdy dbał tylko o **własne** przetrwanie, ale że każdy brał na siebie odpowiedzialność za przetrwanie **wszystkich.**

Naród amerykański przygarniał głodnych, potrzebujących, utrudzonych i bezdomnych. Dzielił się ze światem swym dobrobytem.

Lecz w miarę jak Ameryka rosła w siłę, rosła też chciwość Amerykanów. Nie wszystkich, ale wielu. I z czasem ich przybywało.

Gdy Amerykanie zorientowali się, jak dobrze można w życiu mieć, postanowili mieć jeszcze lepiej. Lecz aby ktoś mógł obrastać w coraz większy dostatek, kto inny musiał popadać w coraz większą biedę.

Gdy chciwość wyparła wielkość z charakteru Amerykanów, nie starczało już miejsca na współczucie dla najuboższych. Nieszczęśnikom powiedziano, że są biedni z własnej winy. Przecież Ameryka to kraj obfitości, prawda? Nikomu nie chciało jakoś przejść przez gardło, że obfitość Ameryki dzielona jest **instytucjonalnie**, tylko między tych, którym udało się przebić. Wyłączono z niej mniejszości narodowe, rasowe i inne.

Ameryka zaczęła okazywać również swą butę w stosunkach międzynarodowych. Podczas gdy na świecie głodowały miliony, Amerykanie każdego dnia wyrzucali tyle jedzenia, że starczyłoby na wykarmienie całych narodów. Owszem, Ameryka potrafiła być hojna wobec niektórych, ale z czasem jej zagraniczna polityka stała się po prostu obroną amerykańskich interesów na zewnątrz. Pomagała innym, kiedy służyło to jej dobru. (To znaczy dobru amerykańskiej władzy, elity finansowej czy machiny wojskowej, która strzegła elit – i ich majątku.)

Pierwotny ideał braterskiej miłości został wykorzeniony. Teraz na każdą wzmiankę o „trosce wobec swego brata" wytaczany jest oręż w postaci nowej amerykańskości – polegającej na sprytnym zabieganiu o utrzymanie swego stanu posiadania i ostrej krytyce tych, którzy ośmielają się domagać należnego im udziału, naprawy swoich krzywd.

Każdy musi być odpowiedzialny za siebie – temu zaprzeczyć nie można. Ale Ameryka – i tak samo cały wasz świat – naprawdę funkcjonować może tylko wtedy, gdy każda osoba dobrowolnie poczuje się do odpowiedzialności za **Całość.**

Czyli Zbiorowa Świadomość przynosi skutki dla całej zbiorowości.

Właśnie – dowodzą tego raz po raz wasze dzieje.

Macierz zagina się do siebie – jak podobno dzieje się to z „czarnymi dziurami". Kojarzy pokrewne energie, popycha ku sobie nawet przedmioty fizyczne.

Wówczas przedmioty się odpychają – odsuwają się od siebie – inaczej stopiłyby się na zawsze, ginąc w swej obecnej formie i przybierając nową.

Wiedzą to intuicyjnie wszystkie istoty obdarzone świadomością, dlatego unikają stopienia się na zawsze, aby zachować swoje relacje z innymi istotami. Gdyby tego nie uczyniły, zespoliłyby się z innymi i doświadczyły Wiecznej Jedności.

Z tego stanu się wyłoniliśmy.

Po wyjściu z niego odczuwamy do niego pociąg.

Ten przypływ i odpływ, ruch „tam i z powrotem" to podstawowy rytm rządzący wszechświatem, **i wszystkim, co się w nim znajduje.** To właśnie jest seks.

Ta siła stale popycha cię do związku z drugim (a zarazem ze wszystkim w Macierzy), a gdy unia nastąpi, świadomie odsuwasz się od Jedności. Pragniesz zachować wolność od Jedności, aby móc Jej **doświadczać.** Albowiem gdy pozostaniesz częścią Jedności, nie możesz poznać jej jako takiej, gdyż nie wiesz, co znaczy Odrębność.

Innymi słowy: Aby Bóg mógł **poznać** siebie jako Całość Wszystkiego, musi poznać siebie jako coś przeciwnego.

Zarówno w tobie, jak i w każdej pozostałej jednostce energii Bóg poznaje siebie jako **Części Całości** i w ten sposób stwarza sobie możliwość poznania siebie jako **Całości.**

Mogę tylko doświadczyć, czym Jestem, doświadczając tego, czym nie Jestem. Na tym polega Boska Dychotomia: Jam Jest, Który Jest.

Jak już powiedziałem, ten naturalny rytm przypływu i odpływu, rządzący całym wszechświatem, obrazuje całość życia – włącznie z ruchami, które **prowadzą do powstania życia** w waszej rzeczywistości.

Ku sobie ciążycie, powodowani jakby nieodpartą siłą, a za chwilę odsuwacie się i oddzielacie, aby znów zapamiętale przeć ku sobie, i rozłączyć się, i tak w kółko, namiętnie, wygłodniale.

Razem-osobno, razem-osobno, razem-osobno pląsają wasze ciała; to ruch tak podstawowy, pierwotny, że przestajecie jakby działać z namysłem. Odbywa się to niemal machinalnie. Nie trzeba mówić ciałom, co mają robić. Po prostu to wykonują – z zapamiętałością **całości życia.**

To samo życie, wyrażające siebie jako życie.

To życie rodzące **nowe** życie.

Opierając się na tym rytmie, przebiega **całe** życie; całe życie JEST rytmem.

I tak oto całe życie przenika łagodne Boskie kołysanie – nazywane cyklem życia.

Plony podlegają cyklom. Pory roku zgodnie z nim przychodzą i odchodzą. Planety wirują i krążą. Słońca eksplodują i implodują, i eksplodują na nowo. Wszechświat wdycha i wydycha. Wszystko to odbywa się cyklicznie, rytmicznie; drga synchronicznie z częstotliwością Boga / Bogini – Wszystkiego, Co jest.

Gdyż Bóg / Bogini jest Wszystkim, Co Jest – nie ma nic innego. Tak było, jest i będzie, bez końca, na wieki wieków.

Amen.

8

To ciekawe, że rozmowa z Tobą nasuwa mi więcej pytań, niż otrzymuję odpowiedzi. Teraz chcę cię zapytać i o politykę, i o seks!

Niektórzy twierdzą, że różnica między jednym a drugim polega na tym, że w polityce **nikt** się z tobą nie...

Stop! Chyba nie zamierzasz wypowiadać tu żadnych bezeceństw?

Cóż, przyznaję, że chciałem cię trochę zgorszyć.

Hej, hej! Wolnego! Takie rzeczy Bogu nie przystoją!

A wam wolno?

Większość ludzi używa przyzwoitego języka.

Akurat.

Przynajmniej ci, którzy mają w sercu bojaźń Bożą!

Rozumiem, musisz się bać Boga, aby Go nie obrażać.
A zresztą, kto mówi, że Mnie gorszy proste słowo?

Poza tym nie zastanawia cię, dlaczego wyraz oznaczający dla wielu najbardziej namiętne przeżycie seksualne, stanowi zarazem najcięższą obelgę? Czy można stąd wyciągnąć jakieś wnioski dotyczące tego, jak podchodzicie do spraw seksu?

Chyba Cię trochę poniosło. Nie zgadzam się z tym, że ludzie używają tego słowa na określenie wspaniałego, prawdziwie romantycznego zbliżenia.

Czyżby? A bywałeś ostatnio w jakichś sypialniach?

Ja nie. A ty?

Ja przebywam we **wszystkich** – cały czas.

Cóż, ta wiadomość na pewno pozwoli nam czuć się swobodnie.

Dajesz mi do zrozumienia, że dopuszczacie się w sypialni rzeczy, których wstydzilibyście się przed Bogiem?

Ludzie na ogół nie lubią, jak ***ktokolwiek*** *im się przygląda w takich chwilach, a tym bardziej* ***Bóg****.*

Mimo to w pewnych kręgach kulturowych – wśród aborygenów czy niektórych ludów Polinezji – uprawia się miłość fizyczną zupełnie otwarcie.

Większość ludzi nie jest jeszcze na tyle wyzwolona. Zresztą takie zachowanie uznanoby nawet za krok wstecz – powrót do prymitywnego, pogańskiego stylu życia.

Ludzie, których nazywacie „poganami", darzą życie ogromnym szacunkiem. Obce jest im pojęcie gwałtu, w ich społeczności zabójstwa właściwie się nie zdarzają. Natomiast wasze społeczeństwo okrywa seks – naturalną czynność ludzką – zasłoną tajemnicy, a następnie dokonuje zwrotu i jawnie uśmierca ludzi. To dopiero jest obsceniczne!

Obłożyliście seks wstydem, otoczyliście zmową milczenia, tak go splugawiliście, że czujecie się skrępowani, gdy to robicie!

Nieprawda. Po prostu większość ludzi ma inne – w swoim przekonaniu szlachetniejsze – podejście do seksu oparte na poczuciu przyzwoitości. Uważają to za intymne obcowanie, a nierzadko nawet święte.

Brak intymności nie oznacza braku świętości. Święte obrządki ludzkości przeważnie odprawiane są publicznie.

Nie myl intymności ze świętością. Najgorszych czynów dopuszczacie się zazwyczaj po kryjomu, a na widok publiczny zostawiacie tylko swą najlepszą stronę.

Nie nawołuję tu do uprawiania seksu na ulicach; chcę tylko podkreślić, że ukradkowość nie oznacza czystości – ani też nie pozbawia jej ciebie wystawienie na widok publiczny.

Co się zaś tyczy przyzwoitości, to jedno słowo i kryjące się za nim pojęcie tego, co wypada, a co nie, przyczyniło się do zahamowań w odczuwaniu największych ludzkich radości bardziej niż jakikolwiek inny wymysł – z wyjątkiem idei karzącego Boga, które przesądziło sprawę.

Widać, że nie uznajesz przyzwoitości.

Kłopot w tym, że ktoś musi ustalić kryteria przyzwoitości, co przystoi, a co nie. Oznacza to automatycznie, że twoje zachowanie podlega ograniczeniom, zakazom i **nakazom** wynikającym z cudzego wyobrażenia na temat tego, co powinno sprawiać ci radość.

W sprawach seksu – tak jak w innych dziedzinach – skutek może być nie tylko „dławiący", lecz wręcz porażający.

Nie ma dla Mnie nic smutniejszego niż widok mężczyzny czy kobiety, którzy powstrzymują się od czegoś, na co naprawdę mają ochotę, dlatego, że ich marzenia, fantazje, w ich przekonaniu, kłócą się z „Normami Przyzwoitości"!

Zauważ, że nie jest to dla nich coś przykrego – po prostu urąga „przyzwoitości".

Gdybym miał nalepić sobie znaczek na samochód, głosiłby on:

URĄGAJ PRZYZWOITOŚCI

Na pewno umieściłbym taki znak w każdej sypialni.

Ale przecież nasze społeczeństwo trwa dzięki przyjętym kryteriom „dobra" i „zła". Gdyby nie panowała co do tego zgodność, czy możliwe było w ogóle współistnienie?

„Przyzwoitość" nie ma nic wspólnego z waszymi względnymi kategoriami „dobra" i „zła". Możecie wszyscy być zgodni co do tego, że zabicie człowieka jest „złem", ale czy jest nim bieganie nago po deszczu? Możecie być jednej myśli co do tego, że to „naganna" rzecz wziąć żonę bliźniego, ale czy jest rzeczą „naganną" „wziąć" własną żonę – albo aby ona „wzięła" ciebie – w szczególnie rozkoszny sposób?

„Przyzwoitość" rzadko pokrywa się z ograniczeniami prawa, częściej wynika z prostego ustalenia, co „przystoi", a co nie.

Kierowanie się tym, co wypada, rzadko służy twoim „najlepszym interesom". Rzadko przynosi wielką radość.

Wracając do seksu, czy sugerujesz, że każde zachowanie jest tu dopuszczalne, o ile jest co do tego porozumienie stron uczestniczących, a także pośrednio dotkniętych?

Czy nie tak powinno przebiegać całe życie?

Ale czasem nie wiemy, kto może zostać dotknięty ani jak.

Do tego potrzeba wrażliwości. Wyostrzonej świadomości. A tam, gdzie brak pewności, należy błądzić po ścieżkach Miłości.

Przy podejmowaniu KAŻDEJ decyzji naczelną kwestią zawsze jest: Jak postąpiłaby miłość?

Miłość do siebie, i miłość do wszystkich innych, dotkniętych czy zaangażowanych bezpośrednio.

Jeśli kochasz drugiego człowieka, nie zrobisz nic, co twoim zdaniem mogłoby wyrządzić mu krzywdę. Jeśli masz jakieś wątpliwości, zaczekasz, aż uzyskasz co do tego jasność.

Ale to oznacza, że inni mogą mnie wziąć „w niewolę". Wystarczy, że oświadczą, iż taka a taka rzecz ich „zrani", i mam „związane ręce".

Tylko przez własną Jaźń. Czy nie **chciałbyś sam** ograniczyć swoich działań do takich, które nie wyrządzą żadnej szkody twoim ukochanym?

*A jeśli **ja** ponoszę stratę w wyniku niedziałania?*

Wówczas musisz oznajmić ukochanej swoją prawdę – że cierpisz, jesteś sfrustrowany, spętany niemożnością zrobienia pewnej rzeczy; że pragnąłbyś to zrobić; że zależy ci na zgodzie twojej ukochanej na zrobienie tego.

Musisz dążyć do takiego porozumienia. Staraj się wypracować kompromis; poszukuj takiego rozwiązania, które zadowoli wszystkie strony.

A jeśli takiego rozwiązania nie mogę znaleźć?

W takim razie powtórzę to, co powiedziałem wcześniej:

Zdradzenie
samego siebie
aby uniknąć zdradzenia
drugiego
mimo wszystko
jest
Zdradą.
To najwyższa forma
Zdrady.

Wasz Szekspir wyraził to tak:

Wobec siebie szczerym bądź,
a stanie się, jak po nocy dzień,
iż w sercu nie znajdziesz fałszu
i dla bliźnich swych.

Lecz człowiek, który zawsze „stawia na swoim", jest w istocie samolubny. Chyba tego nie zalecasz?

Zakładasz, że człowiek zawsze dokonuje tak zwanego „samolubnego wyboru". Lecz Ja powiadam Ci: człowiek zdolny jest do **najwyższego wyboru.**

I jeszcze jedno:

Najwyższy Wybór niekoniecznie jest wyborem dla dobra innych.

Inaczej mówiąc, czasem należy mieć na uwadze przede wszystkim siebie.

Och, zawsze musisz mieć na uwadze przede wszystkim siebie! Wówczas dokonasz wyboru stosownie do tego, co starasz się wyrazić, czy czego pragniesz doświadczyć.

Gdy wyznaczysz sobie szczytny cel – gdy nadasz twojemu życiu szczytny cel – taki będzie też twój wybór.

Stawianie siebie na pierwszym miejscu nie oznacza „samolubstwa" – tylko samoświadomość.

Dość swobodne to wytyczne dla ludzkiego postępowania.

Największy wzrost możliwy jest wyłącznie w warunkach całkowitej wolności.

Jeśli stosujesz się do reguł ustalonych przez kogo innego, nie rozwijasz się, ale ćwiczysz w posłuszeństwie.

Wbrew waszym mniemaniom Ja nie oczekuje od was posłuszeństwa. Posłuszeństwo to nie rozwój, a tego właśnie dla was pragnę.

A jeśli się nie rozwijamy, wtrącasz nas do piekła, tak?

Nie. Ale o tym mówiłem już części pierwszej, a szerzej zajmiemy się tym w części trzeciej.

W porządku. Wobec tego, nawiązując do tych swobodnych wytycznych, chciałbym zadać ostatnie już pytanie na temat seksu.

Wal.

Jeśli seks jest tak wspaniałym składnikiem ludzkiego doświadczenia, to dlaczego tylu duchowych nauczycieli głosi wstrzemięźliwość seksualną? Dlaczego tylu mistrzów najwyraźniej żyje w celibacie?

Wiąże się to z prostotą życia. Ci, którzy osiągnęli wysoki poziom zrozumienia, dbają o to, aby pragnienia cielesne pozostawały w równowadze z umysłem oraz duszą.

Jesteście istotami trójdzielnymi, lecz większość doświadcza siebie jako ciała. Po trzydziestce zapomina się nawet o umyśle. Przestaje się czytać. Pisać. Uczyć. Umysł, zaniedbany, nie poszerza swoich horyzontów. Brak dopływu nowych idei. Wystarczy minimalny zakres. Nie karmi się umysłu, nie rozbudza. Jest otępiały, przyćmiony. Robicie, co się da, aby go wyłączyć. Telewizja, filmy, czytadła. Cokolwiek czynisz, nie myśl, nie myśl, **nie myśl!**

Toteż większość ludzi przeżywa życie na poziomie ciała. Żywi ciało, odziewa ciało, zapewnia ciału „składniki". Od lat nie zdarzyło im się przeczytać naprawdę dobrej książki – takiej, z której mogliby wynieść coś istotnego. Ale za to znają na pamięć program telewizyjny na nadchodzący tydzień. Jest to powód do głębokiego smutku.

Prawda jest taka, że większość ludzi wcale nie chce myśleć. Wybierają przywódców, popierają rządy, przyjmują wiarę, która nie wymaga **samodzielnego myślenia.**

„Pozwólcie mi pójść na łatwiznę. Powiedzcie mi, co robić."

Tego oczekuje ogół ludzi. Gdzie mam usiąść? Kiedy wstać? Jak salutować? Kiedy płacić? Czego sobie ode mnie życzysz?

Jakie są zasady? Gdzie kończą się moje granice? Powiedz mi, powiedz, **powiedz.** Zrobię to, niech tylko ktoś mi powie!

Potem doznają rozczarowań. Przestrzegali reguł, postępowali tak, jak im kazano. Co zatem poszło nie tak? Kiedy się popsuło? Dlaczego prysło?

Prysło z chwilą, gdy odłożyłeś na półkę umysł – najwspanialsze twórcze narzędzie.

Pora przeprosić się z umysłem. Bądź mu towarzyszem – ostatnio czuł się taki porzucony. Nakarm go – ostatnio był taki wygłodzony.

Niektórzy z was – garstka ledwie – uświadomili sobie, że mają i ciało, i umysł. Dobrze się z umysłem obchodzą. Ale nawet wśród tych nielicznych, którzy szanują umysł, niewielu potrafi **wykorzystać** więcej niż jedną dziesiątą jego potencjału. Gdybyś wiedział, jakie są możliwości twojego umysłu, bez końca czerpałbyś z jego cudów – oraz mocy.

Jeśli liczba tych, którzy utrzymują równowagę między ciałem i umysłem, jest mała, to ci, którzy widzą w sobie trzy elementy – Ciało, Umysł i Ducha – stanowią drobny ułamek.

Składacie się z trzech cząstek. Jesteście więcej niż ciałem i więcej niż rozumnym ciałem.

Czy odżywiasz swoją duszę? Czy w ogóle ją **zauważasz?** Uzdrawiasz ją, czy ranisz? Rozwijasz się, czy więdniesz? Poszerzasz się, czy kurczysz?

Czy twoja dusza jest tak opuszczona jak twój umysł? A może jeszcze bardziej zaniedbana? Kiedy ostatni raz czułeś, że wyrażasz swoją duszę? Kiedy ostatni raz płakałeś z radości? Pisałeś wiersze? Muzykowałeś? Tańczyłeś w deszczu? Upiekłeś ciasto? Malowałeś **cokolwiek?** Naprawiłeś coś zepsutego? Całowałeś dziecko? Przytuliłeś kota? Wspiąłeś się na górę? Pływałeś nago? Spacerowałeś o świcie? Grałeś na harmonijce? Rozmawiałeś do białego rana? Kochałeś się godzinami... na plaży, w lesie? Obcowałeś z naturą? Szukałeś Boga?

Kiedy ostatni raz siedziałeś w ciszy, zstępując do najgłębszych pokładów swej istoty? Kiedy ostatni raz przywitałeś się ze swoją duszą?

Kiedy żyjesz jak stworzenie jednowymiarowe, grzęźniesz w sprawach ciała: Pieniądze. Seks. Władza. Majątek. Podniety cielesne i zaspokojenie. Bezpieczeństwo. Sława. Zysk finansowy.

Kiedy żyjesz jak istota dwoista, rozszerzasz swój krąg zainteresowań na sprawy umysłu: Koleżeństwo. Twórczość. Podnieta nowych myśli, nowych idei. Nowe cele. Nowe wyzwania. Rozwój osobowy.

Kiedy żyjesz jako istota trójdzielna, wreszcie osiągasz wewnętrzną równowagę. Troszczysz się o sprawy duszy: Tożsamość duchową. Cel życia. Stosunek do Boga. Drogę ewolucji. Rozwój duchowy. Ostateczne przeznaczenie.

Gdy wznosisz się na coraz wyższe poziomy świadomości, coraz pełniej urzeczywistniasz każdy aspekt swojej istoty.

Lecz ewolucja nie oznacza **odrzucania** pewnych aspektów Jaźni na rzecz innych. Oznacza po prostu poszerzenie pola widzenia, odwrót od niemal wyłącznego skupienia się na jednym i zwrot do prawdziwego pokochania i uznania **wszystkich.**

Dlaczego więc tylu nauczycieli zaleca całkowitą wstrzemięźliwość seksualną?

Gdyż nie wierzą w możliwość osiągnięcia równowagi w tej mierze. Uważają, że energia seksualna – jak również inne rodzaje energii uczestniczące w doświadczeniach doczesnych – ma taką moc, że nie da jej się tak po prostu regulować, wypośrodkować. Sądzą, że wstrzemięźliwość **to jedyna droga** prowadząca do duchowej ewolucji, a nie raczej jej możliwy **skutek.**

Ale przecież jest prawdą, iż niektóre wysoko rozwinięte jednostki „wyrzekły się seksu"?

Nie w takim sensie, jaki zwykle nadaje się słowu „wyrzeczenie". Nie dokonuje się tego „na siłę", nie odmawiasz sobie czegoś, czego nadal pragniesz, ale wiesz, że „nie jest dla ciebie dobre". Przypomina to bardziej uwolnienie się, odsunięcie – tak jak odsuwasz od siebie dokładkę deseru. Nie dlatego, że ci nie smakował. Ani nawet nie dlatego, że ci to nie „służy". Lecz po prostu, chociaż był pyszny, ty masz już dość.

Kiedy z tego właśnie powodu potrafisz „odstawić" seks, jeśli chcesz, możesz to uczynić. A jeśli nie chcesz, to nie odstawiaj. Być może nigdy nie uznasz, że już się tym doświadczeniem nasyciłeś. Możesz wciąż go pragnąć, zachowując jednak równowagę między **wszystkimi** doświadczeniami swojego Bycia.

I słusznie. I dobrze. Osoby seksualnie czynne nie mniej zasługują na oświecenie, nie mniej się rozwijają niż seksualni abstynenci.

Tak naprawdę oświecenie i ewolucja sprawiają, że wyzbywasz się **uzależnienia** od seksu, nieodpartej **potrzeby** ponawiania tego doświadczenia.

Podobnie przestają ciebie **pochłaniać** pieniądze, władza, majątek, poczucie bezpieczeństwa oraz inne troski doczesne. Mimo to powinno pozostać i pozostaje szczere **uznanie** ich wartości. Docenienie **wszelkich** przejawów życia świadczy o szacunku dla Procesu, który przecież Ja wprawiłem w ruch. Pogarda dla życia i płynących z niego radości – nawet najbardziej podstawowych, fizycznych – to zniewaga dla **Mnie**, Stwórcy.

Albowiem jeśli odsądzasz od czci Me stworzenie, jak osądzisz Mnie? Lecz kiedy czcisz Moje stworzenie, uświęcasz swoje w nim doświadczenie i zarazem uświęcasz Mnie.

Powiadam ci: Nic, co stworzyłem, nie zasługuje na potępienie – i, jak wyraził to Szekspir, nic nie jest „złem", dopóki umysł takim go nie okrzyknie.

Nasuwa mi się w związku z tym ważne pytanie. Czy dozwolony jest każdy rodzaj seksu uzgodniony przez dojrzałych partnerów?

Tak.

Nawet „perwersyjny" seks? Seks bez miłości? Między osobami jednej płci?

Po pierwsze, powiedzmy sobie jasno, że Bóg niczego nie zabrania.

Nie jestem sędzią, orzekającym, że jeden czyn jest **Dobry**, inny zaś **Zły**.

(Omówiliśmy to szeroko w części pierwszej.)

Tylko ty możesz o tym zadecydować – w odniesieniu do swej ewolucyjnej drogi: co jej sprzyja, a co nie.

Istnieją jednak pewne dość luźne wytyczne, przyjęte przez większość rozwiniętych dusz.

Czyn, który szkodzi drugiemu, nie przyspiesza ewolucji.

Oraz:

Nie wolno podejmować wobec drugiej osoby żadnych działań bez jej przyzwolenia.

Zastanówmy się teraz nad postawionym przez ciebie pytaniem w świetle powyższych ustaleń.

Seks „perwersyjny"? Cóż, jeśli nikomu przy tym nie dzieje się krzywda i zostało to obopólnie uzgodnione, to co w tym „złego"?

Seks bez miłości? Od niepamiętnych czasów ludzie roztrząsają to zagadnienie. Kiedy słyszę to pytanie, to mam ochotę wejść do jakiegoś biura pełnego ludzi i powiedzieć: „Ten, kto nie ma na swym koncie erotycznego zbliżenia poza obrębem trwałego, głębokiego, oddanego, miłosnego związku, niech podniesie rękę."

Powiem tylko tyle: **Cokolwiek** dzieje się bez miłości, nie doprowadzi cię najszybszą drogą do Boskości.

Czy jest to seks bez miłości, czy spaghetti albo klopsy, jeśli przyrządziłeś ucztę, lecz konsumujesz je bez uczucia, tracisz to, co w tym doświadczeniu najcenniejsze.

Czy to jest „złe"? Może to określenie nie jest najszczęśliwsze. Trafniejsze byłoby „niekorzystne", zważywszy na twe dążenie do wzniesienia się na wyższy poziom rozwoju.

Seks między osobami jednej pici? Wielu przypisuje Mi wyraźny sprzeciw wobec homoseksualnej miłości czy jej fizycznej strony. Ale ja nie osądzam ani tego wyboru, ani żadnych innych, jakich dokonujecie.

Ludzie lubują się w wydawaniu wszelkiego rodzaju sądów wartościujących – na temat **wszystkiego** – a Ja psuję im zabawę. Nie daję się wciągać w te rozgrywki, co jest bardzo nie na rękę tym, którzy twierdzą, że **Ja jestem źródłem ich sądów.**

Zauważam następującą rzecz: Kiedyś małżeństwo między odmiennymi rasami było nie tylko niedopuszczalne, ale **wbrew Boskiemu prawu.** (Zadziwiające, że niektórzy ludzie wciąż tak uważają.) Podpierano się autorytetem Biblii w tym względzie – tak jak dziś w kwestii homoseksualizmu.

Chcesz powiedzieć, że nic nie stoi na przeszkodzie, aby ludzie różnych ras łączyli się w związki małżeńskie?

Pytanie jest absurdalne, ale nawet w połowie nie tak absurdalne jak niezachwiane przekonanie niektórych osób, że odpowiedź brzmi: Nie!

Czy równie niedorzeczne są pytania dotyczące homoseksualizmu?

To wasza sprawa. Ja nie osądzam ani tego, ani niczego innego. Wiem, że wolelibyście, aby było inaczej. To by ułatwiło wam życie. Nie trzeba by było podejmować żadnych decyzji. Żadnych wyzwań. Wszystko z góry postanowione. Nic tylko stosować się do nakazów. Marne to życie, zero twórczości, zero stanowienia o osobie, ale co tam... przynajmniej zero stresu.

Pozwól, że zapytam o seksualność dzieci. Jaki wiek jest najbardziej odpowiedni do tego, aby uświadomić je w tej dziedzinie?

Dzieci postrzegają siebie jako istoty seksualne, czyli, ludzkie – od samego początku. Wielu rodzicom zaś na tej planecie zależy bardzo na tym, aby ich uwagę od tego faktu odwrócić. Jeśli ręka dziecka wędruje w „brzydkie miejsce", wy ją natychmiast odsuwacie. Jeśli maleństwo zaczyna odkrywać rozkosze swego ciała, wy jesteście zgorszeni i zaszczepiacie te reakcje dziecku. Zastanawia się ono, na czym polega jego przewinienie i czemu mama jest taka wściekła.

U was, istot ludzkich, nie chodzi o to, aby w odpowiednim wieku wprowadzić potomstwo w sprawy seksu, ale o to, kiedy przestać zagłuszać u dzieci ich seksualną tożsamość. Gdzieś między dwunastym a siedemnastym rokiem ich życia rodzice dają wreszcie za wygraną i oświadczają (rzecz jasna, nie wprost, gdyż o tym „się nie mówi") – „W porządku, odtąd wolno wam zdawać sobie sprawę z istnienia organów płciowych i ich przeznaczenia."

Lecz szkoda została już wyrządzona. Przez dziesięć albo i więcej lat okazywano im, że należy się **wstydzić** tych części dala. Niektórym nawet nie podaje się ich prawidłowej **nazwy.** Dzieci chłoną najrozmaitsze określenia: „siusiak", „dziurka" czy jeszcze inne, wymyślane z wielkim trudem przez rodziców, a wszystko to po to, aby, broń Boże, nie powiedzieć „penis" czy „pochwa".

Odebrawszy w ten sposób wyraźny przekaz, że wszelkie rzeczy związane z tymi częściami ciała należy starannie ukrywać, że nie wolno o nich otwarcie rozmawiać, wasze nastolatki z hukiem wkraczają w okres dojrzewania nie mając zielonego pojęcia o tym, co dzieje się z ich ciałami. Brak im jakiegokolwiek przygotowania. Nic dziwnego więc, że postępuję żałośnie, niezręcznie, nie potrafiąc właściwie ukierunkować świeżo rozbudzonych popędów.

Tak być jednak nie musi, nie służy to waszemu potomstwu, gdyż zbyt częste są przypadki wstępowania w dorosłe życie z rozmaitymi obciążeniami, zahamowaniami i „kompleksami".

W społeczeństwach oświeconych dzieci nie karci się, nie powstrzymuje, nie „nawraca na słuszną drogę", kiedy zaczynają odkrywać pierwsze przyjemności płynące z samej natury swej istoty. Nie zataja się również, nie osłania zbytnio seksualności rodziców, czyli ich **tożsamości** jako istot seksualnych. Widok nagiego ciała, czy będzie to ciało rodzica, samego dziecka czy któregoś z rodzeństwa, odbierany jest i traktowany jako rzecz zupełnie naturalna, zupełnie wspaniała i zupełnie prawidłowa.

W niektórych społecznościach rodzice spółkują na oczach potomstwa – jakiż inny obraz może przekazać dzieciom wyższe poczucie piękna, radości, cudowności i słuszności aktu seksualnego jako wyrazu miłości?

To rodzice bowiem nieustannie kształtują dziecięce wyobrażenia na temat tego, jakie zachowanie jest „dobre", a jakie „złe". Dzieci wyłapują mniej lub bardziej zamaskowane sygnały dotyczące wszystkiego, co pokazuje im, jak ich rodzice myślą, mówią i postępują.

Możecie uznać te społeczności za „pogańskie" czy „prymitywne", ale zostało stwierdzone, iż takie rzeczy jak gwałt czy zabójstwo w afekcie praktycznie wśród nich się nie zdarzają. Zjawisko prostytucji wywołuje śmiech jako absurdalne i nieznane są przypadki zahamowań czy zaburzeń seksualnych.

O ile taka otwartość nie jest wskazana na obecnym etapie rozwoju twojego społeczeństwa, to jednak najwyższy czas, aby tak zwane cywilizacje nowożytne odrzuciły wreszcie zakazy, poczucie winy i wstydu, które od tak dawna dławią wszelkie przejawy waszej seksualności.

Jakieś rady? Wskazówki?

Przestańcie wpajać dzieciom, że najzupełniej naturalne funkcje ich ciał to coś wstydliwego i nagannego. Zerwijcie zasłonę skrywające waszą seksualność. Pozwólcie dzieciom dojrzeć swoją namiętną stronę. Niech zobaczą, jak się ściskacie, dotykacie, czule pieścicie – niech się przekonają o tym, że ich **rodzice się kochają,** że **okazywanie miłości drogą fizyczną** to rzecz naturalna i cudowna. (To wręcz karygodne, że w wielu rodzinach dzieci nigdy takiej nauki nie odbierają.)

Gdy twoje dzieci zaczynają uświadamiać sobie budzące się w nich erotyczne doznania i ciągoty, dopilnuj, aby zamiast z czymś nagannym i wstydliwym, kojarzyły im się raczej z radosnym odkrywaniem nowych wymiarów swej istoty.

I, na litość boską, przestańcie chować **swoje ciała** przed oczami dzieci. Jest mile widziane, aby ujrzały was kapiących się nago w jeziorze na wycieczce czy w basenie z tyłu domu. Nie wpadajcie w panikę, gdy przyuważą was przemykających się z łazienki do pokoju bez szlafroka. Zerwijcie z tą obsesyjną potrzebą krycia się, zamykania, tłumienia w zarodku nawet najbardziej niewinnej okazji do tego, aby zapoznać dziecko z waszą seksualną tożsamością. Dzieci uważają, że ich rodzice są aseksualni, ponieważ **taki wizerunek tworzy się na ich użytek.** Potem dzieci nabierają przeświadczenia, że one też muszą takie być, gdyż **wszystkie dzieci naśladują swoich rodziców**. (Gabinety terapeutów pełne są dorosłych obecnie dzieci, które po dziś dzień nie mogą sobie wyobrazić, jak ich rodzice „to robili". Już jako osoby dorosłe czują gniew, winę, wstyd, ponieważ same pragną „to robić" i za nic nie mogą wpaść na to, **co z nimi jest nie w porządku.**)

Zatem rozmawiajcie z dziećmi o seksie, podejdźcie do tego na wesoło, lecz przy tym nauczcie je, pokażcie, przypomnijcie, **jak cieszyć się i rozkoszować** swą seksualnością. Możecie to dla nich zrobić. I czynicie to od samych narodzin, z pierwszym swoim pocałunkiem, uściskiem, dotknięciem, jakim obdarzacie je oraz siebie nawzajem.

Dzięki Ci. ***Dzięki***. *Miałem cichą nadzieję, że usłyszę w końcu jakiś głos rozsądku w tej dziedzinie. I ostatnie pytanie. Kiedy jest najodpowiedniejsza chwila na to, aby otwarcie poruszyć sprawy seksu z dziećmi?*

Sam poznasz, że nadeszła pora ku temu, obserwując uważnie swoje dzieci. Dadzą ci znać w sposób nie budzący żadnych wątpliwości. To przychodzi stopniowo z wiekiem. Znajdziesz też odpowiedni sposób, o ile sam „uporządkowałeś już swoje podwórko".

Jak „uporządkować swoje podwórko"?

Zrób to, co trzeba. Zapisz się na kurs. Spotkaj się z terapeuta. Przeczytaj książkę. Pomedytuj. Odkryjcie siebie nawzajem – nade wszystko, ponownie odkryjcie w sobie swoją płeć, stańcie się na powrót dla siebie nawzajem **kobietą i mężczyzną;** obudźcie na nowo swą seksualność, sięgnijcie do niej, upomnijcie się o nią. Świętujcie ją. Radujcie się nią.

Jeszcze raz dziękuję Ci. Zostawmy jednak rozważania o dzieciach i powróćmy do szerszego ujęcia erotyzmu. Ciśnie mi się na usta jeszcze jedno pytanie. Choć może wydać się obcesowe, a nawet nonszalanckie, w tym dialogu pominąć go po prostu nie sposób.

Przestań się usprawiedliwiać i pytaj.

Świetnie. Czy jest coś takiego jak „nadmiar seksu"?

Nie. Oczywiście, że nie. Ale istnieje za to nadmierna potrzeba seksu. Proponuję więc:

Ciesz się wszystkim.
Nie potrzebuj niczego.

Nawet ludzi?

Nawet ludzi. **Przede wszystkim** ludzi. Potrzeba drugiej osoby zabija związek.

Ale wszyscy lubimy czuć się potrzebni.

Więc skończcie z tym. Już czas, abyście polubili bycie niepotrzebnym, gdyż najlepiej możecie przysłużyć się drugiej osobie umacniając w niej wiarę we własne siły na tyle, aby **się uniezależniła, abyście do niczego nie byli jej potrzebni**.

9

W porządku, czuję, że możemy przejść do następnego punktu. Obiecałeś, że poruszysz pewne ogólniejsze sprawy związane z życiem na Ziemi. Wypowiedziałeś się już na temat Stanów Zjednoczonych, ale chciałbym usłyszeć coś więcej.

Zgoda. Istotnie, jest Moim zamierzeniem, aby w części drugiej skupić się na donioślejszych zagadnieniach, jakim musi sprostać wasza planeta. A nie ma rzeczy ważniejszej od kształcenia dzieci i młodzieży.

Chyba nie robimy tego dobrze, prawda... sądząc po samym wprowadzeniu?

Cóż, wszystko jest względne. Zależy od tego, co, waszym zdaniem, chcecie osiągnąć. Jeżeli przyjmiemy taki punkt widzenia, to rzeczywiście, nie robicie tego dobrze.

W takim kontekście należy też rozumieć to, co do tej pory zostało tu powiedziane i zapisane. Ja nie orzekam, co „dobre", a co „złe", „słuszne" i „naganne". Osądzam jedynie waszą **skuteczność** w stosunku do tego, co, jak deklarujecie, **chcecie osiągnąć.**

Rozumiem.

Wiem, ale może nadejść taki czas – nawet zanim dobiegnie końca ten dialog – że zarzucisz Mi wydawanie wyroków.

Czegoś takiego nigdy bym Ci nie zarzucił. Mam na tyle rozumu.

„Tyle rozumu" nie przeszkodziło ludzkiej rasie w przeszłości obwołać Mnie surowym sędzią.

Ja tego nie uczynię.

To się jeszcze okaże.

Mieliśmy rozmawiać o oświacie.

W rzeczy samej. Z tego, co widzę, panuje powszechne niezrozumienie znaczenia, celu i roli oświaty, nie mówiąc już o istocie samego procesu kształcenia.

Mocno powiedziane, ale proszę o wyjaśnienie.

Większość ludzi uznała, że znaczenie, cel i rola oświaty sprowadzają się do przekazywania wiedzy; że wykształcić kogoś to dać mu wiedzę – na ogół stanowiącą dorobek rodziny, klanu, plemienia, społeczności, narodu i świata.

Lecz wykształcenie niewiele ma wspólnego z wiedzą.

Czyżby? Dałbym się nabrać.

To ***jasne***.

Więc z czym się wiąże?

Z mądrością.

Z mądrością?

Tak.

W porządku, poddaję się. Na czym polega różnica?

Mądrość to wiedza zastosowana.

Czyli nie chodzi o to, aby próbować przekazać młodym pokoleniom wiedzę. Chodzi o to, aby próbować przekazać im mądrość.

Po pierwsze, nie „próbujcie", tylko **róbcie.** Po drugie, nie zaniedbujcie wiedzy kosztem mądrości. To byłoby dla was zgubne. Z drugiej jednak strony, nie zaniedbujcie mądrości kosztem wiedzy. To też byłoby zgubne. Zabiłoby oświatę. W gruncie rzeczy, to właśnie ma miejsce na waszej planecie.

Lekceważymy mądrość i wynosimy wiedzę?

W większości przypadków, niestety, tak.

Jak mianowicie?

Uczycie dzieci, co myśleć, a nie jak myśleć.

To znaczy?

Spieszę wyjaśnić. Kiedy przekazujesz dzieciom wiedzę, mówisz im zarazem, co mają myśleć. Innymi słowy, mówisz im, co powinny wiedzieć, co powinny uznać za prawdę.

Kiedy przekazujesz dziecku mądrość, nie określasz, co powinno wiedzieć ani co jest prawdą, pokazujesz raczej, **jak dotrzeć do własnej prawdy.**

Ale mądrość bez wiedzy jest niemożliwa.

Racja. Dlatego też zaznaczyłem, że nie wolno zaniedbywać wiedzy kosztem mądrości. Pewien zasób wiedzy trzeba przekazywać z pokolenia na pokolenie, ale nieduży. Im mniej wiedzy, tym lepiej.

Niech dziecko samo odkrywa. Pamiętaj: Wiedzę się traci. Mądrości nie zapomina się nigdy.

Więc nasze szkoły powinny uczyć jak najmniej?

Wasze szkoły powinny kłaść nacisk na co innego. Obecnie skupione są przede wszystkim na wiedzy, a mądrości poświęcają niewiele uwagi. Zajęcia z krytycznego myślenia, rozwiązywania problemów i logiki postrzegane są przez rodziców jako zagrożenie. Żądają ich usunięcia z programu. Właściwie trudno się im dziwić, jeśli zależy im na ochronie swojego stylu życia i swoich wartości. Albowiem jeśli pozwoli się dzieciom na rozwinięcie zdolności krytycznego myślenia, znacznie wzrośnie prawdopodobieństwo tego, że **porzucą** one zwyczaje, zasady moralne i sposób życia swych rodziców.

Aby strzec swoich wartości, stworzyliście system oświaty, którego celem jest rozwijanie u dziecka pamięci, a nie zdolności. Dzieciom każe się **zapamiętywać** fakty i fikcje – fikcje, jakie każde społeczeństwo wymyśla na swój temat. Nie daje się dzieciom możliwości odkrywania i tworzenia własnych prawd.

Programy kładące nacisk raczej na rozwój **zdolności i umiejętności niż** pamięci są przedmiotem kpin ze strony tych, którym się wydaje, że doskonale wiedzą, czego dzieci trzeba nauczyć. Lecz wasze kształcenie prowadzi świat **ku** powszechnej ciemnocie, zamiast jej przeciwdziałać.

W naszych szkołach nie uczy się fikcji, lecz faktów.

Okłamujecie samych siebie, podobnie jak wprowadzacie w błąd dzieci.

Wprowadzamy je w błąd?

Oczywiście. Wystarczy otworzyć pierwszy z brzegu podręcznik historii. Historię piszą ludzie, którzy dążą do tego, aby ich dzieci patrzyły na świat z określonego punktu widzenia. Próby spojrzenia na historyczne relacje z szerszej perspektywy, przewartościowania uznanych faktów, uznawane są za „rewizjonizm". Za nic nie dopuścicie do tego, aby dzieci poznały prawdę o waszej przeszłości, gdyż to groziłoby ujawnieniem całej prawdy o was samych.

Historię waszego państwa spisuje się z punktu widzenia tego odłamu społeczeństwa, który można by nazwać białymi anglosaskimi protestantami. Gdy kobiety, czarnoskórzy czy przedstawiciele innych mniejszości zgłaszają jakiekolwiek poprawki czy zastrzeżenia, wy wijecie się, pienicie i żądacie, aby „rewizjoniści" nie wtrącali się do podręczników. Nie chcecie, żeby dzieci dowiedziały się, jak było **naprawdę.** Chcecie, żeby wiedziały, jak wy **usprawiedliwiacie** to, co zaszło, z własnego punktu widzenia. Może podać ci na to przykład?

Proszę.

W Stanach Zjednoczonych nie podaje się dzieciom wszystkich okoliczności związanych z decyzją zrzucenia na dwa japońskie miasta bomb atomowych, które zabiły lub okaleczyły setki tysięcy ludzi. Przekazujecie im fakty zgodnie z tym, jak wy to widzicie – i jak chcecie, żeby one to postrzegały.

Kiedy usiłuje się zrównoważyć to stanowisko punktem widzenia drugiej strony – w tym przypadku Japończyków – wpadacie w szał, tupiecie i wrzeszczycie obrażeni, że ktokolwiek **śmie** uwzględniać takie dane w historycznej ocenie tego ważnego zdarzenia. Tak więc nie uczycie historii, lecz uprawiacie politykę.

Historia winna opierać się na rzetelnej i pełnej relacji na temat tego, co rzeczywiście miało miejsce. W polityce nie chodzi o to, co naprawdę się zdarzyło. W polityce chodzi o **własny punkt widzenia** wobec tego, co się zdarzyło.

Historia odkrywa, polityka uzasadnia. Historia ujawnia, głosi całą prawdę. Polityka zataja, jest jednostronna.

Politycy nienawidzą rzetelnej historii. Podobnie rzetelna historia nie ma dobrego zdania o politykach. Wszyscy odziani jesteście w Nowe Szaty Cesarza, albowiem wasze dzieci w końcu przejrzą was na wylot. Dzieci, które nauczono myśleć krytycznie, przyjrzą się waszej historii i powiedzą: „Niech mnie gęś kopnie, ale ci starzy się oszukiwali." Tego ścierpieć nie możecie, więc wybijacie im to z głowy. Nie chcecie podać dzieciom faktów. Chcecie im wpoić wasze **ujęcie** faktów.

Chyba trochę przesadzasz. Zapędziłeś się zbyt daleko.

Tak sądzisz? Większość dorosłych w twoim społeczeństwie stara się chronić dzieci przed poznaniem nawet najbardziej elementarnych faktów życia. Ludziom zupełnie odbiło, gdy w szkołach zaczęto po prostu uczyć o tym, jak funkcjonuje ludzkie ciało. Teraz z kolei nie wolno mówić dzieciom, jak przenoszony jest wirus HIV albo jak się przed tym **ustrzec.** Chyba że powiesz im z **określonego punktu widzenia,** jak uniknąć AIDS. Wtedy wszystko jest w porządku. Ale podać dzieciom fakty i pozwolić im samym zadecydować? Nigdy w życiu.

Dzieci nie są na tyle dojrzałe, aby mogły same decydować. Trzeba nimi odpowiednio pokierować.

Czy przyglądałeś się ostatnio światu? Co z nim jest?

Pokazuje, jak pokierowaliście swoimi dziećmi w przeszłości.

Raczej jak zawiedliśmy. Jeśli świat jest w takim okropnym stanie – a pod wieloma względami jest – to nie dlatego, że staraliśmy się zaszczepić naszym dzieciom stare, wypróbowane wartości, lecz dlatego, że pozwoliliśmy im przesiąknąć „nowoczesnymi" wymysłami!

Zapewne szczerze w to wierzysz, prawda?

A żebyś wiedział, że tak! Gdybyśmy tylko uczyli dzieciaki rachunków, pisania i czytania, zamiast wciskać im kit o „krytycznym myśleniu", wszystko wyglądałoby inaczej. Przez to tak zwane „przysposobienie do życia w rodzinie" mamy teraz nastoletnich ojców, a niepełnoletnie matki samotnie wychowujące dzieci zgłaszają się po zasiłek. Świat został postawiony na głowie. Gdybyśmy wpoili młodym nasze normy moralne, zamiast puszczać ich na głęboką wodę w poszukiwaniu własnych, ten naród nie stałby się żałosną imitacją swej dumnej, mężnej przeszłości.

Rozumiem.

I jeszcze jedno. Nie próbuj mnie przekonać, że powinniśmy poczuwać się do winy za to, co wyrządziliśmy Japończykom. Przecież to ***zakończyło wojnę****. Ocaliliśmy tysiące istnień. Po* ***obu*** *stronach. Taka była cena tej wojny. Nikomu się to nie uśmiechało, ale ktoś musiał podjąć decyzję.*

Rozumiem.

Tak, tak, rozumiesz. Jakbym słyszał tych wszystkich różowych liberałów. Chcecie, żebyśmy zrewidowali naszą historię. Chcecie, żebyśmy usunęli się w cień. Wtedy wy, liberałowie, w końcu będziecie mogli postawić na swoim; przejąć rządy, doprowadzić do upadku społeczeństwa, na nowo rozdzielić wszystkie dobra. ***Władza w ręce ludu****, i tym podobne brednie. Tylko że to nigdy się nie sprawdziło. Powrotu do przeszłości, do wartości naszych dziadów i ojców, tego nam trzeba!*

Skończyłeś już?

Tak, skończyłem. Jak wypadłem?

Całkiem dobrze. Udane wystąpienie.

Słuchało się trochę radia, to ułatwia sprawę.

Tak właśnie myślą ludzie na waszej planecie?

Możesz być pewny. Zresztą nie tylko w samych Stanach Zjednoczonych. Mam na myśli to, że można by wstawić inną nazwę kraju, inną wojnę czy operację ofensywną, na dobrą sprawę dowolnego kraju w dowolnym czasie i miejscu. To nie ma znaczenia. Każdy uważa, że racja jest po jego stronie. Każdy wie, że ta ***druga*** *strona się myli. Zapomnij o Hiroszimie. Wstaw Berlin albo Bośnię.*

Każdy jest przekonany, że ***dawne*** *wartości się sprawdziły. Każdy jasno widzi, że świat stacza się na dno. Nie tylko w Ameryce. Na całym świecie. Wszędzie rozlegają się nawoływania do powrotu do starych wartości, do nacjonalizmu, na całej planecie.*

Zdaję sobie z tego sprawę.

Ja tylko starałem się wyartykułować to uczucie, troskę, oburzenie.

Świetnie ci to poszło. Niemal dałem się przekonać.

Jak odpowiedzieć tym, którzy naprawdę tak myślą?

Rzekłbym, czy naprawdę uważasz, że było lepiej 30, 40, 50 lat temu? Rzekłbym, pamięć ma kiepski wzrok. Pamięta się tylko dobre strony, a nie najgorsze. To naturalne. Ale nie daj się zwieść. Myśl krytycznie, nie przyswajaj biernie tego, co inni każą ci myśleć.

Powróćmy jednak do naszego przykładu. Czy naprawdę uważasz, że użycie broni atomowej było absolutną koniecznością? Czy wasi historycy uwzględniają istniejące świadectwa, które dowodzą, iż cesarstwo japońskie w tajemnicy zwróciło się do rządu amerykańskiego z propozycją zakończenia wojny, **zanim** doszło do zrzucenia bomby na Hiroszimę? Do jakiego stopnia zaważyła na tej decyzji żądza odwetu za Pearl Harbor? A nawet gdyby uznać, że konieczne było zbombardowanie Hiroszimy, to czemu służyło zniszczenie Nagasaki?

Nie można, oczywiście, wykluczyć, że sposób, w jaki to wszystko przedstawiacie, jest zgodny z prawdą. Możliwe, że amerykańskie stanowisko w tej sprawie oddaje rzeczywisty przebieg wydarzeń. Nie o to jednak tutaj chodzi. Rzecz w tym, że wasz system kształcenia nie dopuszcza krytycznego przemyślenia tych zagadnień – ani zresztą wielu innych.

Czy możesz sobie wyobrazić, na co naraziłby się nauczyciel historii czy nauk społecznych, dajmy na to, w Iowa, który postawiłby powyższe pytania i zachęcił uczniów, aby głęboko zastanowili się nad tą sprawą i wyciągnęli własne wnioski?

W tym właśnie tkwi cały problem! Wy nie **chcecie,** aby młodsze pokolenie dochodziło do własnych wniosków. Dążycie do tego, aby **wyciągało te same wnioski co i wy.** W ten sposób skazujecie je na powtarzanie błędów, do jakich doprowadziły was wasze wnioski.

Ale tyle się mówi o dawnych wartościach i upadku obecnego społeczeństwa. Skąd ten nagły przyrost urodzeń przez nieletnie matki? Czy nasz świat zwariował?

Wasz świat zwariował. Z tym się zgadzam. Ale powodem nie jest to, co wasze dzieci wyniosły ze szkół. Powodem jest to, czego nie pozwoliliście dzieciom się nauczyć.

W waszych szkołach nie ma miejsca na uczenie, że miłość jest wszystkim, co istnieje. W waszych szkołach nie mówi się o miłości bezwarunkowej.

Cholera, tego nie pozwalamy głosić nawet naszym ***religiom***.

Otóż to. Nie dopuszczacie do tego, aby dzieci uczyły się radować sobą i swoimi ciałami, swym człowieczeństwem, cudowną seksualną tożsamością. Nie pozwalacie, aby dzieci dowiedziały się rzeczy o sobie najważniejszej – że są istotami duchowymi przebywającymi w ciele. Ani nie traktujecie ich jak duchy ucieleśnione.

W społeczeństwach, w których sprawy seksu porusza się i przedstawia otwarcie i na wesoło, praktycznie nie zdarzają się przestępstwa na tle seksualnym. Ciąże nie planowane stanowią ułamek i nie ma dzieci nie chcianych czy z „nieprawego" łoża. W społeczeństwach oświeconych **wszelkie** narodziny stanowią błogosławieństwo i dba się o dobro wszystkich matek i dzieci.

Tam, gdzie historii nie nagina się zgodnie z punktem widzenia najpotężniejszych, mówi się wprost o błędach popełnionych w przeszłości i unika powtarzania ich w przyszłości. Zachowania, które przynoszą wyraźne szkodliwe skutki, eliminowane są w myśl zasady „wystarczy raz".

Tam, gdzie uczy się sztuki życia, rozwiązywania problemów i krytycznego myślenia, zamiast po prostu „wkuwania" faktów, nawet czyny „usprawiedliwione" poddawane są uważnemu badaniu. Niczego nie przyjmuje się „na słowo".

Jak by to miało wyglądać? Posłużmy się naszym przykładem z drugiej wojny światowej. W jaki sposób do Hiroszimy odniósłby się system wojny światowej. W jaki sposób do Hiroszimy odniósłby się system oświaty nauczający umiejętności potrzebnych w życiu, a nie zwykłych faktów?

Nauczyciel opisałby uczniom dokładny przebieg wydarzeń. Ująłby wszystkie fakty – wszystkie – poprzedzające to wydarzenie. Uwzględniłby stanowiska historyków **po obu stronach**, zdając sobie sprawę, że na **wszystko** można spojrzeć z wielu punktów widzenia. Następnie, zamiast kazać uczniom nauczyć się faktów, dałby im zadanie. Powiedziałby: „Usłyszeliście już wszystko na temat tego wydarzenia. Wiecie, co je poprzedziło i co nastąpiło potem. Przekazałem wam całą „wiedzę", jaką mogłem zdobyć. Zastanówcie się teraz, jaka „mądrość" płynie z tej „wiedzy"? Gdybyście to wy zostali powołani do tego, aby rozwiązać te problemy, a które rozstrzygnięto zrzuceniem bomby atomowej, jakbyście postąpili? Czy wymyślilibyście lepsze rozwiązanie?

O, tak. ***Pewnie****. Nic trudnego, w ten sposób każdy może coś wymyślić –* ***po fakcie****. Każdy może spojrzeć wstecz i powiedzieć: „Ja bym zrobił to inaczej".*

Więc dlaczego tego nie zrobicie?

Słucham?

Powiedziałem: Więc dlaczego tego nie zrobicie? Dlaczego do tej pory nie spojrzeliście wstecz, nie wyciągnęliście nauki z przeszłości i nie postąpiliście inaczej? Odpowiem ci: Ponieważ rozrachunek z przeszłością, jej krytyczna analiza w ramach kształcenia młodzieży groziłaby **podważeniem zasadności waszego postępowania.**

Młodzi i tak się wam sprzeciwią. Wy po prostu staracie się to ograniczyć w szkole. Dlatego młodzież musi wychodzić na ulicę. Machać transparentami. Drzeć karty powołania. Palić flagi i biustonosze. Cokolwiek, aby zwrócić waszą uwagę, aby do was dotrzeć. Młodzi krzyczą do was: „Musi być jakiś lepszy sposób!" Ale wy nie słuchacie. Nie **chcecie** słyszeć. I na pewno nie życzycie sobie, aby zaczęli krytycznie ustosunkowywać się do podawanych przez was w klasie faktów.

Wbijcie sobie to do głowy, mówicie. Nie próbujcie kwestionować słuszności naszego postępowania. Po prostu wbijcie sobie do głowy, że my się nie mylimy.

Tak uczycie swoje dzieci. To nazywacie oświatą.

Ale niektórzy twierdzą, że to młodzi ze swoimi szalonymi liberalnymi poglądami doprowadzili do upadku ten kraj i ten świat. Zamienili w piekło.

Zepchnęli w przepaść. Zniszczyli naszą kulturę opartą na wartościach, zastępując ją zupełnym „luzem" – „róbcie, co chcecie", i tak dalej. Tego rodzaju moralność wróży zagładę naszego sposobu życia.

Młodzi rzeczywiście niszczą wasz sposób życia. Tacy już są. Waszym zadaniem jest zachęcać ich do tego, a nie powstrzymywać.

To nie młodzi wycinają lasy tropikalne. Oni proszą was, abyście **z tym skończyli.** To nie młodzi osłabiają warstwę ozonową. Oni proszą was, abyście **z tym skończyli.** To nie młodzi wyzyskują biedaków na całym świecie. Oni proszą was, abyście **z tym skończyli.** To nie młodzi gnębią was podatkami, przeznaczając je potem na prowadzenie wojen. Oni proszę was, abyście **z tym skończyli.** To nie młodzi lekceważą głód i niedostatek, dopuszczając do głodowej śmierci setek ludzi dziennie, podczas gdy jedzenia jest dość, aby wykarmić wszystkich. Oni proszą was, abyście **z tym skończyli.**

To nie młodzi uprawiają politykę zamydlania oczu i manipulacji. Oni proszą was, abyście **z tym skończyli.** To nie młodzi są seksualnie zahamowani i wstydzą się swoich ciał, zaszczepiając ten wstyd potomstwu. Oni proszą was, abyście **z tym skończyli.** To nie młodzi ustanowili system wartości, w którym „silniejszy ma rację", oraz świat, który gwałtem rozwiązuje problemy. Oni proszą was, abyście **z tym skończyli.**

Więcej, oni nie proszą... oni **błagają.**

Ale to młodzi stosują przemoc! Wstępują do gangów i zabijają się nawzajem! To młodzi mają w nosie prawo i porządek – ***wszelki*** *porządek. To młodzi doprowadzają nas do* ***szału****!*

Gdy świat pozostaje głuchy na ich wołania, na ich prośby – gdy widzą, że ich sprawa jest przegrana – że wy i tak postawicie na swoim – młodzi ludzie, którym nie brak rozumu, wykonują następne sprytne posunięcie. Skoro nie mogą was pokonać, muszą do was dołączyć.

Upodabniają się do was w zachowaniu. Jeśli są gwałtowni, to dlatego, że wy tacy jesteście. Jeśli stają się materialistami, to dlatego, że was naśladują. Jeśli wariują, to dlatego, że wy dajecie im przykład. Jeśli używają seksu w sposób nieodpowiedzialny, do zaspokojenia własnych ambicji, to dlatego, że dostrzegają to u was. Różnica między nimi a starszymi sprowadza się do tego, że młodzi z niczym się nie kryją.

Starsi się maskują. Łudzą się, że młodzi ich nie przejrzą. Ale młodzi są spostrzegawczy. Nic nie ujdzie ich przenikliwości. Widzą zakłamanie starszych i rozpaczliwie próbują to zmienić. Ale po kolejnych porażkach rozumieją, że nie ma innego wyjścia jak pójść w ślady dorosłych. I w tym się mylą, ale **nigdy inaczej ich nie uczono.** Nie pozwolono im krytycznie ocenić postępowania dorosłych. Wymagano od nich wyłącznie zapamiętywania. Co zapamiętujesz, zarazem upamiętniasz.

Zatem jak powinniśmy kształcić młodzież?

Przede wszystkim dostrzeżcie w nich duchy, duchy, które przyjmują fizyczne ciało. Nie jest to dla ducha łatwe, trudno mu się do ciała przyzwyczaić.

To drastyczne ograniczenie. Dlatego dziecko płacze z powodu narzuconych mu ciasnych ram. Usłysz jego płacz. Zrozum go. I daj swoim dzieciom jak najwięcej poczucia „swobody".

Następnie łagodnie i troskliwie zapoznaj je ze światem, jaki stworzyliście. Uważaj na to, co umieszczasz w ich obwodach pamięci. Dzieci rejestrują wszystko, co widzą, czego doświadczają. Po co dajecie dziecku klapsa zaraz po przyjściu na świat? Czy naprawdę nie ma innego sposobu na uruchomienie jego silników? Dlaczego odrywacie maleństwo od matki kilka chwil po tym, jak zostało odłączone od jedynej mu znanej formy życia? Czy nie można wstrzymać się z tym mierzeniem, ważeniem, obracaniem na wszystkie strony, aby noworodek mógł nacieszyć się bliskością tego, **co dało mu życie?**

Dlaczego pozwalacie, aby dziecko zaraz po urodzeniu zapoznawało się z przemocą? Skąd wiadomo, że to dla niego dobre? I dlaczego ukrywacie przed nim oznaki miłości?

Dlaczego uczycie dzieci wstydzić się i krępować swojego ciała oraz jego funkcji, przez to że, sami skrzętnie chronicie własne ciało przed ich wzrokiem i zabraniacie im dotykać się w sposób, który sprawia im przyjemność? Co im przekazujecie na temat przyjemności? I czego uczycie je o ciele?

Dlaczego wysyłacie dzieci do szkół, w których kładzie się nacisk na rywalizację, nagradza „najlepszych" i umiejących „najwięcej", gdzie wystawia się stopnie za „osiągnięcia" i nie uwzględnia indywidualnego tempa uczenia się? Jak dziecko ma to wszystko rozumieć?

Dlaczego nie uczycie dzieci o ruchu i muzyce, o radości płynącej ze sztuki, o tajemnicy baśni i cudzie życia? Dlaczego nie wydobywacie tego, co z natury tkwi w dziecku, a zamiast tego wtłaczacie w nie rzeczy mu obce?

Dlaczego nie rozwijacie logiki, myślenia krytycznego, twórczości, korzystania z intuicji i najgłębszych zasobów mądrości, a wpajacie im zasady, systemy i wnioski społeczeństwa, które nie potrafi pójść naprzód, stosując te metody, ale uparcie się ich trzyma?

Wreszcie, uczcie **pojęć**, nie **przedmiotów.**

Opracujcie nowy program, wyznaczając w nim naczelne miejsce tym trzem Pojęciom Podstawowym:

Świadomość.

Uczciwość.

Odpowiedzialność.

Uczcie ich od najmłodszych lat. Niech będą stale obecne w programie. Niech cały model oświaty będzie na nich oparty.

Nie bardzo rozumiem, co to znaczy.

Znaczy to, że wszystko, czego uczycie, wynikałoby z tych trzech pojęć.

Czy mógłbyś to wyjaśnić?

Od elementarza po najbardziej wymyślne podręczniki, wszystkie czytanki, opowieści, tematy obracałyby się wokół tych podstawowych pojęć. Czyli byłyby to opowiadania o świadomości, o uczciwości i odpowiedzialności. Wasze dzieci wniknęłyby w te pojęcia, przesiąkłyby nimi.

Pisemne zadania również odzwierciedlałyby te pojęcia oraz inne, w miarę rozwoju zdolności dziecka do wyrażania siebie.

Nawet nauka liczenia odbywałaby się w tych ramach. Arytmetyka i matematyka to nie czyste abstrakcje, ale narzędzia niezbędne do życia we wszechświecie. Umiejętności liczenia znalazłyby swoje miejsce w kontekście szerszego doświadczenia życia, tak aby uwypuklone zostały Pojęcia Podstawowe, a także pochodne.

Cały system oświaty można oprzeć na tych pochodnych, wyrzucając przedmioty uczące na ogół faktów.

Mógłbyś podać przykład?

Cóż, puśćmy wodze fantazji. Wymień kilka cech, które się dla ciebie ważne w życiu.

Hmm... no, powiedzmy... uczciwość, o której sam wspomniałeś.

Idź dalej. To Pojęcie Podstawowe.

No i jeszcze... bycie w porządku. To dla mnie ważne.

Dobrze. Jakieś inne cechy?

Życzliwość dla innych. To kolejna cecha. Nie umiem jej wyrazić inaczej.

Naprzód. Pozwól myślom swobodnie płynąć.

Umiejętność dogadywania się z innymi. Tolerancyjność. Wrażliwość na krzywdę. Dostrzeganie w innych równych sobie. To rzeczy, jakie pragnąłbym zaszczepić moim dzieciom.

Znakomicie! Ale nie przerywaj.

Hmm... wiara we własne siły. To istotne. I jeszcze... Hmm... już mam. Hmm... tak, to jest to: przejście przez życie z godnością. Chyba tak bym to określił. Nie potrafię tego lepiej wyrazić. Wiąże się to z tym, jak ktoś idzie przez życie i jak odnosi się do innych i obranych przez nich dróg.

To wszystko dobre pomysły. Wreszcie zaczynasz łapać. Jest jeszcze wiele takich pojęć, które każde dziecko musi przetrawić, aby osiągnąć pełnię człowieczeństwa. Ale takich rzeczy nie wykłada się w szkołach. To sprawy o najwyższym znaczeniu w życiu, lecz w szkołach o nich cicho. Nie uczy się, co to znaczy być uczciwym, być odpowiedzialnym, być świadomym uczuć innych ludzi i szanować ich wybory.

Mówi się, że to zadanie rodziców wpajać dzieciom takie rzeczy. Ale rodzice mogą jedynie przekazać to, co przekazano im. W ten sposób grzechy ojca spadają na syna. W domu uczycie dzieci tego samego, czego rodzice uczyli was.

I co w tym złego?

Po raz kolejny zapytam, czy przyglądałeś się ostatnio światu?

Wciąż do tego wracasz. Próbujesz nam wmówić, że to nasza wina. Ale nie możemy brać na siebie winy za to, co robią inni.

Tu nie chodzi o winę, lecz o odpowiedzialność. A jeśli wy nie odpowiadacie za to, jakich wyborów dokonuje ludzkość, to kto?

Cóż, nie możemy być odpowiedzialni za ***wszystko****!*

A Ja ci mówię: Dopóki dobrowolnie nie weźmiecie na siebie odpowiedzialności za całość, **nie będziecie w stanie zmienić nawet odrobiny.**

Nie możecie bez końca obwiniać **innych,** wymagać, aby to **oni** się poprawili! Jak świetnie ujął to bohater rysunków Walta Kelly'ego o imieniu Pogo: **„Stanęliśmy oko w oko z nieprzyjacielem i to byliśmy my"**.

Nigdy o tym nie zapominaj.

Powtarzamy te same błędy od setek lat, prawda...

Od tysięcy, mój synu. Powtarzacie te same błędy od tysięcy lat. Pod względem podstawowych instynktów obecny człowiek niewiele różni się od jaskiniowca. Mimo to każda próba zmiany tego stanu rzeczy spotyka się z pogardą. Każde wezwanie do przyjrzenia się przyjętej skali wartości i ewentualnie wprowadzenia do niej pewnych poprawek wywołuje popłoch i gniew. A teraz Mój pomysł, aby nauczać tych wyższych pojęć w **szkołach.** Stąpamy tu po bardzo kruchym lodzie.

Mimo to w oświeconych społecznościach tak właśnie się to odbywa.

Ale sęk w tym, że nie ma zgodności co do znaczenia tych pojęć. Dlatego nie można uczyć ich w szkole. Rodzicom odbija, kiedy próbuje się takie rzeczy przemycić do programu. Mówią, że nauczamy „wartości", a na to w szkole nie ma miejsca.

Nie mają racji! To znaczy nie mają racji w odniesieniu do tego, czego jako rasa ludzka usiłujecie dokonać – zbudować lepszy świat. Szkoły w sam raz nadają się do takiej nauki. Właśnie dlatego, że wolne są od uprzedzeń rodziców. Właśnie **dlatego,** że są wolne od ich przesądów. Zauważyłeś, do czego doprowadziło przekazywanie wartości z ojca na syna. Wasz świat się wali.

Nie rozumiecie podstawowych pojęć cywilizowanych społeczności.

Nie potraficie drogą pokojową rozwiązywać konfliktów.

Nie potraficie żyć bez lęku.

Nie potraficie działać bezinteresownie.

Nie potraficie kochać bez stawiania warunków.

To najbardziej podstawowe sprawy, a wy nawet nie w pełni je pojmujecie, a co dopiero mówić o wprowadzeniu ich w życie... **minęły już tysiące lat.**

Czy można jakoś temu zaradzić?

Owszem! I to za sprawa szkół! Dzięki edukacji młodego pokolenia. W nim cała wasza nadzieja, i w następnym pokoleniu, i w tym, które przyjdzie po nim! Ale musicie przestać urabiać je na modłę **przeszłości.** Te wzorce się nie sprawdziły. Nie przyniosły tego, czego się po nich spodziewaliście. Jeśli nie będziecie czujni, traficie dokładnie tam, dokąd obecnie zmierzacie!

Więc **stójcie!** Zawróćcie! Usiądźcie wspólnie i zbierzcie myśli. Opracujcie najwspanialszą wersję najwyższej wizji siebie, jakiej kiedykolwiek doznaliście. Następnie weźcie wartości i pojęcia, które leżą u podstaw takiej wizji i **nauczajcie ich w szkołach.** Dlaczego nie wprowadzić takich przedmiotów jak...

- Rozumienie Władzy
- Pokojowe Rozwiązywanie Konfliktów
- Związki Uczuciowe i ich Składowe
- Osobowość ż Samorealizacja
- Ciało, Umysł i Duch: Zasady Działania
- Rozwijanie Twórczości
- Zadowolenie z Siebie, Poszanowanie dla Innych
- Radosna Ekspresja Seksualna

- Tolerancja
- Różnice i Podobieństwa
- Ekonomia Etyczna
- Twórcza Świadomość i Potęga Umysłu
- Świadomość i Czujność
- Uczciwość i Odpowiedzialność
- Jawność i Przejrzystość
- Nauka i Duchowość

Wielu z tych rzeczy uczy się już w szkołach. Nazywa się to nauką o społeczeństwie.

Nie chodzi Mi o dwudniowy blok w ramach kursu trwającego cały semestr. Chodzi Mi o **oddzielne kursy** dla każdego z tych przedmiotów. Mam na myśli gruntowną reformę szkolnych programów nauczania. Mam na myśli program oparty na wartościach. Wy zaś realizujecie program w głównej mierze oparty na faktach.

Powinno się zwracać uwagę na to, aby dzieci dogłębnie zrozumiały podstawowe pojęcia i stworzone wokół nich systemy wartości w takim samym stopniu, jak teraz przywiązuje się wagę do danych, faktów i statystyki.

W wysoko rozwiniętych społeczeństwach waszej galaktyki (o których bliżej w części trzeciej) pojęć potrzebnych w życiu uczy się potomstwo już od najmłodszych lat. To zaś, co nazywacie „faktami", wprowadzane jest znacznie później, gdyż nie jest uważane za szczególnie istotne.

Na waszej planecie powołaliście do istnienia społeczeństwo, w którym Jasio nauczył się czytać, zanim poszedł do szkoły, ale wciąż gryzie swojego brata. A Zosia opanowała do perfekcji tabliczkę mnożenia, ale nie wie, że w ciele nie ma nic wstydliwego czy krępującego.

Obecnie szkoły głównie udzielają odpowiedzi. Przynosiłyby większy pożytek, gdyby ich podstawowym celem było stawianie pytań. Co ta znaczy być uczciwym czy odpowiedzialnym? Jakie to niesie skutki? Albo co to znaczy, że 2 + 2 = 4? Jakie są tego następstwa? Oświecone społeczności zachęcają wszystkie dzieci do **samodzielnego odkrywania.**

Ale... ale to wywołałoby ***chaos****.*

W przeciwieństwie do harmonii, w jakiej obecnie toczy się wasze życie...

Dobrze, już dobrze. W takim razie, ***pogłębiłoby*** *chaos.*

Nie sugeruję, żeby szkoły przestały przekazywać dzieciom to, co wy poznaliście i zdecydowaliście. Wręcz przeciwnie. Szkoły dobrze czynią, gdy dzielą się z Młodszymi tym, co Starsi odkryli, wybrali i postanowili w przeszłości. Uczniowie mogą wówczas przyjrzeć się, w jakim stopniu to się sprawdziło. Jednak obecnie w szkołach przedstawia się te dane jako To, Co Słuszne i Prawdziwe, a nie po prostu jako dane do rozważenia.

Przeszłe Dane nie mogą stanowić podstawy Teraźniejszej Prawdy. Dane z minionych czasów czy uprzednich doświadczeń powinny zawsze i wyłącznie służyć do stawiania nowych pytań. Pytanie powinno się przedkładać nad odpowiedź.

Pytania zresztą się nie zmieniają. Co się tyczy ukazanych wam danych, zgadzacie się z nimi czy nie? Co o nich myślicie? To jest najważniejsze pytanie. Co myślicie? Co **wy** myślicie? **Co wy myślicie?**

Oczywiście dzieci odwołują się do wartości swych rodziców. Rodzice nadal będą odgrywać główną rolę w kształtowaniu systemu wartości dziecka. Zadaniem szkoły będzie zachęcanie młodych, od najmłodszych lat aż do zakończenia formalnej nauki, do zgłębiania tych wartości, wykorzystania, stosowania ich – a nawet, dlaczego nie, podważenia ich. Gdyż rodzice, którzy obawiają się podważenia swoich wartości przez dzieci, tak naprawdę ich nie kochają, kochają tylko swoje w nich odbicie.

Och, jak bardzo bym chciał, aby istniały szkoły, jakie masz na myśli!

Są takie, które próbują wcielać ten model.

Są?

Tak. Przeczytaj to, co napisał Rudolf Steiner. Zapoznaj się z metodami szkoły Waldorffa, które opracował.

Oczywiście, słyszałem o tych szkołach. Czy to przypadkiem nie jest reklama?

Tylko spostrzeżenie. Wiedziałeś, że szkoły te są mi znajome.

Jak mogłeś w to wątpić? Wszystko, co się w twoim życiu zdarzyło, doprowadziło cię do obecnej chwili. Nie zacząłem rozmowy z tobą na początku tej książki. Przemawiałem do ciebie od lat, przez wszystkie twe związki i doświadczenia.

Twierdzisz, że szkoła Waldorffa jest najlepsza?

Nie. Uważam, że to model kształcenia, który się sprawdza, zważywszy na to, dokąd jako ludzka rasa z własnego wyboru zmierzacie; zważywszy na to, co chcecie osiągnąć, czym chcecie się stać. Uważam, że to przykład – jeden z wielu, jakie mógłbym podać, choć na waszej planecie należą one do rzadkości – na to, jak działa oświata, która kładzie nacisk na „mądrość" bardziej niż na „wiedzę".

Sam pochwalam ten model. Szkoła Waldorffa wielce się różni od innych szkół. Posłużę się przykładem prostym, lecz wymownym.

W szkole Waldorffa jeden nauczyciel prowadzi dzieci przez wszystkie szczeble nauczania podstawowego. Przez wszystkie te lata dziećmi zajmuje się ta sama osoba, nie przechodzą z rąk do rąk. Można sobie wyobrazić, jaka powstaje między nimi więź. Widać jasno zalety.

Nauczyciel poznaje dziecko do takiego stopnia, jakby było jego własnym. Zostaje osiągnięty taki poziom wzajemnego zaufania i miłości, o jakim się nie śniło szkołom tradycyjnym. Na koniec wspólnie spędzonych lat nauczyciel powraca do pierwszej klasy i zaczyna wszystko od nowa z kolejną grupą dzieci. Taki pracujący z powołania nauczyciel w ciągu całej swej kariery może mieć do czynienia tylko z czterema czy pięcioma grupami dzieci. Ale jego czy jej znaczenie dla tych dzieci przekracza wszystko, co może zapewnić system tradycyjny.

Ten model kształcenia uznaje ***ludzki związek, więź i miłość*** *możliwe w obrębie takiego paradygmatu za nie mniej istotne niż* ***fakty*** *przekazywane przez nauczyciela.*

To jak kształcenie domowe poza domem.

Tak, to dobry model.

Czy są jeszcze inne?

Dokonuje się pewien postęp w dziedzinie edukacji, ale bardzo powoli. Nawet próba wprowadzenia do szkół państwowych programu kładącego nacisk na kształcenie umiejętności napotkała ogromny opór. Ludzie widzą w nim zagrożenie albo chybiony pomysł. Wolą, aby dzieci przyswajały **fakty.** Mimo to zarysowują się kierunki zmian. Ale jeszcze wiele jest do zrobienia.

To tylko jedna z wielu dziedzin ludzkiego doświadczenia, której przydałaby się gruntowna naprawa, zważywszy na to, czym jako ludzie chcecie się stać.

Tak, podejrzewam, że trzeba by to i owo pozmieniać również na scenie politycznej.

Na pewno.

10

Na to właśnie czekałem. Czegoś w tym rodzaju spodziewałem się, kiedy obiecałeś w części drugiej poruszyć sprawy rangi ogólnoświatowej. Zatem czy na początek naszych rozważań o polityce mogę zadać pytanie, które może wydać się dziecinne?

Nie ma gorszych czy niegodnych. Pytania są jak ludzie.

Trafiony. W porządku, zapytam więc wprost: czy jest rzeczą złą prowadzić zagraniczną politykę tak, aby strzec swoich własnych interesów?

Nie. Po pierwsze, dla Mnie nic nie jest „złe".. Ale rozumiem, w jakim znaczeniu używasz tego określenia, więc w kontekście, jaki masz na myśli, nie, nie jest rzeczą złą kierować się względami własnych interesów. To, co wam nie służy, to udawanie, że tak nie jest.

Większość państw to ukrywa. Podejmują działanie – albo wstrzymują się od działania – z jednego powodu, a potem na usprawiedliwienie przytaczają cały szereg innych.

Dlaczego? Dlaczego tak postępują?

Gdyż rząd wie, że gdyby ludzie poznali prawdziwe powody większości decyzji, jakie zapadają w sprawach zagranicznych, straciłby ich poparcie.

Dotyczy to rządów na całym świecie. Niewiele jest takich, które nie wprowadzają rozmyślnie w błąd swego narodu. Mydlenie oczu jest częścią sprawowania władzy, albowiem mało kto chciałby, aby nim rządzono, tak jak to się odbywa obecnie, gdyby rząd nie umiał go przekonać, że kieruje się jego dobrem.

To ciężkie zadanie, gdyż ludzie na ogół dostrzegają głupotę rządu. Więc rząd zmuszony jest uciec się do kłamstw, aby zaskarbić sobie lojalność wyborców. Na jego przykładzie jasno widać trafność stwierdzenia, że „kłamstwo powtórzone sto razy staje się prawdą".

Ludziom stojącym u władzy nie wolno ujawniać, w jaki sposób doszli do władzy – ani też na co są gotowi, aby ją utrzymać.

Prawda i polityka **nie mogą** iść ze sobą w parze, gdyż polityka polega na tym, aby mówić – w odpowiedni sposób – tylko to, co konieczne do osiągnięcia pożądanego celu.

Nie cała polityka jest zła, ale polityka to przede wszystkim sztuka **stosowana.** Uwzględnia ludzką psychologię bez żadnych osłonek. Zauważa po prostu, że większość ludzi działa powodowana własnym interesem. Więc za pomocą polityki rządzący dążą do tego, aby cię przekonać, że ich interes pokrywa się z twoim własnym.

Władza dobrze to rozumie, dlatego z taką zręcznością opracowuje programy, które przynoszą coś narodowi.

Pierwotne zadania rządu były znacznie ograniczone. Miał „chronić i strzec", potem dodano „dbać". Kiedy rząd wziął na siebie rolę „zaopatrzeniowca", zamiast zwyczajnie czuwać nad społeczeństwem, zaczął je **tworzyć.**

Ale czy rząd po prostu nie spełnia żądań obywateli? Czy nie stanowi tylko mechanizmu, za pośrednictwem którego naród może o siebie zadbać na szerszą skalę? Na przykład w Ameryce wysoko cenimy godność ludzkiego życia, swobodę jednostki, szansę rozwoju, nietykalność dzieci. Dlatego ustanowiliśmy prawa i wezwaliśmy rząd, aby przez odpowiednie programy zapewnił dochód osobom starszym, wystarczający im na godziwe życie mimo utraty „zdolności wytwórczej"; aby stworzył równe szanse na mieszkanie i zatrudnienie wszystkim obywatelom – nawet tym, którzy się od nas różnią, których sposobu życia nie pochwalamy; aby przez odpowiednie ustawy zapobiegł wykorzystywaniu nieletnich do pracy zarobkowej; i wreszcie aby każda rodzina wielodzietna miała to, co do życia potrzebne – odzież, jedzenie, dach nad głową.

Wszystko to dobrze świadczy o waszym społeczeństwie. Ale zaspokajając potrzeby ludności musicie uważać, aby nie odebrać jej najwyższej godności, która zasadza się na twórczości jednostki, rozwijaniu wewnętrznej mocy i pomysłowości, dzięki czemu może uwierzyć we własne siły, w to, że sama potrafi sprostać wymaganiom życia. Trzeba to delikatnie wypośrodkować. Wy zaś popadacie z jednej skrajności w drugą. Albo rząd ma robić dla ludzi wszystko, albo od jutra utrącacie wszelkie rządowe programy i ochronne ustawy.

Właśnie. Sęk w tym, że tak wielu jest tych, którzy nie umieją sobie poradzić w kraju, gdzie najlepsze szanse życiowe ofiarowane są osobom o „właściwym pochodzeniu" (albo przynajmniej bez „podejrzanego pochodzenia"); którzy nie umieją sobie poradzić w kraju, gdzie nie chce się wynajmo-

wać mieszkań dużym rodzinom, gdzie nie daje się kobietom możliwości awansu, gdzie sprawiedliwość często jest pochodną statusu, gdzie dostęp do opieki zdrowotnej ograniczany jest do osób o odpowiednich zarobkach, gdzie panuje różnego rodzaju dyskryminacja i nierówność.

Czyli rząd ma zastąpić sumienie ludzi?

Nie. Rząd ***jest*** *sumieniem ludzi, wyrażonym na głos. Właśnie za pośrednictwem rządu ludzie starają się naprawić społeczne krzywdy.*

Celna uwaga. Mimo to powtarzam raz jeszcze, pilnujcie, aby nie zadławiły was prawa, które mają zapewnić każdemu możliwość oddychania!

Nie da się wymusić moralności prawem. Nie da się zarządzić równości.

Potrzebny jest **zwrot** w świadomości ogółu, a nie **strażnik** społecznego sumienia.

Zachowanie (i wszystkie prawa, wszystkie rządowe programy) musi wypływać z Bycia, musi odzwierciedlać, Kim Naprawdę Jesteście.

Ale prawa naszego społeczeństwa ***stanowią*** *nasze odbicie! Głoszą wszem i wobec: „Tak się rzeczy mają w Ameryce. Tacy jesteśmy my, Amerykanie."*

Jeśli tak, to są chlubne wyjątki. Przeważnie zaś wasze prawa są świadectwem tego, czym zdaniem ludzi u władzy, **powinniście być,** ale nie jesteście.

„Oświecona elita" za pomocą prawa wychowuje „ciemne masy".

Otóż to.

Czy jest w tym coś złego? Jeśli znajdzie się kilku najzdolniejszych i najlepszych spośród nas, pragnących zająć się problemami społeczeństwa i świata, przedstawić rozwiązania, czy ogół na tym nie skorzysta?

To zależy od pobudek ich działania. Zazwyczaj jednak nic nie służy lepiej ogółowi niż oddanie mu władzy.

To anarchia. Nigdy się nie sprawdziła.

Nie możesz się rozwijać, dążyć do wielkości, gdy ktoś stale ci nakazuje, co masz robić.

Można by powiedzieć, że rząd – to znaczy, prawo, jakie ustanowiliśmy dla tych celów – stanowi miarę wielkości społeczeństwa, że im doskonalsze społeczeństwo, tym doskonalsze jego prawa.

I tym mniej praw. Doskonałe społeczeństwo nie potrzebuje wielu praw.

Ale społeczeństwo bez praw to dzicz, gdzie rację ma silniejszy. Prawo jest próbą wyrównania szans, zapewnienia triumfu sprawiedliwości niezależnie od siły czy słabości. Bez uzgodnionych reguł postępowania jak moglibyśmy wszyscy razem ze sobą żyć?

Nie proponuję świata bez reguł postępowania, bez umów społecznych. Sugeruję jednak, aby wasze umowy i reguły oprzeć na wyższym pojmowaniu osobistego interesu.

Obecne prawa dbają przede wszystkim o interesy najpotężniejszych. Weźmy na przykład palenie. Prawo zabrania uprawiania i użytkowania rośliny zwanej konopiami, ponieważ, jak twierdzi rząd, jest ona dla ludzi szkodliwa.

Jednocześnie ten sam rząd zezwala ludziom na uprawę i używanie **innej** rośliny, tytoniu, nie dlatego, że jest ona nieszkodliwa (w istocie jest trująca), ale przypuszczalnie dlatego, że ludzie do niej przywykli.

Ale prawdziwy powód wyklęcia pierwszej rośliny i uznania drugiej nie ma nic wspólnego ze zdrowiem. Wiąże się z ekonomią, czyli z **władzą.**

Toteż wasze prawa nie stanowią odbicia samoświadomości waszego społeczeństwa – wskazują wyraźnie na to, **kto ma władzę.**

To nie w porządku. Wybrałeś sytuację wyjątkową, w której jasno rysują się sprzeczności.

To nie wyjątek, lecz reguła.

Co można na to poradzić?

Ograniczyć liczbę praw do minimum.

Zakaz dotyczący pierwszej rośliny tylko pozornie wynika z troski o zdrowie. Tak naprawdę nie uzależnia ona ani nie szkodzi bardziej od papierosów czy alkoholu, te ostatnie zaś są chronione przez prawo. Dlaczego więc nie dopuszcza się konopi? Otóż gdyby je uprawiano, połowa hodowców bawełny, producentów nylonu i rayonu oraz przetwórców surowców otrzymywanych z drzew straciłaby pracę.

Tak się składa, że konopie dostarczają wielu pożytecznych, silnych i wytrzymałych surowców. Nie można sobie życzyć lepszego włókna na odzież, mocniejszego materiału na sznur i łatwiejszego w uprawie i zbiorze źródła miazgi do produkcji papieru. Rocznie ścinacie setki tysięcy drzew na niedzielne dodatki, w których możecie sobie poczytać o trzebieniu obszarów leśnych świata. Konopie mogłyby zapewnić miliony gazet bez wycięcia nawet jednego drzewa. W gruncie rzeczy mogłyby zastąpić wiele innych zasobów naturalnych za jedną dziesiątą ich ceny.

I na tym polega **haczyk.** Ktoś by **stracił** na wprowadzeniu do użytku tej cudownej rośliny, która nawiasem mówiąc, posiada również właściwości lecznicze. I dlatego w twoim kraju marihuana jest zakazana.

Z tego samego powodu zwlekacie z masową produkcją elektrycznych samochodów, z ustanowieniem porządnej opieki zdrowotnej za przystępną cenę czy z wprowadzeniem do gospodarstw domowych energii słonecznej.

Macie środki ku temu oraz technologie od wielu lat. Dlaczego więc nie korzystacie z wszystkich tych rzeczy? **Przyjrzyj się, kto by na tym stracił,** a otrzymasz odpowiedź.

Oto twoje Wielkie Społeczeństwo, powód do dumy! To społeczeństwo trzeba wziąć „za pysk" i zmusić, aby zastanowiło się nad dobrem ogółu. Na samą wzmiankę o wspólnym dobru, o zbiorowości, podnosi się krzyk: „Komunizm!" W twoim społeczeństwie dobro społeczne bierze się pod uwagę tylko wtedy, gdy przy okazji ma przynieść komuś ogromny zysk. Dotyczy to zresztą również innych państw. Ludzkość staje więc przed podstawowym pytaniem: Czy interes jednostki da się pogodzić z najlepiej pojętym **wspólnym** interesem ludzkości? Jeśli tak, to w jaki sposób?

W Stanach Zjednoczonych próbowaliście osiągnąć to za pomocą praw. Lecz ponieśliście sromotną klęskę. Jesteście najpotężniejszym, najbogatszym narodem świata, a jednocześnie występuje u was najwyższy wskaźnik śmiertelności niemowląt. Dlaczego? Ponieważ **biednych nie stać** na właściwą opiekę lekarską w trakcie ciąży i po porodzie, a wasze społeczeństwo **kieruje się chęcią zysku.** Podaję to jako jeden z przykładów waszej klęski. Powinien was niepokoić fakt, że umieralność noworodków jest u was wyższa niż w innych uprzemysłowionych krajach. Ale nikt nie bije na alarm. Ukazuje to dobitnie przyjętą przez was hierarchię wartości. Inne kraje troszczą się o chorych i potrzebujących, starych i zniedołężniałych. Wy dbacie o zamożnych, wpływowych i dobrze ustosunkowanych. Osiemdziesiąt pięć procent Amerykanów na emeryturze **żyje w ubóstwie.** 'Większość z nich oraz z osób o niskich dochodach korzysta z miejscowych stacji pogotowia ratunkowego jak z poradni, poddaje się zabiegom tylko w ostateczności i pozbawiona jest praktycznie wszelkiej profilaktyki zdrowotnej.

Ludzie, którzy nie mogą dużo wydać, którzy przestali być **użyteczni,** nie przynoszą zysku... Oto twoje wspaniałe społeczeństwo.

Przedstawiasz sprawy w czarnym świetle. A Ameryka wiele zrobiła dla poniewieranych i uciskanych, u siebie i za granicą, więcej niż jakikolwiek inny naród na Ziemi.

Ameryka wiele zrobiła, temu zaprzeczyć nie można. Ale czy zdajesz sobie sprawę, że w stosunku do swego produktu krajowego brutto Stany Zjednoczone wydają proporcjonalnie mniej za pomoc zagraniczną od wielu innych, znacznie mniejszych państw? Zanim popadniecie w samouwielbienie, warto przyjrzeć się światu. Jeśli tylko tyle możecie zrobić dla pokrzywdzonych przez los, to jeszcze wiele musicie się nauczyć.

Wasze społeczeństwo jest rozrzutne i marnotrawne. Jak to mówicie, każda rzecz „wychodzi z użytku" po czasie, na jaki została zaprogramowana. Samochody rozpadają się trzy razy szybciej i są trzy razy droższe. Ubrania drą się już za dziesiątym razem, gdy je na siebie wkładacie. Żywność faszerujecie związkami chemicznymi, które mają przedłużyć jej trwałość, nawet jeśli oznacza to skrócenie waszego pobytu na tym świecie. Płacicie nieprzyzwoicie wygórowane sumy różnej maści gwiazdom, a nauczyciele, ministrowie czy naukowcy szukający leku na gnębiące was choroby zarabiają głodowe pensje. Każdego dnia w waszych supermarketach, restauracjach i domach marnuje się tyle jedzenia, że starczyłoby na wykarmienie połowy świata.

Lecz nie jest to oskarżenie, lecz po prostu spostrzeżenie. I odnosi się nie tylko do Stanów Zjednoczonych, gdyż takie ubolewania godne postawy szerzą się na całym świecie.

Na dole drabiny społecznej toczy się nieustanna walka o przetrwanie, podczas gdy garstka u władzy opływa we wszelkie dostatki, wyleguje się w jedwabiach i każdego ranka w łazience cieszy wzrok szczerozłotą armaturą. I gdy wycieńczone dzieci o sterczących żebrach konają w ramionach płaczących matek, „przywódcy" państwa drogą przekupstwa i sprytnych machinacji zagarniają pomoc żywnościową przeznaczoną dla głodujących mas.

Wydaje się, że zmiana tego stanu rzeczy nie jest w niczyjej mocy, ale prawda jest taka, że nie mocy brakuje, lecz **woli.**

I tak będą się sprawy miały, dopóki nie uznamy cudzego nieszczęścia za swoje własne.

Właśnie, co nas przed tym powstrzymuje? Jak możemy przyglądać się tym wszystkim okropieństwom?

Bo was to nie **obchodzi.** To brak **troski.** Cała planeta przechodzi kryzys świadomości. Musicie zadecydować, czy obchodzi was los innych ludzi.

Zadam to pytanie, choć pewnie zabrzmi patetycznie. Dlaczego nie potrafimy kochać członków własnej rodziny?

Ależ kochacie swą rodzinę. Tyle że macie dość ograniczony pogląd na to, kto wchodzi w jej skład.

Nie uważacie się za członków ludzkiej rodziny, więc problemy ludzkości są wam obce.

W jaki sposób narody Ziemi mogą zmienić swój pogląd na świat?

To zależy, w jakim kierunku.

Jak zmniejszyć ból i cierpienie?

Usuwając wszelkie podziały między sobą. Tworząc nowy obraz świata. Godząc go z **nową ideą.**

Którą jest?

Którą jest radykalne zerwanie z obecnym poglądem na świat.

Z geopolitycznego punktu widzenia patrzycie na świat jak na skupisko odrębnych państw narodowych, niezawisłych, suwerennych i niezależnych od siebie nawzajem.

Wewnętrzne problemy tych niezależnych państw stają się problemami całej zbiorowości tylko i dopiero wtedy, gdy **uderzają** w zbiorowość (albo najpotężniejszych jej członków).

Zbiorowość reaguje na problemy i zjawiska zachodzące wewnątrz poszczególnych państw z myślą o zabezpieczeniu własnych interesów. Jeśli nie ma tam nic do **stracenia,** wówczas cały kraj może trafić szlag i nikt się tym zbytnio nie przejmie.

Co roku tysiące mogą konać z głodu, setki ginąć w bratobójczych wojnach; despoci mogą łupić, gwałcić i rabować z pomocą swych „szwadronów śmierci" – a reszta będzie stać z założonymi rękami. Nie wolno się mieszać w „wewnętrzne sprawy" danego kraju, powiadacie.

Ale kiedy zostaną tam zagrożone **wasze** interesy, **wasze** inwestycje, **wasze** bezpieczeństwo, **wasz** dobrobyt, stawiacie cały naród na nogi i wkraczacie do akcji, próbując zyskać poparcie świata.

Potworne kłamstwo gładko przechodzi wam przez usta: kierują wami pobudki humanitarne, niesiecie pomoc wyzyskiwanym. Tak naprawdę jednak chronicie własne interesy.

Dowodem jest to, że gdzie **nie ma** interesu, nie ma też troski.

Światową polityką rządzi pojęcie własnego interesu. Co nowego można wymyślić?

Trzeba będzie coś nowego wprowadzić, jeśli ten świat ma się zmienić. Musicie utożsamić swój własny interes z cudzym. To może się dokonać tylko wtedy, gdy przekształcicie polityczną rzeczywistość świata i zaczniecie nowe rządy.

Masz na myśli wspólny rząd dla całego świata?

Tak.

11

Wprawdzie zapowiadałeś, że w drugiej części poruszymy ogólne zagadnienia natury geopolitycznej (w przeciwieństwie do osobistych odniesień książki pierwszej), ale nie spodziewałem się, że nasza debata zejdzie na takie tory!

Najwyższy czas, aby świat przestał się oszukiwać, aby się ocknął i pojął wreszcie, że **jedynym problemem ludzkości** jest brak miłości.

Miłość rodzi tolerancję, tolerancja przynosi pokój. Nietolerancja wszczyna wojny i obojętnie przygląda się nędzy i uciskowi.

Miłość nie może zachować obojętności, nie potrafi.

Aby miłość i troska jak najszybciej objęły całą ludzkość, musisz postrzegać całą ludzkość jako swoją **rodzinę.** Państwa składające się na obecny świat muszą się **zjednoczyć.**

Przecież mamy już Organizację Narodów Zjednoczonych.

Która od początku istnienia jest bezsilna i nieskuteczna. Aby należycie działała, trzeba by ją gruntownie zreorganizować. To zadanie nie jest niewykonalne, ale ciężkie i kłopotliwe.

Wobec tego co proponujesz?

Nie przedstawiam „propozycji". Dzielę się tylko spostrzeżeniami. Ty mówisz Mi, jakich nowych wyborów dokonujesz, a Ja ukazuję drogi do nich prowadzące. Jaki jest teraz twój wybór w stosunku do obecnych relacji między ludźmi i między narodami na twojej planecie?

Przytoczę Twoje słowa. Gdyby mogło być po mojemu, to chciałbym, aby „miłość i troska jak najszybciej objęły całą ludzkość".

Biorąc pod uwagę twój wybór, uważam, że do tego przyczyniłoby się utworzenie nowej światowej wspólnoty politycznej, w której każdy kraj miałby równoprawny głos i proporcjonalny do wielkości udział w światowych zasobach.

Takie coś nigdy się nie sprawdzi. Zamożne kraje nigdy nie zrzekną się swej niezależności, bogactwa i zasobów na rzecz biednych państw. Właściwie dlaczego miałyby to uczynić?

Bo to leży **w ich najlepszym interesie.**

One tego nie rozumieją – i ja chyba też.

Gdybyś mógł zasilić swoją gospodarkę o miliardy dolarów rocznie – miliardy, dzięki którym można nakarmić głodnych, ubrać potrzebujących, dać schronienie bezdomnym, zapewnić dostatek starszym, poprawić opiekę lekarską i stworzyć godziwe warunki bytowania dla wszystkich – czy to nie byłoby w najlepszym interesie twojego narodu?

Odzywają się w Ameryce głosy mówiące, że odbyłoby się to kosztem bogatych i średniozamożnych podatników. A po drodze kraj dalej by się staczał do piekła, panoszyłaby się przestępczość, inflacja odzierała ludzi z oszczędności ich życia, bezrobocie osiągnęło niebotyczne rozmiary, rząd obrastał w tłuszcz, a w szkołach rozdawali prezerwatywy.

To jakby żywcem wyjęte z audycji radiowej.

Cóż, takimi właśnie rzeczami martwią się Amerykanie.

W takim razie wykazują zadziwiającą krótkowzroczność. Czy nie widzicie, że gdyby miliardy dolarów rocznie – czyli miliony każdego miesiąca, setki tysięcy każdego tygodnia, niesłychane wręcz kwoty każdego dnia – z powrotem wprowadzić do waszego systemu ekonomicznego... i z pomocą tych pieniędzy nakarmić głodnych, ubrać potrzebujących, dać schronienie bezdomnym, zapewnić dostatek starszym, poprawić opiekę lekarska i stworzyć godziwe warunki bytowania dla wszystkich... przyczyny wszelkiej przestępczości zniknęłyby raz na zawsze? Czy nie widzicie, że miejsca pracy rosłyby jak grzyby po deszczu, gdyby dano gospodarce ten zastrzyk finansowy? Że można by nawet okroić rząd, **gdyż miałby mniej do roboty?**

Niektóre z tych przewidywań mogłyby się spełnić, przypuszczam – jakoś nie mogę sobie wyobrazić cięć w samym rządzie! – ale skąd miałyby się wziąć te miliardy dolarów? Z podatków narzuconych przez Twój nowy rząd światowy? Zabrano by je tym, którzy „harowali, aby je zdobyć", i przekazano tym, którzy „mają dwie lewe ręce do roboty"?

Ty podpisujesz się pod tymi określeniami?

Nie, ale tak to widzi mnóstwo ludzi, po prostu wyraziłem uczciwie ich zdanie.

Chciałbym do tego jeszcze powrócić. Ale na razie trzymajmy się tematu. Pytałeś, skąd wziąć te dolary. Otóż na pewno nie z nowych podatków ustalonych przez wspólnotę światową (chociaż poszczególni jej członkowie – indywidualni obywatele – **zechcieliby,** pod oświeconymi rządami, oddawać dziesięć procent swojego dochodu na rzecz potrzeb całego społeczeństwa). Ich źródłem nie byłyby też podatki wprowadzone przez władze lokalne. W gruncie rzeczy nawet władze lokalne mogłyby obniżać podatki.

Wszystkie te korzyści, o jakich mowa, wyniknęłyby z prostego przeobrażenia poglądu na świat, z jeszcze prostszego przekształcenia ładu politycznego świata.

To znaczy?

Z obecnych wydatków na zbrojenia, na systemy obronne i broń zaczepną.

Ach, tak! Chcesz, żebyśmy rozwiązali swoje wojsko!

Nie tylko wy. **Wszyscy na całym świecie.**

Ale nie rozwiązali – po prostu drastycznie okroili. Pozostanie kwestia bezpieczeństwa wewnętrznego. Można by wzmocnić siły policyjne – czego wszyscy się domagacie, ale zarzekacie się, że nie ma na to środków, gdy trzeba uchwalić budżet – jednocześnie zarzucając produkcję broni masowego rażenia, obronnej i zaczepnej.

Przede wszystkim Twój rachunek tego, co można by na tym zaoszczędzić, jest moim zdaniem zawyżony. Poza tym nigdy nie zdołasz namówić ludzi, aby pozbawili państwo zdolności obronnej.

Najpierw przyjrzyjmy się cyfrom. Obecnie (w chwili kiedy to piszemy, jest 25 marca 1994) rządy na całym świecie wydają na zbrojenia bilion dolarów rocznie. To oznacza **milion dolarów na minutę.**

Państwa, które wydają najwięcej, mogłyby też najwięcej przeznaczyć na inne cele, o których wspominałem. Kraje najbogatsze i najpotężniejsze **dostrzegłyby** w tym swój interes – **gdyby** uważały to za możliwe do przeprowadzenia. Ale kraje najbogatsze i najpotężniejsze nie mogą wyobrazić sobie swego rozbrojenia, ponieważ obawiają się agresji i ataku ze strony państw, które im zazdroszczą i **chcą zagarnąć dla siebie to, co posiadają tamte.**

Można to zagrożenie wyeliminować na dwa sposoby:

1. Podzielić dobra świata i zasoby tak, aby nikomu niczego nie brakowało i w związku z tym nikt nie pożądałby mienia innych, aby każdy mógł żyć z godnością i wolny od strachu.
2. Stworzyć system rozstrzygania sporów, który wyklucza konieczność wojny – a nawet jej możliwość.

Na to raczej narody świata się nie zgodzą.

Już się zgodziły.

Jak to?

Trwa wielki eksperyment, w którym poddawany jest ciągłej próbie tego rodzaju polityczny związek. A imię jego Stany Zjednoczone Ameryki.

Który, jak sam powiedziałeś, ponosi sromotną klęskę.

To prawda, ale nie do końca. Do sukcesu jeszcze wiele mu brakuje. (Jak zapowiadałem, do tego zagadnienia powrócę później – oraz do postaw, które uniemożliwiają jego powodzenie). Mimo to na nic lepszego nikt w świecie jeszcze się nie zdobył.

Winston Churchill miał rację oświadczając: „Demokracja to najgorszy system, nie licząc wszystkich pozostałych".

Twój naród jako pierwszy zdołał zjednoczyć luźną federację odrębnych stanów w spójną całość, w ramach której każdy stan podporządkował się jednej centralnej władzy.

W tamtych czasach żaden stan do tego się nie kwapił, każdy opierał się z całych sił, bojąc się utraty swej niepowtarzalnej wielkości, twierdząc, że to wbrew jego interesom.

Warto wiedzieć, co działo się wówczas w tych poszczególnych stanach.

Chociaż utworzyły luźna unie, nie było prawdziwego rządu, w związku z tym nad przestrzeganiem Statutu Federacji nie czuwała żadna władza.

Poszczególne stany prowadziły własną politykę zagraniczną, zawierały odrębne umowy handlowe i innej natury z Francją, Hiszpanią, Anglią i innymi krajami. Prowadziły też wymianę gospodarczą między sobą i choć zabraniał tego Statut Federacji, nakładały dodatkowe opłaty na towary przywożone z innych stanów – tak jak postępowano z towarami sprowadzanymi zza oceanu. Kupcy nie mieli wyboru i płacili po przybiciu do portu, jeśli chcieli sprzedać swoje towary, mimo że umowa zakazywała tego rodzaju praktyk. Nie było żadnej władzy centralnej, do której można by się odwołać.

Stany toczyły również między sobą wojny. Każdy stan powoływał swoją milicję, dziewięć szczyciło się własną marynarką wojenną. Przestroga „Nie zadzieraj ze mną" z powodzeniem mogła być zawołaniem każdego stanu.

Ponad połowa stanów drukowała własne pieniądze. (Chociaż Konfederacja wcześniej przyjęła, że takie działania są zabronione!)

Jednym słowem, pierwotne stany, chociaż złączone w myśl Statutu Konfederacji, postępowały **dokładnie tak jak dzisiejsze niezależne kraje.**

Choć jasno widziały, że umowy federacyjne (takie jak przyznanie Kongresowi wyłącznego prawa do bicia monety) nie zdawały egzaminu, broniły się wszelkimi siłami przed powołaniem i podporządkowaniem się władzy centralnej, która wymogłaby przestrzegania tych umów.

Jednak z czasem co wybitniejsze postępowe jednostki zdołały przekonać resztę, że więcej można **zyskać** na stworzeniu takiej nowej Federacji niż stracić.

Zwiększą się dochody kupców, gdyż poszczególne stany przestaną opodatkowywać ich towary.

Miejscowe władze zaoszczędzą pieniądze i środki, gdyż nie trzeba będzie już bronić się przed innymi stanami, w związku z czym będzie można je przeznaczyć dla prawdziwego dobra mieszkańców.

Ludność poczuje się bezpieczniej i będzie rosła w dostatek, współpracując, a nie walcząc ze sobą nawzajem. Nie tracąc bynajmniej swej wielkości, każdy stan jeszcze ją pomnoży.

I tak właśnie się stało.

To samo mogłoby się powtórzyć w przypadku 160 państw dzisiejszego świata, gdyby złączyły się w Federację Narodów Świata. Położyłoby to kres wszelkim wojnom.

W jaki sposób? Spory nadal by występowały.

Dopóki ludzie przywiązywać będą znaczenie do rzeczy powierzchownych, pozostanie to, niestety, prawdą. Jest tylko jeden sposób na skuteczne wyeliminowanie wojny – i **wszelkiego** doświadczenia zamętu i niepokoju – ale to rozwiązanie duchowe. A my teraz rozważamy ten problem w wymiarze geopolitycznym.

Właściwie sekret polega na **połączeniu jednego z drugim.** Prawdę duchową należy stosować w praktyce, aby zmieniło się oblicze codziennego doświadczenia.

Dopóki to się nie stanie, występować będą spory. W tym masz rację. Ale wojny nie musi być ani zabijania.

Czy Kalifornia i Oregon walczą ze sobą o prawa do wody? A Maryland z Wirginią z powodu rybołówstwa? Wisconsin z Illinois, Ohio z Massachusetts?

Nie.

Ale dlaczego? Czy nie pojawiły się między nimi żadne zatargi, różnice zdań?

Przez te wszystkie lata musiały.

Możesz być pewny. Ale stany te dobrowolnie zgodziły się przestrzegać pewnych rozporządzeń i szanować kompromisy osiągnięte we wspólnych sprawach, zachowały natomiast prawo do wydawania odrębnych uchwał w sprawach indywidualnych.

A gdy występują spory pomiędzy stanami, na tle różnic w pojmowaniu prawa federalnego czy w przypadku prostego naruszenia prawa, rozstrzyga to sąd, któremu nadano taką moc, któremu **stany** nadały taką moc.

A jeśli istniejące przepisy prawne nie zapewniają **zadowalającego rozwiązania,** mieszkańcy stanu wysyłają swych przedstawicieli do rządu centralnego, aby osiągnięto porozumienie co do **nowych** praw, które **przyniosą** zadowalające rozwiązanie lub przynajmniej rozsądny kompromis.

Tak działa wasza federacja. Prawo, sądownictwo upoważnione przez was do interpretacji prawa, system sprawiedliwości poparty siłą zbrojną, aby w razie konieczności wymusić posłuch dla orzeczeń sądu. Choć nikt nie twierdzi, że to twór doskonały, ten polityczny eksperyment sprawdza się już od dwustu lat! Nie ma powodu, by wątpić w pomyślność **takiego samego przedsięwzięcia w przypadku państw narodowych.**

Jeśli to takie proste, to dlaczego dotąd tego nie spróbowano?

Spróbowano. Liga Narodów była pierwszym posunięciem. Organizacja Narodów Zjednoczonych jest najnowszym.

Lecz Liga zawiodła całkowicie, ONZ zaś wykazuje nikłą skuteczność, ponieważ – podobnie jak w przypadku założycielskich stanów Federacji – kraje członkowskie (zwłaszcza te najpotężniejsze) obawiają się, że mogą **więcej stracić aniżeli zyskać** na takim przekształceniu.

Wynika to stąd, że ludzi u władzy bardziej obchodzi utrzymanie się u władzy niż poprawa bytu wszystkich ludzi. Ci, którzy „maja", **wiedzą,** że Światowa Federacja ostatecznie przyniosłaby większe korzyści tym, którzy „nie maja" – ale są przekonani, że odbyłoby się to **ich kosztem**... więc dlatego bronią swego.

Ale czy ich obawy nie są uzasadnione – i czy nie jest zrozumiała chęć utrzymania tego, o co tak długo się zabiegało?

Po pierwsze, oddanie więcej tym, którzy cierpią głód i nie mają gdzie mieszkać, nie musi pociągać za sobą utraty dobrobytu przez zamożnych.

Jak już zaznaczyłem, wystarczy tylko wziąć 1.000.000.000.000 dolarów, które rocznie wydaje się na zbrojenia, i przeznaczyć je na cele humanitarne. W ten sposób problem zostanie rozwiązany i żaden prywatny majątek nie dozna uszczerbku.

(Oczywiście, można się spierać, czy nie stracą na tym międzynarodowe koncerny, które bogacą się na wojnach i na narzędziach do jej prowadzenia – jak również ich pracownicy oraz wszyscy, którzy czerpią dochody z utrwalenia w świecie postaw konfliktowych – należy jednak zadać sobie pytanie, czy przypadkiem nie obrali oni sobie nieodpowiedniego źródła zysku.

Gdy czyjeś zarobki zależą od ogólnoświatowego zamętu, tłumaczy to może, dlaczego zawodzą wszelkie próby zaprowadzenia trwałego pokoju.)

Jeśli zaś chodzi o drugą część twego pytania, chęć utrzymania tego, o co tak długo się zabiegało, jako naród czy jako jednostka, jest zrozumiała, jeśli powoduje tobą świadomość nakierowana na świat zewnętrzny.

To znaczy?

Jeśli swoje najwyższe szczęście wiążesz z doświadczeniami, jakie możesz zyskać wyłącznie w świecie zewnętrznym – świecie fizycznym rozciągającym się poza tobą – wówczas nigdy nie zechcesz wyrzec się choćby odrobiny tego, co zgromadziłeś, sam czy wraz z innymi, aby się uszczęśliwić.

W podobnej pułapce tkwić też będą ci, którzy swoje **nie**szczęście przypisują **brakowi** rzeczy materialnych. Zawsze będą pożądać dóbr tych, którzy je posiadają, a posiadacze stale będą odmawiać podzielenia się z nimi.

Dlatego jest tylko jeden sposób na to, aby naprawdę wyeliminować wojnę oraz **wszelkie** doświadczenia niepokoju i zagrożenia. Jest to, jak mówiłem wcześniej, rozwiązanie **duchowe.**

Każdy problem natury geopolitycznej, tak jak i osobistej, koniec końców sprowadza się do płaszczyzny duchowej.

Życie w całej swej pełni jest duchowe – stąd wszystkie problemy oraz ich rozwiązania mają podłoże duchowe.

Wojny wszczynają ci, którzy chcę dostać to, co mają inni. To powoduje, że postępują wbrew życzeniom innych.

Zarzewiem wszelkich konfliktów jest błędnie ukierunkowane pożądanie.

Jedyny prawdziwy i trwały pokój dla świata to Pokój Wewnętrzny.

Niech każdy znajdzie w sobie pokój. Jeśli odnajdziesz pokój w swoim wnętrzu, przekonasz się, że zniknie wszelki zamęt na zewnątrz.

Stanie się tak, ponieważ nie będę ci już potrzebne rzeczy, jakie daje świat zewnętrzny. „Brak potrzeb" oznacza wielką wolność. Po pierwsze, uwalnia cię od lęku: od lęku, że jest coś, czego mieć nie będziesz; od lęku, że możesz utracić coś, co już masz; od lęku, że gdy zabraknie ci czegoś, nie będziesz mógł być szczęśliwy.

Po drugie, „brak potrzeb" uwolni cię od złości. **Złość to lęk wyrażony.** Gdy nie masz się czego bać, nie masz też powodu się złościć.

Nie złościsz się, gdy nie dostajesz tego, co chcesz, ponieważ twoja chęć wypływa nie z konieczności, lecz z upodobania. W związku z tym możliwość nieuzyskania tego, co chcesz, nie budzi w tobie lęku. Dlatego nie występuje złość.

Nie złościsz się, kiedy widzisz, jak inni robią coś, czego sobie nie życzysz, ponieważ nie **potrzebujesz** ich określonego działania czy powstrzymania się od działania. Dlatego nie występuje złość.

Nie złości cię brak życzliwości, ponieważ obywasz się już bez cudzej życzliwości. Nie drażni cię czyjaś oziębłość, gdyż nie potrzebujesz od tej osoby miłości. Nie irytuje cię, gdy ktoś jest wobec ciebie okrutny czy rozmyślnie przykry, ponieważ nie oczekujesz od niego jakiegokolwiek konkretnego zachowania i wiesz, że żadna krzywda spotkać cię nie może.

Nawet zamach na twoje życie nie jest powodem do gniewu, gdyż nie boisz się śmierci.

Gdy jesteś bez lęku, możesz utracić wszystko i wciąż nie będzie w tobie złości.

Intuicyjnie wiesz, że wszystko można stworzyć na nowo albo, jeszcze lepiej, że to nie ma znaczenia.

Kiedy masz w sobie pokój, obecność czy brak jakichkolwiek osób, miejsc, rzeczy, okoliczności czy warunków nie będą miały najmniejszego wpływu na twój stan ducha czy twe doświadczenie bycia.

Nie oznacza to odrzucenia cielesności, wręcz przeciwnie, teraz w pełni możesz być w swoim ciele i czerpać z niego **rozkosz,** jak nigdy przedtem.

Twoje zaangażowanie w sprawy ciała wynikać będzie z **wyboru,** a nie z **konieczności** poprawienia sobie samopoczucia czy usprawiedliwienia odczuwanego smutku.

Ta jedna prosta zmiana – szukanie i znalezienie pokoju we własnym wnętrzu – mogłaby, pod warunkiem, że każdy by się tego podjął, położyć kres wojnom, usunąć zatargi, zapobiec niesprawiedliwości i zaprowadzić w świecie trwały pokój.

Nic innego nie jest do tego potrzebne i innej drogi nie ma. Światowy pokój jest sprawą osobistą każdego!

Nie warunki należy zmienić, lecz świadomość.

Jak możemy znaleźć wewnętrzny pokój, kiedy dokucza nam głód? Tryskać pogodą ducha, kiedy jesteśmy zziębnięci, przemoczeni i bez dachu nad głową? Nie odczuwać gniewu, gdy bez powodu giną nasi ukochani?

To, co mówisz, brzmi tak poetycko, ale czy poezja może coś zdziałać? Co ma do zaofiarowania matce w Etiopii przyglądającej się, jak jej dziecko umiera z głodu? Mężczyźnie ze środkowej Ameryki, którego ciało rozrywają kule, ponieważ bronił przed wojskiem swojej wioski? Co ma do powiedzenia kobiecie z Brooklynu ośmiokrotnie zgwałconej przez gang? Albo rodzinie irlandzkiej, która zginęła w wyniku bomby podłożonej w kościele?

Ciężko się tego słucha, ale powiadam ci: we wszystkim przejawia się doskonałość. Staraj się ją dostrzec. Do takiej przemiany świadomości nawołuję.

Bądź bez potrzeb. Pragnij wszystkiego. Bierz to, co przychodzi.

Odczuwaj. Płacz. Śmiej się. Szanuj swoją prawdę. A gdy ochłoniesz, zachowaj spokój i wiedz, że jestem Bogiem.

Innymi słowy, pośród najokropniejszej tragedii dojrzyj chwałę procesu. Nawet gdy umierasz przeszyty kulą, nawet gdy gwałci cię po kolei cały gang.

To wydaje się niewykonalne. Lecz kiedy wzniesiesz się na wyższy poziom świadomości, będziesz umiał to zrobić.

Oczywiście, nie **musisz** tego robić. Wszystko zależy od tego, jak postanowisz doświadczać chwili.

W obliczu tragedii największym wyzwaniem staje się wyciszenie umysłu i zstąpienie w głąb duszy.

Tak postępujesz odruchowo, gdy tracisz panowanie nad sytuacją.

Rozmawiałeś z kimś, kto spadł w samochodzie z mostu? Albo patrzył prosto w otwór lufy? Czy omal utonął? Osoby takie często opowiadają o tym, jak czas nagle zwolnił bieg, jak ogarnął je dziwny spokój, jak zniknął wszelki lęk.

„Nie lękaj się, gdyż jestem z tobą". To ma do powiedzenia poezja osobie przeżywającej tragedię. W twej najczarniejszej godzinie będę ci pocieszeniem i światłem. W czasie najtrudniejszej próby będę twoją siłą. Toteż miej wiarę! Jestem twym pasterzem, niczego ci nie zbraknie. Sprawię, że spoczniesz na zielonych pastwiskach; przywiodę cię na brzeg cichej wody.

Pokrzepię twą duszę i poprowadzę ścieżkami prawości przez wzgląd na Moje Imię.

I choćbyś kroczył przez dolinę Cienia Śmierci, nie obawiaj się zła, gdyż będę z tobą. Wesprze cię mój kostur.

Szykuję dla ciebie ucztę w obliczu twoich wrogów. Namaszczę twą głowę olejem. Twój puchar się przeleje.

Zaiste łaska i dobro towarzyszyć ci będą przez wszystkie twoje dni, i zamieszkasz w Moim domu – i w Moim sercu – na zawsze.

12

To cudowne. Oby Twoje przesłanie dotarło do świata. Tak bym chciał, aby świat mógł to zrozumieć, uwierzyć.

Przyczyni się do tego twoja książka. Wspomagasz proces podnoszenia Zbiorowej Świadomości na wyższy poziom. Wszyscy musimy w tym uczestniczyć.

Tak.

Czy możemy zmienić temat? Uważam, że trzeba poświęcić trochę uwagi tej postawie – temu poglądowi na kwestię biedy i bogactwa – którą chciałeś rzetelnie przedstawić.

Mówię tu o rozpowszechnionym przekonaniu, że biedni otrzymali już dość; że należy przestać dusić podatkami bogatych (karząc ich jak gdyby za to, że „dorobili się" ciężką pracą), po to aby dać jeszcze więcej ubogim.

Ci, którzy wygłaszają takie opinie, wierzą, że biedni są biedni głównie dlatego, że chcą. Przeważnie nie próbują nawet wziąć się w garść. Wolą zdać się na hojność rządu niż przyjąć odpowiedzialność za swój los.

Wierzą, że ponowny rozdział dóbr – podzielenie się z innymi – to zmora socjalizmu. Cytują „Manifest komunistyczny" – „od każdego według jego zdolności, każdemu według jego potrzeb" – na dowód szatańskiego rodowodu idei zapewnienia każdemu godziwych warunków życia wysiłkiem wszystkich.

Hasłem tego rodzaju ludzi jest „każdy za siebie". Na zarzut braku serca odpowiadają, że każdy ma równe szanse, nikt nie jest pokrzywdzony, i jeśli ***im*** *się udało, to* ***każdemu się powiedzie*** *– a jeśli komuś się nie uda, to tylko z jego własnej winy.*

Uważasz, że to przejaw pychy i braku wdzięczności.

Owszem. A jakie jest Twoje zdanie?

Ja nie osądzam. Dzielę się spostrzeżeniem. Liczy się tylko jedno w odniesieniu do tej czy każdej innej myśli. Czy taki pogląd wam służy? Czy sprzyja temu, Czym Jesteście i Czym pragniecie się stać?

Przyglądając się światu, ludzie powinni zadać sobie to jedno pytanie. Czy mamy z tej myśli jakiś pożytek?

Istotnie, całe **grupy** ludzi przychodzą na świat w warunkach, które nazwalibyście **niekorzystnymi.** Temu nie można zaprzeczyć.

Ale jest też prawda, że na płaszczyźnie metafizycznej nie ma „pokrzywdzonych", gdyż każda dusza dobiera sobie ludzi, zdarzenia i okoliczności do osiągnięcia tego, co zamierza osiągnąć.

Wybieracie wszystko. Swoich rodziców. Ojczyznę. Warunki, w jakich się rodzicie.

Podobnie w ciągu swojego życia przyciągacie do siebie ludzi, zdarzenia i okoliczności, które mają na celu stworzyć wam idealną sposobność do poznania swej **prawdziwej** istoty.

Tak więc nikt nie znajduje się w niekorzystnej sytuacji, zważywszy na to, co zamierza osiągnąć **dusza.** Dusza może, na przykład, zechcieć działać w upośledzonym ciele albo w warunkach ucisku politycznego czy wyzysku ekonomicznego, po to, aby spełnić to, co sobie obrała.

To prawda, że ludzie bywają „pokrzywdzeni" **w wymiarze fizycznym,** lecz dokładnie te same warunki są jak najbardziej właściwe i doskonałe na płaszczyźnie metafizycznej.

Jakie to ma konsekwencje praktyczne? Czy powinniśmy ofiarować pomoc „pokrzywdzonym" czy też, zgodnie z prawdą, dostrzec, że są tacy z własnego wyboru i pozwolić im borykać się ze swoją karmą?

To niezwykle trafne i ważne pytanie.

Pamiętaj nade wszystko, że cokolwiek myślisz, mówisz i robisz, stanowi odbicie tego, co o sobie postanowiłeś, świadectwo twej istoty. Wciąż do tego wracam, gdyż to jedyne wasze zadanie tutaj, nie macie nic innego do roboty. Dusza niczym innym się nie zajmuje. Starasz się być i doświadczać, Kim Naprawdę Jesteś – i urzeczywistniać to. W każdej chwili teraźniejszości stwarzasz siebie na nowo.

Mając to na uwadze, gdy zetkniesz się z kimś, kto wydaje się pokrzywdzony w sensie materialnym, podstawowym pytaniem jest: Kim jestem ja i kim postanawiam być w stosunku do tego?

Innymi słowy, zawsze, w każdych okolicznościach, trzeba wyjść od tego, czego się chce od danej sytuacji.

Powtarzam: musisz wyjść od tego, czego ty chcesz od danej sytuacji, a nie, czego chce druga osoba.

To najbardziej niezwykła rada na temat postępowania wobec ludzi, jaką kiedykolwiek otrzymałem. To wbrew temu, czego mnie uczono.

Wiem. Ale wasze związki są takim niewypałem dlatego, że zawsze zastanawiacie się, czego chce druga strona, czego chcą inni – zamiast: czego tak naprawdę chcę ja? Wtedy możesz zdecydować, czy dać im to, czego chcą. Jak podjąć taką decyzję? Rozważasz, co sam możesz chcieć od **nich.** Jeśli nie ma nic, co, twoim zdaniem, mógłbyś od nich chcieć, znika tym samym podstawowy powód, dla którego **ty** mógłbyś im dać to, o co proszą, i dlatego tak rzadko do tego dochodzi. Jeśli jednak, z drugiej strony, widzisz, że coś mógłbyś od nich uzyskać, włącza się twój tryb samozachowawczy i próbujesz im dać, o co proszą.

Potem tego żałujesz – zwłaszcza gdy druga strona nie spełni twoich oczekiwań i nie da ci tego, czego **ty** chcesz.

W tej ustanowionej przez ciebie grze w „handel wymienny" panuje krucha zaiste równowaga. Ty zaspokajasz moje potrzeby, a ja zaspokoję twoje.

Lecz celem wszystkich ludzkich związków – zarówno między narodami, jak i jednostkami – jest coś zupełnie innego. W twoim Świętym Związku z każdą inną osobą, rzeczą, miejscem nie chodzi o to, abyś główkował, czego też **oni** mogą chcieć lub potrzebować. Ważne jest przede wszystkim to, czego **ty** pragniesz lub potrzebujesz, aby się rozwinąć, aby stać się tym, Czym **chcesz** być.

Po to ustanowiłem związki i stosunki między rzeczami. Gdyby nie one, dalej tkwiłbyś w próżni, w pustce, w Odwiecznej Wszechności, z której przyszedłeś na ten świat.

W tej Wszechności po prostu **jesteś** i nie możesz **doświadczyć** „świadomości" **bycia czymś w szczególności,** ponieważ w tym stanie nie ma tego, czym byś **nie był.**

Wymyśliłem więc sposób na to, abyś stworzył na nowo i **Wiedział,** Kim Jesteś na drodze **doświadczenia**. W tym celu wyposażyłem cię w:

1. Świat Względności – system, w obrębie którego możesz istnieć jako coś w stosunku do czegoś innego.
2. Zapomnienie – proces, dzięki któremu dobrowolnie poddajesz się całkowitej amnezji, tak że nie możesz wiedzieć, iż względność to tylko sztuczka, a w rzeczywistości jesteś Wszystkim, Co Jest.
3. Świadomość – stan bycia, w którym dorastasz, aż stajesz się Prawdziwym i Żyjącym Bogiem, tworząc swą rzeczywistość, poszerzając ją i badając, przekształcając ją w miarę przesuwania granic świadomości w istocie **bez granic.**

W takim paradygmacie **świadomość jest wszystkim**. Stanowi podstawę wszelkiej prawdy i, co za tym idzie, duchowości.

*Ale czemu to wszystko służy? Najpierw sprawiasz, że **zapominamy,** Kim Jesteśmy, abyśmy mogli sobie to potem przypomnieć?*

Niezupełnie. Po to, abyś mógł to **stworzyć.**

Dzięki temu Bóg staje się sobą. Ja jestem Mną – **przez ciebie!**

O nic więcej nie chodzi w życiu, we wszelkim życiu!

Za twoim pośrednictwem Ja **doświadczam** bycia Tym, Czym Jestem.

Bez ciebie nie mógłbym tego doświadczać, mógłbym jedynie wiedzieć.

Wiedza i doświadczanie to dwie różne rzeczy. Stanowczo wolę doświadczanie.

I doświadczam. Dzięki **tobie.**

Nie bardzo pamiętam, od czego wyszliśmy.

Cóż, trudno Bogu trzymać się jednego tematu. Jestem dość rozległy.

Spróbujmy się cofnąć do początku.

Ach, tak – co począć z tymi, którym się nie powiodło.

Po pierwsze, zdecyduj, Kim i Czym Jesteś w stosunku do nich.

Po drugie, jeśli postanowisz doświadczyć siebie jako Pomoc, Wsparcie, Miłość, Troskę i Współczucie, wtedy pomyśl, jak **najlepiej to spełnić.**

Zwróć uwagę, że **nie ma na to żadnego wpływu postawa innych.**

Czasami najlepszym sposobem na okazanie miłości i najbardziej pożyteczną pomocą, jakiej możesz udzielić, jest **pozostawienie tej osoby w spokoju** albo danie jej siły, aby sama sobie pomogła.

To tak jak z jedzeniem. Życie przypomina „płytę szwedzką", a ty możesz jej dać **wielką dokładkę jej samej.**

Pamiętaj, że najlepiej przysłużysz się komuś budząc go, przypominając, Kim Jest w Istocie. Jest na to mnóstwo sposobów. Czasem wystarczy drobna pomoc; innym razem trzeba lekko popchnąć, szturchnąć... a kiedy indziej zwyczajnie pozwolić mu pójść własną drogą, bez żadnej ingerencji z twojej strony. (Wszyscy rodzice znają udrękę, jakiej przysparza ten ostatni wybór.)

Należy wykorzystać sposobność, aby tym pokrzywdzonym przez los umożliwić nowe spojrzenie na siebie, poznać siebie na nowo.

Do tego potrzebne jest twoje nowe na nich spojrzenie, gdyż jeśli będziesz uważał ich za pokrzywdzonych, tym samym będziesz ich utwierdzał w tym przekonaniu o sobie.

Jezus umiał dostrzec prawdę o każdym człowieku. Nie dał się zwieść pozorom; nie brał za dobry monetę tego, co inni o sobie sądzili. Zawsze miał wyższe wyobrażenie i zapraszał innych, aby **dzielili** je z nim.

Szanował jednak ich wybór. Nie zmuszał nikogo do przyjęcia swej wyższej idei, przedstawiał ją jako zaproszenie.

Nie było mu obce miłosierdzie – i gdy ktoś uznał, że jest istotą potrzebującą pomocy, nie prostował ich błędnego mniemania, lecz z miłością wspierał ich w odgrywaniu swojego wyboru.

Albowiem rozumiał, że dla niektórych najszybsza droga do tego, Kim Są, wiedzie **przez** to, Kim Nie Są.

Nie potępiał ich drogi, widział w niej „doskonałość" i pomagał każdemu być, kim pragnął być.

Toteż każdy, kto prosił go o pomoc, otrzymywał ją.

Nikomu nie odmawiał – ale uważał, aby pomoc, jakiej udzielał, odpowiadała w pełni szczeremu życzeniu osoby.

Gdy ktoś prawdziwie poszukiwał oświecenia, uczciwie wyrażając gotowość przejścia na wyższy poziom, Jezus nie szczędził mu otuchy, poparcia, swej mądrości. Stawiał siebie jako przykład ludziom na zachętę. Jeśli nie stać ich było na nic więcej, nawoływał, aby uwierzyli w niego. Jak zapewniał, nie sprowadzi ich na manowce.

Wielu obdarzyło go swą wiarą – i po dziś dzień Jezus wspiera tych, którzy wzywają jego imienia. Albowiem dusza jego oddana jest sprawie budzenia tych, którzy pragną pełni świadomości i pełni istnienia we Mnie.

Lecz Chrystus litował się również nad tymi', którzy tego nie chcieli. Odrzucał obłudna świętoszkowatość i – jak jego Ojciec w niebie – nie osądzał.

Jego Doskonała Miłość polegała na tym, że każdemu dawał dokładnie to, o co prosił, ale jednocześnie mówił im, co **mogą** otrzymać.

Nikomu nie odmawiał pomocy i w najmniejszym stopniu nie kierował się zasadą „jak sobie pościelisz, tak się wyśpisz".

Jezus wiedział, że dając ludziom to, czego sobie życzą, zamiast po prostu pomóc im tak, jak sam uważał za stosowne, przekazywał im moc **na poziomie, na którym byli przygotowani do jej przyjęcia.**

Tak postępują wszyscy wielcy mistrzowie. Zarówno ci, którzy stąpali po tej ziemi, jak i ci, którzy kroczą po niej teraz.

Zabiłeś mi teraz ćwieka. W jakich przypadkach ofiarowanie pomocy ***odbiera*** *moc? Kiedy hamuje, zamiast przyspieszać wzrost?*

Kiedy pomagasz w taki sposób, który sprzyja utrwalaniu zależności, zamiast szybko rozwijać niezależność.

Kiedy pozwalasz drugiemu, w imię miłosierdzia, zdać się na ciebie, zamiast polegać wyłącznie na sobie. To nie miłosierdzie, lecz swoiste natręctwo, natręctwo władzy. Gdyż tego rodzaju pomoc uderza do głowy dającemu. Granica tutaj niemal się zaciera i czasami nie zdajesz sobie sprawy, że powoduje tobą chęć władzy. Szczerze wierzysz, że robisz, co w twojej mocy, aby pomóc drugiemu... uważaj jednak, aby to nie służyło tylko twojemu dowartościowaniu. Do tego stopnia, do jakiego pozwalasz obarczać się odpowiedzialnością za innych, do tego stopnia też pozwalasz im sycić ciebie poczuciem władzy. To, oczywiście, ogromnie przydaje ci wartości w swoich oczach. Tego rodzaju pomoc działa niczym **afrodyzjak, który kusi słabych**.

Rzecz jednak w tym, aby pomóc słabym urosnąć w siłę, a nie pogłębiać ich słabości.

Na tym polega błąd wielu rządowych programów ochronnych, gdyż często wywołują ten drugi skutek zamiast pierwszego. Programy rządu mogą mieć na celu własne utrwalenie, w takim samym stopniu uzasadnienie swego istnienia, co pomaganie tym, dla których zostały stworzone.

Gdyby pomoc rządu była ograniczona, ludzie otrzymywaliby ja wtedy, kiedy naprawdę, by jej potrzebowali, ale nie mogliby się od niej uzależnić, zabijając w sobie wszelką zaradność.

Rząd dobrze rozumie, że pomoc oznacza władzę. Dlatego hojnie nią szafuje, rozdaje na lewo i prawo – albowiem im większa liczba ludzi objętych pomocą, tym więcej ludzi popiera rząd.

Ręka rękę myje!

W takim razie nie powinno być ponownego rozdziału dóbr. „Manifest komunistyczny" to szatański wymysł.

Oczywiście, Szatan nie istnieje, ale rozumiem, co chcesz przez to powiedzieć.

Idea przyświecająca hasłu „od każdego według jego zdolności, każdemu według jego potrzeb" wcale nie jest zła; jest piękna. To po prostu inaczej wyrażona miłość bliźniego. Dopiero wprowadzenie w życie tej pięknej idei może ją zeszpecić.

Dzielenie musi odbywać się w ramach powszechnego stylu życia, a nie na mocy rozporządzenia. Powinno być dobrowolne, a nie wymuszone.

Ale – wracamy do punktu wyjścia – rząd z założenia to właśnie ***naród****, a jego programy to po prostu mechanizmy, za pomocą których ludzie dzielą się z innymi, „w ramach powszechnego stylu życia". Śmiem twierdzić, że ludzie wybrali tę właśnie drogę rozwiązań politycznych, ponieważ doświadczenie nauczyło ich, że „posiadacze"* ***nie*** *dzielą się z „golcami".*

Rosyjscy chłopi czekaliby w nieskończoność, aż szlachta raczy podzielić się z nimi swym bogactwem – pomnożonym zazwyczaj ciężką pracą chłopów. Wieśniakom dawano tyle, aby nie pomarli z głodu i dalej uprawiali ziemię – zwiększając majątek właścicieli ziemskich. To dopiero ***relacja zależności!*** *Ten układ był przykładem najbardziej rażącego wyzysku, do jakiego kiedykolwiek dopuścił rząd!*

To przeciwko temu zbuntowali się rosyjscy chłopi. Rząd, który miał zapewnić wszystkim równe traktowanie, zrodziła frustracja ludu, ponieważ z ***własnej woli*** *„posiadacze" nigdy nie zrzekliby się niczego na rzecz „golców".*

Wielce wymowne jest zachowanie Marii Antoniny, która na wieść o tym, iż wygłodzone masy demonstrują pod oknami pałacu, podczas gdy ona wylegiwała się w złotej wannie i delektowała importowanymi winogronami, powiedziała: „Niech jedzą ciasteczka!" [skoro brak chleba – red.].

Przeciwko takiej postawie wystąpił ciemiężony lud. Takie warunki powodują ewolucję i tak zwane polityczne systemy ucisku.

Wyzysk biednych przez bogatych zamieniono na rządy, które odbierają bogatym i dają biednym, i takie rządy nazywa się politycznym uciskiem.

Nawet dziś wystarczy tylko zapytać meksykańskich chłopów. Mówi się, że Meksykiem rządzi dwadzieścia, trzydzieści najbardziej wpływowych i majętnych rodzin, głównie dlatego, że w ich posiadaniu znajduje się niemal cały kraj, dwadzieścia, trzydzieści milionów zaś żyje w nędzy. Więc w latach 1993–1994 wybuchło chłopskie powstanie, które miało zmusić ***rządzącą*** *elitę do uznania za swój obowiązek zapewnienie ludności środków na przeżycie. Istnieje różnica między rządem elit a rządem „z woli narodu, za pomocą narodu i dla dobra narodu".*

Czy powodem powołania ***rządu*** *nie jest rozczarowanie samolubnością i egoizmem tkwiącymi w ludzkiej naturze? Czy rządowe programy nie są odpowiedzią na niechęć człowieka do zrobienia czegoś dla innych samemu?*

Czy nie takie właśnie przeświadczenie legło u podstaw sprawiedliwych praw najmu mieszkań, zakazów zatrudniania dzieci, programów ochrony matek z dziećmi na utrzymaniu?

Czy opieka społeczna nie jest podjętą przez rząd próbą zapewnienia osobom starszym tego, czego ich rodziny nie chciały bądź nie mogły im dać?

Jak pogodzić nienawiść do mieszania się rządu w nasze sprawy z całkowitą bezczynnością, gdy nikt nad nami nie stoi i nie zmusza do działania?

Górnicy w jakichś kopalniach pracowali podobno w ***okropnych*** *warunkach, dopóki rząd nie kazał nieprzy-*

zwoicie bogatym właścicielom doprowadzić do porządku ich kopalni. Dlaczego właściciele nie uczynili tego z własnej inicjatywy? Ponieważ to uderzyłoby w ich ***dochody****! Bogatych nie obchodzi, ilu biedakom przyjdzie zginąć w ich niebezpiecznych kopalniach, aby tylko ich zyski bez przerwy spływały – i pomnażały się.*

Przedsiębiorstwa wypłacały ***niewolnicze*** *stawki świeżo przyjętym robotnikom, dopóki rząd nie ustanowił płacy minimalnej. Ci, co wzdychają za „dawnymi, dobrymi czasami", mówią: „I co z tego? Przecież dawali im* ***pracę****! A zresztą kto tu* ***ryzykuje****? Pracownik? Nie! Ten, kto* ***inwestuje, właściciel*** *bierze na siebie całe ryzyko! Dlatego jemu należą się największe dochody!"*

Ktokolwiek uważa, że zatrudniani robotnicy winni być traktowani z szacunkiem przez pracodawców, nazywany jest ***komunistą****.*

Ktokolwiek uważa, że nie wolno nikomu odmawiać dachu nad głową ze względu na kolor skóry, nazywany jest ***socjalistą****.*

Ktokolwiek uważa, że kobiety powinny mieć takie same możliwości pracy czy awansu, nazywany jest ***radykalnym feministą****.*

A gdy rząd, za pośrednictwem wybranych przez obywateli przedstawicieli, usiłuje rozwiązać problemy, których rozwiązania stanowczo odmawiają elity, taki rząd stosuje ucisk! (Jest to, nawiasem mówiąc, określenie tych, którzy sami z siebie nie chcą pomagać innym. Ci, którzy korzystają z pomocy rządu, są odmiennego zdania.)

Najbardziej rzuca się to w oczy w lecznictwie. W 1992 roku prezydent USA i jego małżonka uznali, że to nie w porządku, aby miliony obywateli pozbawione były dostępu do profilaktycznej opieki zdrowotnej. Stanowisko to wywołało istną burzę nie tylko w samym społeczeństwie, podzieliło również środowisko lekarskie oraz firmy ubezpieczeniowe.

Tak naprawdę nie chodzi o to, czyja propozycja jest lepsza: projekt administracji rządowej czy plan przedstawiony przez prywatnych przedsiębiorców. Naczelną kwestią pozostaje: ***Dlaczego prywatni przedsiębiorcy nie wystąpili z rozwiązaniem wcześniej?***

Odpowiem Ci: Ponieważ nie musieli. Nikt się nie skarżył. A prywatni przedsiębiorcy kierowali się zyskiem. Zyskiem.

W związku z tym chcę powiedzieć jedno: Możemy złorzeczyć i użalać się ile chcemy. Oczywista prawda jest jednak taka, że rząd zapewnia rozwiązania tam, gdzie sektor prywatny nie kiwnie palcem. Można się sprzeczać, że rząd postępuje wbrew woli narodu, ale tak długo, jak obywatele sprawują kontrolę nad rządem – co można powiedzieć o Stanach Zjednoczonych – rząd będzie dalej starał się rozwiązywać społeczne problemy, ponieważ ***większość nie ma ani władzy, ani majątku, dlatego droga prawna zabiega o to, czego dobrowolnie potężni i bogaci nigdy by im nie dali****.*

Tylko w tych krajach, gdzie naród nie ma wpływu na rząd, na nierówności patrzy się obojętnie.

Powstaje pytanie, kiedy rząd rządzi za dużo, a kiedy za mało? Jak można osiągnąć równowagę?

Fffjuuu! Ale ci się zebrało! Tak długo do tej pory jeszcze nie przemawiałeś ani w tej, ani w poprzedniej książce.

Cóż, w tej książce mieliśmy zająć się problemami światowymi, na większą skalę. Sądzę, że poruszyłem jeden z ważniejszych.

Niezły z ciebie mówca, tak. Głowiły się nad tym najtęższe umysły, począwszy od Jeffersona do Marksa i Toynbeego.

Dobrze – a jakie jest ***Twoje*** *rozwiązanie?*

Musimy się cofnąć; musimy zrobić sobie małą powtórkę.

Proszę bardzo. Przyda mi się posłuchać tego raz jeszcze.

Wobec tego, na wstępie oświadczę, że nie ma żadnego „rozwiązania". A to dlatego, że nie widzę w tym żadnego problemu. Po prostu jest to, co jest, nie mam w tej mierze osobistych preferencji. Opisuję tylko, co da się zauważyć, co każdy jasno może zobaczyć.

W porządku, nie masz rozwiązań i nie masz preferencji. Czy możesz podzielić się ze mną swoimi spostrzeżeniami?

Świat nie wypracował jeszcze systemu rządów, który rozwiązałby wszystko – chociaż rząd Stanów Zjednoczonych jest ze wszystkich dotychczasowych tego najbliższy.

Kłopot jednak w tym, że dobro i człowieczeństwo to pojęcia moralne, a nie polityczne.

Rząd to ludzka próba uprawomocnienia dobra i człowieczeństwa. Ale dobro zrodzić się może tylko w jednym miejscu, mianowicie w ludzkim sercu. Podobnie wyobrażenie człowieczeństwa powstać może tylko w jednym miejscu, mianowicie w ludzkim umyśle. Naprawdę miłości można doświadczyć tylko w duszy. Gdyż ludzka dusza **jest miłością.**

Nie da się zarządzić moralności za pomocą ustaw. Nie można ustanowić prawa, mówiącego „miłujcie się wzajemnie".

Wszystko to już przerobiliśmy, kręcimy się w kółko. Mimo to ta dyskusja jest owocna. Nawet jeśli wałkujemy coś po raz drugi czy trzeci, to nie szkodzi. Chodzi o to, aby dotrzeć do sedna, zobaczyć, jak chcecie sobie z tym poradzić teraz.

Wobec tego zapytam po raz kolejny. Czy wszelkie prawa nie są po prostu ludzką próbą skodyfikowania moralności? Czyż kodeksy nie są naszą wspólną umową odnośnie do tego, co uznajemy za „dobro", a co za „zło"?

Owszem. I pewne przepisy cywilne są niezbędne w społeczeństwie nisko rozwiniętym. (W wyższych społeczeństwach przestają być potrzebne. Tam wszystkie istoty same się pilnują.) W twoim społeczeństwie raz po raz napotykacie elementarne dylematy. Czy mam się zatrzymać na skrzyżowaniu, zanim pojadę dalej? Czy mam kupić i sprzedać zgodnie z pewnymi zasadami? Czy są jakieś granice dopuszczalnego zachowania w stosunku do drugiego człowieka?

Ale nawet te podstawowe prawa – zakazujące zabijania, niszczenia, oszukiwania, a nawet przejeżdżania na czerwonym świetle – nie byłyby potrzebne, gdyby wszyscy kierowali się **Prawami Miłości.**

Czyli Prawem Boskim.

Konieczny jest rozwój świadomości, a nie rządu.

Chcesz powiedzieć, że gdybyśmy przestrzegali Dziesięciorga Przykazań, wszystko byłoby w porządku!?

Nie ma żadnych przykazań. (Wróć do wyczerpującej dyskusji na ten temat w części pierwszej.) Boskie Prawo to

Brak Prawa. Tego zrozumieć nie możecie.
Ja niczego nie wymagam.

Wielu ludzi nie pogodzi się z tym ostatnim oświadczeniem.

Każ im przeczytać część pierwszą. Tam wszystko jest dokładnie wyjaśnione.

To właśnie proponujesz światu? Zupełną anarchię?

Niczego nie proponuję. Zauważam po prostu, co się sprawdza. Mówię ci, co zdaje egzamin. I nie widzę, aby anarchia – brak rządów, przepisów, praw czy ograniczeń wszelkiego rodzaju – się sprawdzała. Taki układ możliwy jest tylko z udziałem istot oświeconych, a ludzie takimi nie są.

Potrzebny jest pewien nadzór do czasu, aż twoja rasa dojdzie do etapu, na którym **naturalne zachowanie będzie zachowaniem słusznym.**

To rozsądne z waszej strony, że na razie powołaliście rząd. Wysunąłeś przed chwilą argumenty nie do zbicia. Ludzie pozostawieni samym sobie często nie postępują „słusznie".

Sedno sprawy tkwi nie w tym, że rząd narzuca ludziom tyle praw i przepisów, ale w tym, że **w ogóle musi** je narzucać.

Bierze się to z waszej podzielonej świadomości.

Z tego, że postrzegamy siebie jako istoty odrębne od reszty?

Tak.

Ale skoro nie jesteśmy odrębni, wówczas stanowimy Jedno. Czy to znaczy, że jesteśmy za siebie nawzajem odpowiedzialni?

Tak.

Ale czy to nie odbiera nam indywidualnej wielkości? Jeśli jestem odpowiedzialny za innych, wówczas „Manifest komunistyczny" ma rację! „Od każdego według jego zdolności, każdemu według jego potrzeb."

Jak mówiłem, idea to szlachetna. Ale zostaje odarta ze szlachetności, gdy zostaje bezlitośnie zaprowadzona. Na tym polega błąd komunizmu. Nie w koncepcji, lecz w praktyce.

Niektórzy twierdzą, że tę koncepcję trzeba było uprowadzić siłą, ponieważ kłóci się z samą naturą człowieka.

Otóż to. Trafiłeś w dziesiątkę. Właśnie to trzeba zmienić – ludzką naturę. Nad tym trzeba pracować.

Aby nastąpiła przemiana świadomości, o jakiej mówiłeś.

Zgadza się.

Ale to błędne koło. Czy świadomość zbiorowa nie stłumi jednostki?

Zastanówmy się. Gdyby zaspokoić podstawowe potrzeby każdego człowieka – gdyby zbiorowość ludzka mogła żyć z godnością, wznieść się ponad zwykłe przetrwanie – czy nie otwarto by w ten sposób drogi do wzniosłych poszukiwań dla całej ludzkości?

Czy wielkość indywidualna naprawdę by ucierpiała, gdyby zapewniono indywidualne przetrwanie każdemu?

Czy chwałę jednostki należy wynieść ponad powszechna godność?

Jaka to chwała, gdy zdobyta została kosztem innych?

Wyposażyłem waszą planetę w zasoby wystarczające dla wszystkich. Jak to się dzieje, że tysiące umierają z głodu? Że setki nie mają domów? Że miliony upominają się o godne traktowanie?

Można ty temu zaradzić bez uzależnienia tych, którym udzieli się pomocy.

Wasi zamożni, którzy twierdzą, że nie chcą pomóc głodującym i bezdomnym, ponieważ nie chcą ich ubezwłasnowolnić, są obłudnikami. Jak może im się naprawdę powodzić, gdy inni wokół umierają?

Poziom rozwoju społeczeństwa mierzy się tym, jak traktuje ono najmniejszych spośród siebie. Chodzi o to, by tak pomagać, aby przy tym nie krzywdzić.

Jakieś wskazówki w tym względzie?

Ogólne zalecenie brzmi: w razie wątpliwości lepiej zbłądzić po stronie współczucia.

Jak sprawdzić, czy pomagasz, czy też krzywdzisz? Odpowiedz sobie na pytania: Czy twoi bliźni wskutek twej pomocy „urośli" czy „zmaleli"? Czy dodałeś im sił, czy odebrałeś?

Mówi się, że jeśli dasz ludziom wszystko, nie będą chcieli sami na to zapracować.

Czy koniecznie trzeba zapracować sobie na zwykłą godność? Czy nie wystarczy dóbr dla każdego? Co ma z tym wspólnego praca?

Czy godność osobista nie jest przyrodzonym prawem każdego? **Czy nie powinna być?**

Jeśli ktoś pragnie czegoś ponad minimum – więcej jedzenia, ładniejszej odzieży, przestronniejszego schronienia – może do tego dążyć. Ale czy trzeba walczyć o zwykłe **przetrwanie** – na planecie, gdzie wszystkiego jest aż nadto?

Oto dylemat, przed którym stoi ludzkość.

Sztuka polega nie na tym, aby wszystkich zrównać, lecz aby każdemu zapewnić przetrwanie z zachowaniem godności. Wówczas każdy będzie miał możliwość wybrania, czego więcej pragnie.

Podobno są tacy, którzy nie korzystają z szansy, jaką się im stwarza.

To prawda. Ale nasuwa się pytanie: czy temu, kto zaprzepaszcza daną mu szansę, jesteś dłużny jeszcze jedną, i jeszcze?

Nie.

Gdybym Ja tak uważał, dawno sczezłbyś w piekle.

Powiadam ci: Miłosierdzie nie zna kresu, miłość nie ustaje ani na chwilę, cierpliwość nie wyczerpuje się nigdy w Boskiej Rzeczywistości. Tylko w ludzkim świecie dobro ma swoje granice.

W Moim Świecie dobro jest bezgraniczne.

Nawet jeśli na nie nie zasługujemy?

Zawsze zasługujecie.

Nawet wtedy gdy Twą dobroć obracamy przeciwko Tobie?

Szczególnie wtedy („Jeśli kto uderzy cię w prawy policzek, nadstaw mu lewy. Jeśli kto poprosi cię, abyś przeszedł z nim milę, przejdź dwie.") Kiedy obracacie Moją dobroć przeciwko Mnie (co, tak na marginesie, ludzkość czyni od ładnych paru tysięcy lat), Ja widzę, że po prostu **zbłądziliście**. Nie rozumiecie, co wam przynosi korzyść. Mam dla was współczucie, gdyż wasz błąd wynika z ignorancji, nie ze zła.

Ale niektórzy ludzie są ***z gruntu źli****. Niektórzy ludzie są nikczemni do cna.*

Kto ci to powiedział?

Sam do tego doszedłem.

W takim razie twoja droga nie była prosta. Już wcześniej mówiłem ci: nikt nie postępuje źle, biorąc pod uwagę jego model świata.

Innymi słowy, każdy stara się jak może w danej chwili.

Wszelkie działania zależą od danych, jakie się ma do dyspozycji.

Świadomość jest wszystkim. Czego jesteś świadomy? Jaka jest twoja wiedza?

Ale kiedy ktoś na nas napada, rani nas, nawet zabija dla swoich celów, to nie jest to złem?

Przecież mówiłem już: **każdy atak jest wołaniem o pomoc.**

Nikt w istocie nie pragnie krzywdy innych. Ci, którzy to robią – w tym również wasze rządy – postępują tak, opierając się na błędnym założeniu, że tylko w ten sposób uzyskają to, czego chcą.

Przedstawiłem już w tej książce **rozwiązanie wyższego rzędu** tego palącego problemu. Po prostu **nie chciej niczego.** Miej upodobania, ale bez **potrzeb.**

Oto prawdziwie wysoki poziom istnienia, godny Mistrzów.

W przełożeniu na warunki geopolityczne brzmi to: niech cały świat wspólnie zaspokoi podstawowe potrzeby każdego mieszkańca.

Ale my to robimy – a przynajmniej staramy się.

To niewiele, zważywszy na tysiąclecia ludzkich dziejów.

W gruncie rzeczy trudno tu mówić o jakimkolwiek postępie. Nadal kierujecie się prymitywną zasadą, „każdy za siebie".

Wyzyskujecie Ziemię, ograbiacie ją z jej bogactw, gnębicie jej lud i systematycznie unieszkodliwiacie tych, którzy was za to krytykują, jako rzekomych „radykałów".

Wszystko to dla spełnienia swych egoistycznych celów, gdyż stylu życia, jaki przyjęliście, **w żaden inny sposób zachować się nie da.**

Musicie wycinać miliony akrów lasu co roku, aby móc w niedzielę poczytać sobie swoją ulubiona gazetę. **Musicie** niszczyć ochronną powłokę ozonu otaczającą planetę, aby móc używać lakieru do włosów. **Musicie** zanieczyszczać rzeki i strumienie tak, że nie da się ich odratować, aby wasz przemysł mógł dawać wam coraz większe ilości coraz lepszych towarów. I **musicie** wykorzystywać najbardziej upośledzonych spośród was – pod względem warunków życia, wykształcenia, świadomości – aby móc pławić się w niesłychanym (i niepotrzebnym) zbytku. Wreszcie, musicie **wyprzeć** to ze swojej świadomości, aby móc ze sobą żyć.

Nie potraficie „żyć prosto, aby inni mogli po prostu żyć". Przerasta was ta mądrość, którą można zawrzeć na małej naklejce przyczepionej do samochodu. To zbyt wygórowane żądanie. Za dużo trzeba by oddać. Przecież **tak ciężko pracowałeś na to, co teraz masz! Nie wyrzekniesz się ani centa!** A jeśli ucierpią na tym inni – włączając w to twoje wnuki – trudno, taki już ich los, nie? Skoro ty umiałeś zapewnić sobie przetrwanie, „dorobić się", ich też na to stać! W końcu każdy myśli za siebie, nie?

Czy jest jakieś wyjście z tej rozpaczliwej sytuacji?

Owszem. Czy mam powtórzyć? **Przemiana świadomości.**

Nie można rozwiązać problemów nękających ludzkość za pomocą działań rządu czy środkami politycznymi. Od tysięcy lat nic z tego nie wychodzi.

Zmiana, jaka musi się dokonać, może się dokonać jedynie w ludzkim sercu.

Czy mógłbyś zawrzeć jej istotę w jednym zdaniu?

Czyniłem to już wielokrotnie.

Musicie przestać postrzegać odrębność między Bogiem a sobą, i między sobą a innymi ludźmi.

Tylko ta Ostateczna Prawda niesie rozwiązanie: we wszechświecie nie istnieje nic w oderwaniu od reszty. **Wszystko** łączą wewnętrzne więzi, relacje wzajemnej nieuchronnej zależności i interakcji, wplecione w samą tkankę całości życia.

Z tej prawdy muszą wypływać wszelkie rządy, wszelka polityka. W tej prawdzie muszą być zakorzenione wszelkie prawa.

To nadzieja na przyszłość dla twojej rasy i cała nadzieja dla planety.

Jak działa Prawo Miłości, o którym wspominałeś wcześniej?

Miłość daje wszystko i niczego nie łaknie.

Jak to możliwe, abyśmy niczego nie łaknęli?

Gdyby każdy przedstawiciel twej rasy dał wszystko, co ma, czego miałbyś łaknąć? Łakniesz tylko dlatego, że ktoś inny ci **odmawia. Przestańcie odmawiać!**

To się nie uda, chyba że uczyniliby to wszyscy naraz.

Istotnie, do tego potrzeba świadomości globalnej.

Lecz jak do tego dojdzie? **Ktoś musi być pierwszy.**

Oto szansa dla ciebie.

Możesz być zalążkiem tej Nowej Świadomości.

Możesz być inspiracją dla innych.

A nawet **musisz.**

Ja muszę?

A czy jest kto inny?

13

Od czego mam zacząć?

Bądź światłością dla świata, i bądź mu łaskaw. I nie burz, ale buduj. Prowadź Mój lud do domu.

W jaki sposób?

Własnym świetlanym przykładem. Szukaj tylko Boskości. Przemawiaj prawdziwie. I działaj z miłością.

Teraz i na wieki wieków żyj Prawem Miłości. Dawaj wszystko, nie łaknij niczego. Unikaj rzeczy przyziemnych. Nie gódź się na to, co niegodziwe. Nauczaj tych, którzy pragną Mnie poznać.

Niech każda chwila twego życia promienieje miłością.

O każdej porze staraj się myśleć najszczytniejszą myśl, mówić najwznioślejsze słowa, dokonać najszlachetniejszego uczynku. Czyń tak na chwałę swej Świętej Jaźni, i tym samym na Moją chwałę.

Ześlij pokój na Ziemię, zsyłając pokój na wszystkich, z którymi się stykasz.

Sam bądź pokojem.

W każdej chwili odczuwaj i wyrażaj swą Boską Więź z Całością, z każdą osobą, rzeczą, miejscem.

Witaj każdą okoliczność, wyznaj każdy błąd, dziel każdą radość, rozważaj każdą tajemnicę, wejdź w położenie każdego człowieka, wybacz wszelką obrazę, uzdrawiaj każde serce, uszanuj prawdę każdego, oddaj cześć Bogu każdej osoby, broń praw każdego, zachowaj godność każdego, sprzyjaj powodzeniu każdego, uznaj w każdym świętość, obdarzaj każdego tym, co masz najlepszego, błogosław każdemu i głoś każdemu bezpieczną przyszłość w niezawodnej miłości Bożej.

Bądź żywym i tchnącym przykładem Najwyższej Prawdy, którą nosisz w sobie.

Mów o sobie skromnie, aby ktoś nie pomylił twej Najwyższej Prawdy z pychą.

Mów cicho, aby ktoś nie pomyślał, iż chcesz tylko zwrócić na siebie uwagę.

Mów łagodnie, aby wszyscy mogli zaznać Miłości.

Mów otwarcie, aby ktoś nie pomyślał, że masz coś do ukrycia.

Mów otwarcie, abyś nie został błędnie zrozumiany.

Mów szczerze, aby twe słowa naprawdę poszły w świat.

Mów z szacunkiem, aby nie znieważyć nikogo.

Mów z miłością, aby każda sylaba goiła.

Nie zapomnij wspomnieć o Mnie w każdej wypowiedzi.

Uczyń ze swego życia dar. Pamiętaj zawsze, że sam jesteś sobie darowany!

Bądź darem dla każdego, kto wkracza w twoje życie, i dla każdego, w czyje życie ty wkraczasz. Pilnuj, abyś **nie mieszał się do cudzego życia,** jeśli nie możesz być darem.

(Zawsze możesz być darem dla innych, ponieważ zawsze jesteś darem dla siebie – lecz czasami nie dopuszczasz tego do siebie.)

Gdy jakaś osoba niespodziewanie wkracza w twoje życie, **pomyśl o tym, po jaki dar do ciebie przyszła.**

Pięknie to wyraziłeś.

A po cóż innego by się do ciebie zwracała?

Powiadam ci: **każdy,** kto do ciebie kiedykolwiek przyszedł, przyszedł po to, aby otrzymać od ciebie dar. W ten sposób obdarza ciebie – daje ci możliwość doświadczenia i spełnienia tego, Kim Jesteś.

Kiedy pojmiesz tę prostą prawdę, zrozumiesz też największą prawdę:

POSYŁAŁEM DO CIEBIE SAME ANIOŁY.

14

Zagubiłem się w tym wszystkim. Moim zdaniem jest tu jakaś sprzeczność. Czy nie mówiłeś wcześniej, że czasami najlepiej możemy komuś pomóc zostawiając go samemu sobie? Później zaś dałeś mi do zrozumienia, że zawsze trzeba pomóc, jeśli widzi się, że ktoś jest w potrzebie. Jedno kłóci się chyba z drugim?

Pozwól, że ci to wyjaśnię.

Nigdy nie proponuj pomocy, która nie służy umocnieniu drugiego. Nigdy nie nalegaj na udzielenie pomocy, jaka w twoim przekonaniu jest konieczna. Niech osoba będąca w potrzebie pozna w całości, co masz do zaofiarowania. Wsłuchaj się w jej głos; ona sama da ci znać, czego chce. Upewnij się też, do jakiej pomocy dojrzała.

Udziel takiej pomocy, jaka jest mile widziana. Może się zdarzyć, że ktoś będzie wolał, abyś po prostu zostawił go w spokoju. Wbrew temu, co **ty** sądzisz, pozostawienie go samemu sobie może być twoim Największym Darem.

Jeśli później trzeba będzie czego innego, otrzymasz znak. Jeśli do ciebie będzie należało udzielenie pomocy, zrób to.

Ale nie czyń niczego, co podkopuje cudzą wiarę we własne siły. To sprzyja bowiem wytworzeniu się uzależnienia, postawy roszczeniowej.

Zawsze jest sposób na pomoc, która dodaje sił, która podbudowuje.

Niemniej, nie jest rozwiązaniem przymykanie oczu na nieszczęście kogoś, kto szczerze szuka u ciebie pomocy. Wyższa świadomość wymaga odrzucenia postawy obojętności w myśl zasady „niech sami się duszą, w swoim sosie". To przejaw pychy i zadufania. W ten sposób usprawiedliwiasz tylko swoja bierność.

Ponownie odwołam się. do życia Jezusa i jego nauk. On to bowiem oznajmił wam, iż wszystkich kroczących droga prawości przygarnę do siebie i jako Me umiłowane dzieci odziedzicza oni królestwo dla nich przygotowane.

Gdyż byłem głodny i nakarmiliście Mnie; byłem spragniony i daliście Mi pić; nie miałem dachu nad głowa i wy daliście Mi schronienie.

Byłem nagi i odzialiście Mnie; byłem chory i odwiedziliście Mnie; byłem uwięziony i przynieśliście Mi pociechę.

A oni zapytają Mnie, Panie, kiedyż to widzieliśmy Cię głodnym i nakarmiliśmy? Czy spragnionym i daliśmy Ci pić? I kiedyż to byłeś bezdomny i my Cię, przygarnęliśmy? Czy nagim, i my Cię odzialiśmy? I kiedyż to widzieliśmy Cię. chorym czy uwięzionym, i pocieszyliśmy?

A Ja im odpowiem:

Zaiste, powiadam wam – co uczyniliście najmniejszym spośród Mych braci, Mnieście uczynili.

Oto Moja prawda, niezmienna od wieków.

15

Kocham Cię, wiesz?

Wiem. Ja ciebie też kocham.

16

Skoro omawiamy sprawy o zasięgu ogólnoświatowym, powracając też do wybranych zagadnień życia jednostkowego, szerzej potraktowanych w części pierwszej, chciałbym zapytać Cię o kwestię środowiska naturalnego.

Co chciałbyś wiedzieć?

Czy naprawdę ulega zniszczeniu, jak twierdzą ekolodzy, czy też są to wymysły nawiedzonych, różowych komunistów, którzy bez wyjątku mają dyplomy Uniwersytetu Berkeleya i palą marihuanę?

Na oba pytania odpowiem twierdząco.

Cooooo???

Żartuję. Tak – na pierwsze pytanie, nie – na drugie.

Warstwa ozonowa naprawdę się kurczy? Lasy tropikalne są wycinane w zabójczym tempie?

To, niestety, prawda. Ale rzecz nie sprowadza się tylko do tak oczywistych przejawów. Są sprawy nie tak mocno nagłośnione, o które trzeba się zatroszczyć.

Mógłbyś mnie oświecić?

Cóż, na przykład pogłębia się na świecie ubytek żyznej gleby. Innymi słowy, kurczą się obszary, na których można uprawiać żywność. Dzieje się tak, ponieważ potrzeba czasu, aby gleba na powrót stała się urodzajna, a wasze przedsiębiorstwa rolne czasu **nie** mają. Dla nich ziemia ma stale rodzić, rodzić, rodzić. Toteż istniejący od wieków zwyczaj pozostawiania obszarów uprawnych odłogiem albo całkowicie jest zarzucany, albo daje się ziemi za mało wytchnienia. Aby nadrobić stratę czasu, faszeruje się glebę związkami chemicznymi, które mają szybciej przywrócić jej żyzność. Jednak zarówno w tym przypadku, jak i we wszystkich pozostałych nie da się zastąpić Matki Natury i stworzyć czegoś sztucznego nawet o zbliżonych właściwościach regeneracyjnych.

Skutek jest taki, że wierzchnia warstwa dostępnej odżywczej gleby staje się coraz cieńsza. Innymi słowy, zbieracie coraz większe plony z ziemi coraz uboższej w życiodajne składniki. Bez żelaza. Bez związków mineralnych. Co gorsza, spożywacie jedzenie zawierające mnóstwo środków chemicznych, którymi rozpaczliwie próbowano przywrócić glebie urodzajność. Choć na krótka metę nie powodują one żadnych widocznych szkód w organizmie, po czasie przekonacie się ze smutkiem, że te śladowe związki nie służą zdrowiu.

Problem jałowienia gleby wskutek zbyt intensywnej jej uprawy nie dociera do świadomości ogółu, a kurczenie się obszarów żyznej ziemi nie jest bynajmniej mrzonką nawiedzonych ekologów szukających kolejnego celu dla swej krucjaty. Wystarczy zapytać pierwszego lepszego specjalistę od spraw środowiska. Zjawisko to osiąga rozmiary epidemii; dotyczy całego świata i nie wolno go lekceważyć.

To tylko jeden przykład na to, w jaki sposób wyniszczacie swoją Matkę, Ziemie, źródło wszelkiego życia, w wyniku zupełnego braku poszanowania dla jej potrzeb i procesów zachodzących w przyrodzie.

Obchodzi was niewiele więcej poza nasyceniem swoich namiętności, zaspokojeniem najbardziej doraźnych (zwykle rozdętych ponad miarę) potrzeb, gaszeniem niezmiennego ludzkiego pragnienia rzeczy wciąż lepszych i w coraz większych ilościach. Warto jednak, abyście jako gatunek zadali sobie pytanie, ile naprawdę znaczy dość.

Dlaczego jesteśmy głusi na ostrzeżenia ekologów?

Jak w innych sprawach decydujących o jakości i stylu życia, tak i tu można rozpoznać pewną prawidłowość. Sami ukuliście powiedzenie, które znakomicie to wyjaśnia. „Forsa wszystko wprawia w ruch."

Jak można mieć jakąkolwiek nadzieję na rozwiązanie tych problemów, gdy przeciwnik jest potężny i podstępny?

To proste. Usuńcie pieniądze.

Usuńmy pieniądze?

Owszem. Lub przynajmniej zdejmijcie z nich klauzulę tajności.

Nie rozumiem.

Ludzie przeważnie ukrywają coś, czego się wstydzą albo nie chcą podać do wiadomości ogółu. Dlatego tak wielu spośród was nie ujawnia swego życia seksualnego, a niemal wszyscy swych dochodów. Nie jesteście pod tym względem otwarci. Uważacie swe pieniądze za waszą prywatną sprawę. I w tym zawiera się cały problem.

Gdyby **wszystkim** była wiadoma sytuacja finansowa **wszystkich,** w twoim kraju i na całym świecie wybuchłoby powstanie, jakiego dotąd jeszcze nie widziano. A w jego następstwie zapanowałyby we wszelkich dziedzinach ludzkiej działalności uczciwość, równość i rzeczywisty wzgląd na dobro powszechne.

Nie da się zaprowadzić uczciwości, równości czy dobra ogółu na obecnym rynku, ponieważ pieniądze tak łatwo można zataić. Możesz je dosłownie wziąć i **schować.** Ponadto pomysłowi księgowi znają przeróżne sposoby na to, aby pieniądze „się rozpłynęły".

Skoro można pieniądze ukryć, nie sposób dokładnie ustalić, ile kto zarabia za swą pracę. Jest to pożywka dla ogromnych dysproporcji, by nie rzec machinacji płacowych. Przedsiębiorstwa mogą na przykład dwojgu ludziom za tę samą pracę płacić rażąco zróżnicowane pensje. Jedna osoba może otrzymywać rocznie 57 tysiący dolarów, druga 42 za wykonywanie tych samych obowiązków, tylko dlatego, że tak pierwsza ma coś, czego drugiej brak.

Mianowicie?

Penisa.

Och.

Właśnie. Och.

Nie rozumiesz, że posiadanie penisa czyni z tej pierwszej osoby bardziej wartościowego pracownika? Bystrzejszego i zdolniejszego?

Hmmm. Nie pamiętam, abym tak was skonstruował. To znaczy, tak nierówno was wyposażył w umiejętności.

Ale przecież tak jest. Każdy to wie na całym świecie, dziwię się, że Ty jeden nie.

Lepiej przestańmy, bo ktoś może to wziąć na poważnie.

A Ty uważasz, że to żarty? Bo ***my****, ludzie mieszkający na tej planecie, nie. Dlatego kobiety nie są dopuszczane do godności kapłańskiej w Kościele rzymskokatolickim i mormońskim, dlatego nie wolno pokazywać im się po niewłaściwej stronie Ściany Płaczu w Jerozolimie, czy dostać się na samą górę w 500 czołowych przedsiębiorstwach z listy magazynu* ***„Fortune"****, zostać pilotem linii pasażerskich.*

Tak, wiemy, co masz na myśli. Ja jednak chcę powiedzieć, że dysproporcje płacowe nie uchodziłyby na sucho, gdyby wszelkie transakcje finansowe uczyniono jawnymi. Wyobrażasz sobie, co by się stało w każdym zakładzie pracy, gdyby przedsiębiorstwa miały obowiązek ogłaszać listy poborów swych pracowników? Nie widełki płacowe dla danego zaszeregowania, lecz **rzeczywiste wynagrodzenie przekazywane** poszczególnym osobom?

I tak straciłaby rację bytu zasada „Gdzie dwóch się kłóci, tam trzeci korzysta".

Zgadza się.

I „Czego oczy nie widzą, to serca nie boli".

Tak jest.

I jeszcze „Jeśli możemy ją mieć za jedną trzecią mniej, po co płacić więcej?"

Uhm.

I koniec z podlizywaniem się szefowi, rozgrywkami personalnymi i...

I wiele innych rzeczy zniknęłoby z miejsc pracy, ze świata, a to dzięki prostemu zabiegowi ujawnienia przepływu pieniędzy.

Pomyśl tylko. Gdybyś wiedział, ile każdy posiada i jakie zyski osiągają firmy i zakłady oraz całe kierownictwo – a także na co **wydatkują** posiadane pieniądze – nie zmieniłoby to sytuacji?

Potrafisz przewidzieć, w jaki sposób wszystko by się zmieniło?

Jedno jest pewne: ludzie nigdy by się nie godzili na to, co się dzieje w świecie, gdyby tylko **wiedzieli,** co naprawdę jest grane. Społeczeństwo nigdy by nie usankcjonowało tak jaskrawo krzywdzącego podziału dóbr, a tym bardziej środków, jakich użyto na ich zdobycie i używa się do ich pomnażania, gdyby fakty o tym docierały do wiadomości ogółu w całej swej wymowie, bez upiększeń i przeinaczeń.

Nic tak nie sprzyja poprawie zachowania jak wystawienie na widok publiczny. Dlatego wasze ustawy lustracyjne tak skutecznie przyczyniły się do przywrócenia praworządności w strukturach politycznych i administracyjnych. Publiczne przesłuchania i rozliczanie z działalności w dużej mierze ukróciły zakulisowe wybryki, pleniące się w ratuszach, radach nadzorczych, a nawet w gabinetach w latach trzydziestych, czterdziestych i pięćdziesiątych.

Teraz trzeba rzucić więcej światła na mechanizmy wynagradzania za usługi i płacenia za towary na waszej planecie.

Co proponujesz?

Nie proponuję, lecz rzucam wam wyzwanie. Czy zdobędziecie się na to, aby zlikwidować wszelkie pieniądze, banknoty, monety i waluty poszczególnych krajów, i zacząć od nowa? Opracować międzynarodowy system walutowy, całkowicie jawny, dostępny dla wszystkich, sprawdzalny i rozliczany na bieżąco? Ustanowić Ogólnoświatowy System Wynagrodzeń, w ramach którego każdy otrzymywałby jednostki na swój kredyt za wykonane usługi i wyroby, jednostki zaś na swój debet za spożytkowane wyroby i usługi?

Wszystko działałoby na podstwie rachunku kredytu i debetu. Zyski z inwestycji, spadki, pensje, napiwki, każdy dochód. Bez jednostek kredytowych nie można by niczego zakupić. Nie przyjmowano by rozliczeń w żadnej innej walucie. Konta byłyby dla każdego do wglądu.

Mówi się, że konto jest wizytówką właściciela. System, o jakim mówię, do tego nawiązuje. Ludzie wiedzieliby o tobie lub mogliby się dowiedzieć znacznie więcej niż teraz. Wiedziano by o wiele więcej o **wszystkim**. O tym, ile płacą i wydają przedsiębiorstwa – jakie są ich koszty własne, a jaką ustalają cenę. (Wyobrażasz sobie, co by się stało, gdyby trzeba było umieszczać dwie liczby na każdej metce – swoje koszty i cenę? Dopiero by ceny poszły w dół! Dopiero by wzmogła się konkurencja i uczciwy handel! Trudno w ogóle przewidzieć konsekwencje tego posunięcia.)

W ramach OSW przelewy jednostek kredytowych i debetowych odbywałyby się natychmiast i zupełnie jawnie. To znaczy każdemu wolno by było w dowolnej chwili przejrzeć rachunki jakiejkolwiek innej osoby czy organizacji. Nic nie byłoby zastrzeżone.

OSW potrącałby 10% z rocznych dochodów **na własną prośbę płatnika.** Nie byłoby podatku dochodowego, formularzy, odliczeń, „furtek" czy innych sposobów obejścia prawa podatkowego. Ponieważ wszystkie konta byłyby dostępne do wiadomości publicznej, wiedziano by, kto zgodził się oddawać 10% zarobków dla dobra ogółu, a kto nie. Darowizna ta szłaby na utrzymanie programów i usług rządowych, określonych przez głosujących.

Cały system jest bardzo prosty i bardzo przejrzysty.

Świat nigdy na nic takiego nie pójdzie.

Oczywiście, że nie. A wiesz dlaczego? Ponieważ wówczas nie dałoby się ukryć przed innymi tego, czego nie chcemy, aby o nas wiedzieli. Czemu w ogóle służy taka skrytość? Odpowiem ci. Obecnie panuje układ społeczny oparty na zasadach „łapania okazji", „zdobywania przewagi", „brania ile się da" i „przetrwania tak zwanych najlepiej przystosowanych".

Kiedy głównym celem waszego społeczeństwa stanie się (jak to jest wśród prawdziwie oświeconych ludów) przetrwanie **wszystkich,** dobro w równym stopniu **wszystkich,** zapewnienie godziwego życia **wszystkim,** wówczas zniknie potrzeba zatajania, zakulisowych rozgrywek i cichych układów, a problem pieniędzy do ukrycia zostanie rozwiązany.

Wprowadzenie takiego systemu wypleniłoby korupcję, nie mówiąc już o pomniejszych nieuczciwych machinacjach i niesprawiedliwościach.

Wszystko sprowadza się do jednego – do **jawności.**

Niech mnie! To dopiero pomysł. Wszelkie transakcje finansowe w pełni widoczne dla każdego. Próbuję znaleźć jakiś argument przeciw temu, powód, stawiający całe przedsięwzięcie w „złym" świetle, ale nie mogę.

Nic dziwnego, **bo ty nie masz nic do ukrycia.**

Ale postaw się w sytuacji ludzi posiadających władzę i pieniądze. Pomyśl, jakby to przyjęli, jaki podnieśliby krzyk, gdyby każdy miał wgląd we wszelkie ich operacje – zakupu, sprzedaży, ustalania cen, negocjacji płacowych, umów handlowych czy jakichkolwiek innych postanowień.

Powiadam ci: **nic** tak nie sprzyja uczciwości jak **jawność.**

Jawność to, innymi słowy, **prawda.**

Poznaj prawdę, a ona cię wyzwoli.

Jednak do tego, aby prawda była podstawą wszelkich systemów politycznych, ekonomicznych czy społecznych, nie dopuści żaden rząd, korporacja czy potentat gospodarczy, właśnie z tego powodu.

W oświeconym społeczeństwie tajemnic nie ma. Każdy wie, co posiada drugi, ile zarabia, jakie płaci podatki, jakie dostaje zasiłki; wiadomo, ile liczy sobie każde inne przedsiębiorstwo, po ile kupuje, a po ile sprzedaje, jaki ma zysk, wszystko. WSZYSTKO.

A czy wiesz, dlaczego jest to możliwe tylko w społeczności rozwiniętej? Ponieważ tam nikt nie chce mieć czy osiągnąć **niczego cudzym kosztem.**

To bardzo postępowe.

Postępowe, tak, w oczach społeczeństwa prymitywnego. Dla oświeconych zaś jedynie słuszne.

Nie daje mi spokoju ta koncepcja „jawności". Czy można ją rozszerzyć również na inne dziedziny? Na przykład związków uczuciowych?

Nie widzę przeciwwskazań.

Ale tak się nie dzieje.

Na waszej planecie raczej nie. Wciąż macie zbyt wiele do ukrycia.

Dlaczego? Skąd się to bierze?

W związkach uczuciowych (a właściwie w każdych) bierze się to z obawy przed **stratą.** Boicie się, że coś utracicie albo że czegoś nie uda się wam zdobyć. Jednak najbardziej udane związki, a z pewnością najbardziej romantyczne, to takie, w których wszystko jest wiadome, gdzie panuje **jawność** i niczego się nie ukrywa. Nic nie zostaje pominięte czy przemilczane. Niczego się nie tuszuje, podbarwia czy maskuje. Nie ma miejsca na domysły czy gry; nikt „nie wykręca numerów", „nie puszcza kantem" czy „nie wyprowadza w pole".

Ale gdybyśmy znali wszystkie myśli innych...

Chwileczkę. Nie mówimy tu o naruszaniu cudzej intymności, poczucia bezpieczeństwa, chronionej strefy, w obrębie której przebiega twój proces indywidualnego rozwoju.

Chodzi po prostu o to, aby być szczerym i otwartym w stosunku do innych. Nie kłamać i nie przemilczać prawdy, kiedy trzeba ją powiedzieć. Nie koloryzować, nie naginać prawdy ani nie manipulować nią na sto różnych sposobów, co, niestety, cechuje zdecydowaną większość ludzkich wypowiedzi.

Chodzi o mówienie bez osłonek, walenie prosto z mostu. O zapewnienie każdemu z osobna wszelkich danych i wiadomości z danego przedmiotu. O szczerość i otwartość no i... o **jawność.**

Ale to nie znaczy, że trzeba wywlekać na światło dzienne i poddawać publicznej ocenie każdą myśl, każdy osobisty lęk, każde mroczne wspomnienie, każdy przelotny sąd, opinię czy reakcję. To nie byłaby jawność, tylko jawny obłęd.

Mam na myśli porozumiewanie się – proste, szczere, otwarte, pełne i bezpośrednie. Ale nawet w takim ujęciu to śmiała koncepcja i rzadko stosowana.

Mnie to mówisz?

Ale nawet w takim ujęciu to śmiała koncepcja i rzadko stosowana.

Dobre sobie. Mógłbyś występować na estradzie.

To mój drugi zawód.

Ale żarty na bok. To naprawdę wspaniały pomysł. Całe życie społeczne oparte na Zasadzie Jawności. Jesteś pewny, że to by się sprawdziło?

Zapewniam cię, że połowa całego zła na świecie zaraz by zniknęła. Połowa zgryzot, połowa zatargów, połowa całego gniewu i frustracji w świecie...

Gniewu i frustracji byłoby z początku sporo, co do tego się nie łudźmy. Kiedy wreszcie wyszłyby na jaw wszystkie przekręty, oszustwa, kłamstwa i manipulacje, których ofiarą pada przeciętny człowiek, nie obyłoby się bez wściekłości i wrzasku. Ale „jawność" rozładowałaby to w ciągu 60 dni.

Zapraszam cię po raz kolejny – zastanów się nad tym.

Czy sądzisz, że zdobyłbyś się na takie życie? Żadnych sekretów? Całkowita jawność?

Jeśli nie, to dlaczego?

Co takiego chowasz przed innymi?

Jakie nieprawdziwe rzeczy mówisz innym?

Jakie prawdziwe rzeczy przemilczasz?

Czy okłamywanie doprowadziło twój świat do takiego stanu, w jakim chciałbyś go widzieć? Czy rzeczywiście odnieśliśmy korzyść z manipulowania (gospodarką, konkretną sytuacją czy drugą osobą) za pomocą utajnień i przemilczeń? Czy „prywatność" istotnie jest niezbędna do funkcjonowania rządu, przedsiębiorstwa czy twojego osobistego życia?

Co by się stało, gdyby wszystko było dla każdego widoczne?

Tu właśnie kryje się ironia. Nie rozumiesz, że tego właśnie się lękasz w obliczu Boga? Że przedstawienie się skończy, dobiegnie kresu zabawa w chowanego, gra pozorów? Że przerwane zostanie długie, długie pasmo oszustw?

Jednak mam dla ciebie dobrą wiadomość – nie ma powodu do obaw, nie ma się czego lękać. Nikt cię nie osądzi, nikt nie pośle na wieczne męki do piekła.

(A wy, katolicy, nie traficie nawet do czyśćca.)

(Co się tyczy was, mormoni, nie ugrzęźniecie po wsze czasy w przedsionku nieba ani nie zostaniecie skazani na zatracenie w nieznanych wymiarach.)

(Wy zaś...)

Chyba już rozumiecie. Każdy z was wytworzył sobie, w ramach konkretnej teologii, jakieś pojęcie, wyobrażenie Najsroższej Kary Boskiej. Przykro mi was rozczarować, ponieważ widzę, jaką macie z tego całego dramatu uciechę, ale... **czegoś takiego po prostu nie ma.**

Może kiedy uwolnicie się od strachu na myśl, że całe wasze życie zostanie ujawnione w chwili śmierci, pozbędziecie się lęku, który powstrzymuje was przed całkowitą jawnością **już za życia.**

To dopiero by było...

Prawda? Podpowiem wam, jak zacząć. Wróćcie do początku tej książki i przypomnijcie sobie Pięć Stopni Głoszenia Prawdy. Nauczcie się tego na pamięć i stosujcie w życiu. Szukajcie prawdy, głoście prawdę, żyjcie prawdą każdego dnia. Czyńcie to wobec siebie i wobec każdej innej osoby, o której życie się otrzecie.

Następnie przygotujcie się do obnażenia. Trwajcie w pogotowiu do **jawności.**

To niesamowite. Naprawdę można się wystraszyć.

Zastanów się, czego dotyczy twój lęk.

Boję się, że wszyscy ode mnie odejdą. Przestaną mnie lubić.

Rozumiem. Więc uważasz, że musisz kłamać, aby zaskarbić sobie sympatię ludzi?

Niezupełnie. Po prostu nie mówić im wszystkiego.

Pamiętasz, co przed chwilą powiedziałem? Nie chodzi o to, aby wyrzucać z siebie najdrobniejsze uczucie, myśl, idee, lęk, wyznanie, wspomnienie, cokolwiek. Lecz o to, aby zawsze mówić prawdę, odsłonić się całkowicie.

Wobec ukochanej osoby możesz obnażyć swoje ciało, prawda?

Tak.

Więc dlaczego nie możesz też obnażyć swojej duszy?

To o wiele trudniejsze.

Zgadza się. Ale to nie znaczy, że należy z tego rezygnować. Zbyt wielkie są korzyści.

Cóż, przedstawiłeś kilka nader ciekawych propozycji. Ukrócić zakulisowe machinacje. Zbudować społeczeństwo na zasadzie jawności, mówić prawdę zawsze każdemu i o wszystkim. Ffjuu!

Na postawie tych koncepcji powstały całe społeczeństwa. Oświecone społeczeństwa.

Z żadnym się nie zetknąłem.

Nie miałem na myśli waszej planety.

Oo.

Ani nawet waszego Układu Słonecznego.

Oo.

Ale nie musisz przenosić się na inną planetę ani nawet wychodzić z domu, aby przekonać się, jaka byłaby taka Nowa Myśl w doświadczeniu. Zacznij od swej rodziny, od najbliższych. Jeśli masz swoją firmę, zacznij od niej. Ogłoś, ile dokładnie zarabiasz, jakie są dochody i wydatki firmy i jaki jest w tym udział każdego pracownika. To zdziała cuda. Gdyby uczynił to każdy przedsiębiorca, praca przestałaby być koszmarem dla wielu ludzi, ponieważ do zakładu zaraz zawitałoby poczucie sprawiedliwości, równości i rzetelnego wynagrodzenia.

Mów klientom, ile dokładnie kosztowało cię wykonanie usługi czy dostarczenie produktu. Umieść na metce dwie liczby: poniesione koszta i żądaną przez siebie cenę. Czy nadal jesteś dumny z tego, ile żądasz? Może lękasz się, że zostaniesz posądzony o „zdzierstwo", gdyby znany był stosunek twoich kosztów do ceny? Jeśli tak, to zobacz, co można zrobić, aby stosunek ten sprowadzić do rozsądnych wymiarów, zamiast „skubać naiwnych, póki się da".

Rzucam ci wyzwanie. Czy się na to zdobędziesz?

Wymagać to będzie gruntownej przemiany sposobu myślenia. Troski w równym stopniu o klienta i o siebie samego.

Tak, możesz zacząć tworzyć Nowe Społeczeństwo już teraz, tutaj. Wybór należy do ciebie. Możesz dalej popierać stary system, obecnie panujący paradygmat, albo przetrzeć szlak i ukazać światu nową drogę.

Możesz stać się tą nową drogą. We wszystkim. Nie tylko w biznesie, nie tylko w związkach uczuciowych, nie tylko w polityce czy ekonomii, czy religii, czy tym, czy tamtym wycinku całości życiowego doświadczenia, ale we **wszystkim.**

Stań się nową drogą. Wyższą. Najwspanialszą. Wtedy będziesz mógł oświadczyć: **Ja jestem drogą i życiem. Idźcie za mną.**

Gdyby cały świat poszedł w twoje ślady, czy byłbyś szczęśliwy widząc, dokąd go zawiodłeś?

Rozważ to pytanie.

17

Słyszę Twoje wyzwanie. Słyszę. Proszę, powiedz mi coś więcej o życiu na tej planecie inaczej, wznioślej. Chcę usłyszeć, w jaki sposób naród dogaduje się z narodem i nie ma już wojen.

Między narodami zawsze wystąpią spory, albowiem spór jest oznaką – zdrową oznaką – indywidualności. Natomiast rozstrzyganie **sporów** przemocą świadczy o całkowitym braku dojrzałości.

Nie ma żadnych przeszkód ku temu, aby zaniechać stosowania przemocy w rozwiązywaniu konfliktów, jeśli taka będzie wola narodów.

Zważywszy na ogromne żniwo śmierci i zniszczenia, jakie powoduje przemoc, można by sądzić, że taka wola wystąpi, ale w przypadku takich prymitywnych kultur jak wasza, niestety, jest inaczej.

Dopóki będziecie wierzyć, że możecie wygrać spór, będziecie się spierać. Dopóki będziecie wierzyć, że możecie wygrać wojnę, będziecie walczyć.

*Jak temu **zaradzić?***

Ja nie udzielam rad, tylko...

Wiem, wiem! Dzielisz się spostrzeżeniami.

Zgadza się. Powtórzę, co już raz powiedziałem. Rozwiązaniem na krótką metę byłoby ustanowienie wspólnego światowego rządu oraz powołanie sądu ponadnarodowego do rozstrzygania spornych spraw (z którego wyrokami by się liczono, nie jak to ma miejsce z obecnym Trybunatem Międzynarodowym). Trzeba by też utworzyć siły pokojowe gwarantujące, że żadne państwo – choćby nie wiem jak potężne czy wpływowe – nie napadnie na inne.

Wiedz jednak, że nadal może dochodzić do aktów przemocy na Ziemi. Siły pokojowe mogą być zmuszone użyć przemocy, aby powstrzymać kogoś, kto ją stosuje. W części pierwszej podkreślałem, że tyran, któremu nikt się nie przeciwstawi, rośnie w siłę. Czasem jedynym sposobem na **uniknięcie** wojny jest podjęcie walki! Czasem trzeba zrobić coś, czego się nie lubi, po to, aby położyć temu kres! Ta pozorna sprzeczność jest wyrazem Boskiej Dychotomii, która mówi, że nieraz jedynym sposobem, aby być kimś, na przykład miłośnikiem pokoju, jest przeistoczenie się w jego odwrotność – wojownika!

Innymi słowy, często jedyną drogą do poznania Tego, Czym Się **Jest** w Istocie, jest doświadczenie siebie jako Tego, Czym Się **Nie** Jest.

Nie da się zaprzeczyć, że władza dłużej nie może spoczywać w rękach pojedynczego narodu, ale musi stać się udziałem wspólnoty wszystkich narodów zamieszkujących te planetę. Tylko w ten sposób na świecie może zapanować wreszcie pokój, płynący z niezachwianego przekonania, że żaden dyktator stojący na czele choćby największego narodu nie naruszy terytorium drugiego państwa ani nie zagrozi jego wolności.

Narody najsłabsze zaś nie będą już zdane na dobrą wolę mocarstw, którą często musiały okupić własnymi surowcami czy zgodą na założenie na ich ziemiach obcych baz wojskowych. W ramach nowego układu, bezpieczeństwo najmniejszym państwom gwarantować będzie nie łaska mocarstw, ale poparcie wspólnoty.

Wszystkie 160 narodów powstanie jak jeden mąż, gdy któryś zostanie napadnięty. Wszystkie 160 narodów stanowczo powie „Nie!", gdy któryś zostanie zagrożony w inny sposób.

Skończy się również szantaż gospodarczy, wymuszanie określonych działań przez silniejszych partnerów handlowych, stosowanie się do „wytycznych" w celu uzyskania pomocy gospodarczej czy zwykłej pomocy humanitarnej.

Znajdą się jednak tacy, którzy będą dowodzić, że system ogólnoświatowych rządów doprowadzi do zaniku niezależności i świetności pojedynczych narodów. Tymczasem rzecz będzie się miała **odwrotnie** – i tego właśnie obawiają się największe państwa, które zawdzięczają swą pozycje sile. Albowiem nie tylko światowe potęgi stawiałyby odtąd na swoim, ale w równym stopniu uwzględniane byłyby prawa i roszczenia wszystkich narodów. Mocarstwa musiałyby też zrzec się wyłącznej kontroli nad większością zasobów naturalnych świata, rozdzielić je sprawiedliwiej między wszystkich, udostępnić je wszystkim ludom Ziemi i dopuścić do udziału w korzyściach z nich płynących.

Ponadnarodowy rząd wyrównałby szansę i ta właśnie idea, tak szlachetna, staje ością w gardle światowym „posiadaczom", którzy chcą, aby „golce" dorabiali się majątku o własnych siłach, zapominając przy tym, że oni sami trzymają w ręku wszystko, czego inni mogliby pragnąć.

Mam wrażenie, że mimo wszystko chodzi tu o ponowny podział dóbr. Ale jak przy tym nie zniechęcić tych, którzy chcą więcej, ale ***zarazem*** *gotowi są więcej z siebie dać, jeśli będą musieli oddać część tym, którzy nie mają ochoty tak ciężką pracować?*

Po pierwsze, problem nie polega tylko na tym, że jedni **chcą** „ciężko pracować", a drudzy nie. To uproszczenie, zwykle będące dziełem „posiadaczy". Częściej staje na przeszkodzie brak możliwości niż brak chęci. A więc podstawowym zadaniem podczas przebudowy ładu społecznego jest dopilnowanie, aby każda osoba i każdy naród miał równe **możliwości rozwoju.**

Jednak to się nigdy nie dokona, dopóki obecni posiadacze oraz szafarze bogactw i zasobów świata nie wyrzekną się swej ścisłej nad nimi kontroli.

Podałem wcześniej przykład Meksyku i choć nie jest moim zamiarem krytyka tego państwa, sądzę, że świetnie ilustruje ono ten problem. Garstka bogatych i wpływowych rodów od czterdziestu lat sprawuje kontrolę nad dobrami całego narodu. „Wybory" w tej tak zwanej „demokracji w zachodnim stylu" to farsa, ponieważ partie polityczne od lat podporządkowane są tym samym możnym protektorom, co z góry przekreśla powstanie jakiejkolwiek poważnej opozycji. Jaki jest tego skutek? „Bogaci się bogacą, a ubodzy ubożeją".

Gdy płace mają wzrosnąć z 1,75 dolara na godzinę do zawrotnej wysokości 3,15, „posiadacze" podkreślają, ile zdziałali na rzecz biednych zapewniając zatrudnienie i stwarzając szansę na rozwój gospodarczy. Ale jedyne korzyści czerpią z tego **bogaci** *– przemysłowcy i przedsiębiorcy, którzy sprzedają swoje towary na rynku krajowym i zagranicznym z ogromnym zyskiem, jeśli wziąć pod uwagę niskie koszty robocizny.*

Zdają *sobie z tego sprawę biznesmeni amerykańscy – dlatego tak wielu z nich przenosi swoje fabryki i zakłady do Meksyku i innych krajów, gdzie niewolnicze stawki mają stanowić znakomitą okazję dla wieśniaków. Harują oni w niezdrowych i niebezpiecznych warunkach, ale miejscowe władze – podporządkowane tej garstce, która ciągnie korzyści z całego przedsięwzięcia – nie kwapią się z wprowadzaniem odpowiednich przepisów. Ochrona środowiska, bezpieczeństwo i higiena pracy to sprawy, o których w ogóle się tam nie mówi.*

Nie dba się o ludzi, podobnie jak o ziemię, na której każe im się żyć w domkach z kartonów w pobliżu strumieni, gdzie piorą i nierzadko załatwiają swoje potrzeby – albowiem kanalizacja często uważana jest za zbytek, który im się nie należy.

Takie rażące lekceważenie mas prowadzi do tego, że ludzi nie stać na kupno produktów, które sami wyrabiają. Ale fabrykantów to nie obchodzi. Mogą wysłać towary do innych krajów, gdzie znajdą zbyt. Ale jestem przekonany, że prędzej czy później to wszystko się załamie – a następstwa będą druzgocące. Nie tylko w Meksyku, wszędzie, gdzie panuje wyzysk.

Rewolucji i konfliktów wewnętrznych nie da się uniknąć, podobnie jak wojen między narodami, tak długo, jak „posiadacze" gnębić będą „golców" pod pozorem stwarzania szans.

*Zawładnięcie bogactwami i zasobami tak się ugruntowało, **zinstytucjonalizowało**, można by rzec, że godzą się z tym nawet niektórzy uczciwie myślący ludzie, którzy uważają to po prostu za jedną z zasad wolnego rynku.*

Ale złudzenie, że to jest „w porządku", nie mogłoby się zrodzić bez udziału **władzy,** jaką posiadają pojedyncze zamożne jednostki czy narody. Tak naprawdę to wcale nie jest „w porządku" wobec zdecydowanej większości ludzi, którym odbiera się szansę dorównania możnym tego świata.

Nowy ustrój światowy przekazałby istotną władzę w ręce pokrzywdzonych narodów, co wymusiłoby sprawiedliwszy rozdział zasobów naturalnych.

I tego boją się potentaci.

Zgadza się. Dlatego rozwiązaniem na krótką metę może być stworzenie nowego ładu – nowego, powszechnego, światowego rządu.

Zdarzali się przywódcy na tyle przenikliwi i odważni, aby zaproponować przystąpienie do budowy nowego ustroju światowego. Takim przywódcą był wasz George Bush, który z perspektywy lat ukaże się jako człowiek o wielkiej mądrości, wizji, śmiałości i wrażliwości, czego nie chcieli dostrzec w nim współcześni.

Takim był Michaił Gorbaczow, pierwszy szef komunistycznego państwa, który otrzymał Pokojową Nagrodę Nobla i zainicjował polityczne przemiany, kładące kres tak zwanej „zimnej wojnie". Oraz Jim Carter, który skłonił Begina i Sadata do ugody, o której nikt nawet nie śmiał marzyć, a po ustąpieniu z urzędu prezydenckiego raz po raz ratował świat przed katastrofą głosząc prostą dewizę: Każdy punkt widzenia zasługuje na jednakową uwagę; Każdemu człowiekowi należy się równy szacunek.

Co ciekawe, ci odważni przywódcy, którzy w swoim czasie zawrócili świat znad przepaści wojny i wspierali głębokie reformy polityczne, sprawowali swój urząd tylko przez jedną kadencję. Odsunięci zostali od władzy przez tych samych ludzi, których los chcieli poprawić. Szalenie popularni za granicą, przez własny naród zostali jednogłośnie odrzuceni. Mówi się, że najtrudniej być prorokiem we własnym kraju. W przypadku tych wybitnych postaci stało się tak, ponieważ sięgali wzrokiem daleko przed siebie, wybiegając poza ograniczone pole widzenia swego społeczeństwa, które troszczyło się tylko o swoje zaściankowe sprawy i nie widziało nic poza własną stratą płynącą z tych wielkich wizji.

Tak samo rzecz się miała z każdym przywódcą, który ośmielił się wystąpić z apelem do bogatych o zaprzestanie wyzysku.

To się nie zmieni, dopóki nie wprowadzi się w życie rozwiązania **długofalowego,** ale nie **politycznego.** To rozwiązanie, jedyne prawdziwe zresztą, to Nowa Świadomość, świadomość Jedności i Miłości. Bodźcem do odnoszenia sukcesów, do jak najlepszego wykorzystania swojego życia, nie powinna być materialna zapłata. Nadanie jej wagi pierwszorzędnej było błędem i to właśnie wywołało wszystkie omawiane tu problemy.

Kiedy dążenie do wielkości nie będzie miało podłoża ekonomicznego – gdy każdemu zapewni się bezpieczeństwo i podstawowe potrzeby materialne – wówczas bodziec do działania bynajmniej nie zginie, lecz nabierze innego charakteru, umocni się i utrwali, przyczyniając się do **rzeczywistej** wielkości, a nie tej przelotnej, urojonej, będącej tworem obecnych motywów.

Nie jest właściwym bodźcem coraz lepsze życie, stwarzanie coraz lepszych warunków dla naszych dzieci?

„Coraz lepsze życie" to jak najbardziej chwalebna motywacja, tak jak stwarzanie „lepszych warunków" dla waszych dzieci. Pytanie jednak, co sprzyja „lepszemu życiu"?

Co dla ciebie znaczy „lepsze"? I co znaczy „życie"?

Jeśli dla ciebie „lepiej" równa się „więcej", większe rozmiary, większe ilości **rzeczy** (domów, samochodów, ubrań, płyt – czegokolwiek) czy więcej pieniędzy, władzy, seksu... i jeśli „życie" to dla ciebie okres między narodzinami a śmiercią w twej obecnej egzystencji, wówczas tkwisz po uszy w pułapce, której skutkiem jest opłakany stan twego świata.

Jeśli jednak określisz „lepsze" jako głębsze doświadczenie i wyższy wyraz twego najwznioślejszego Stanu Istnienia, a „życie" jako odwieczny, nieustający proces **Bycia,** być może jeszcze się odnajdziesz.

„Lepsze życie" nie bierze się z gromadzenia dóbr materialnych. Wiadomo to niemal każdemu, rozumieją to wszyscy, a mimo to wasze życie – i decyzje, jakie podejmujecie – mają wiele wspólnego, jeśli nie najwięcej, właśnie z „rzeczami".

Dążycie do nich, pracujecie na nie, a kiedy zdobędziecie choć część, już ich nie wypuszczacie ze swoich rąk.

Najczęstszym motywem działania ludzi jest zdobywanie, nabywanie, pozyskiwanie **dóbr materialnych.** Ci, którzy nie troszczą się o rzeczy, łatwo się z nimi rozstają.

Ponieważ wasze obecne dążenie do wielkości wiąże się z gromadzeniem tego, co świat ma do zaoferowania, tyle panuje w świecie zmagań. Ogromna większość wciąż walczy o zwykłe fizyczne przetrwanie. Każdy dzień wypełniają chwile napięcia, desperackie kroki. Umysł zaprzątają elementarne życiowe kwestie. Czy starczy jedzenia? Czy znajdziemy schronienie? Czy będzie nam ciepło? Takimi problemami żyje wciąż masa ludzi. W jednym miesiącu giną z głodu tysiące.

Mniejsza liczba ludzi może liczyć na zaspokojenie niezbędnych potrzeb życiowych, ale walczy o coś więcej – poczucie bezpieczeństwa, skromny, ale porządny dom, pomyślniejsze jutro. Ciężko pracują, martwią się, jak i czy w ogóle uda im się „wybić". Umyśl pochłaniają pilne, nurtujące sprawy.

Zdecydowanie najmniejsza grupa ludzi ma wszystko, czego mogłaby sobie życzyć – wszystko, co się marzy pozostałym dwóm – ale, rzecz ciekawa, wielu spośród nich pragnęłoby **jeszcze więcej.**

Ich umysły zajęte są zabiegami o **utrzymanie stanu posiadania,** a często o jego pomnożenie.

Ale oprócz tych trzech grup istnieje jeszcze jedna, najmniej liczna z nich, naprawdę maleńka.

Nie odczuwa ona potrzeby rzeczy materialnych. Zajmują ją prawdy duchowe, duchowa rzeczywistość i duchowe doświadczenie.

Należące do niej osoby postrzegają życie jako przygodę duchową – podróż duszy. Do tego kontekstu odnoszą wszelkie ludzkie sprawy i zdarzenia. W jego ramach widzą wszelkie doświadczenie. Ich zmagania wiążą się z poszukiwaniem Boga, samourzeczywistnieniem, wyrażaniem prawdy.

W miarę ich rozwoju zmagania przeistaczają się w proces. Jest to proces samookreślenia (nie samoodkrywania), Wzrostu (nie nauki), Istnienia (nie działania).

Całkowicie odmiennie przedstawia się powód ich dążenia, poszukiwania, doskonalenia się. Zmienia się zupełnie powód działania, co pociąga za sobą przemianę działającego.

Tam, gdzie przedtem pobudką do czynu, starań, ciężkiej pracy było pozyskanie dóbr tego świata, teraz jest doświadczanie rzeczy niebiańskich.

Tam, gdzie przedtem przeważały troski o ciało, teraz przeważają troski o ducha.

Wszystko się przesunęło, odmieniło. Cel życia się zmienił, a wraz z nim samo życie.

Inne podłoże ma „dążenie do wielkości", w związku z czym zanikła potrzeba pożądania, nabywania, chronienia i pomnażania dóbr doczesnych.

Wielkość przestanie być mierzona tym, ile komu udało się zgromadzić. Zasoby świata słusznie zostaną uznane za własność wszystkich ludzi na Ziemi. W świecie obfitującym w dobra wystarczające na potrzeby wszystkich, potrzeby wszystkich **zostaną zaspokojone.**

Taka będzie wola każdego. Zniknie konieczność przymusowego płacenia podatków. Wszyscy dobrowolnie będą oddawać dziesięć procent z tego, co zebrali, na rzecz tych, których plon był mniejszy. Już nie do pomyślenia będzie, aby tysiące spokojnie przyglądało się, jak inni głodują – nie z braku pożywienia, lecz z braku dobrej woli, niezbędnej do stworzenia prostego politycznego mechanizmu, który zapewniłby ludziom chleb.

Tego rodzaju naganne, wręcz nieprzyzwoite rzeczy – obecnie dziejące się nagminnie w waszym prymitywnym społeczeństwie – zostaną bezpowrotnie wyeliminowane z chwilą, gdy przyjmiecie nowy bodziec w dążeniu do wielkości i jej nową definicję.

Wasz nowy bodziec: stać się takimi, jakimi powołałem was do istnienia – fizycznym obrazem Bóstwa.

Kiedy postanowicie być tym, Kim w Istocie Jesteście – Bogiem objawionym w ciele – przestaniecie postępować bezbożnie. Nikt nie będzie już musiał naklejać na samochód znaczków o takiej treści:

BOŻE UCHOWAJ MNIE
PRZED SWYMI WYZNAWCAMI.

18

Zobaczmy, czy nadążam. Wyłania się z Twych wywodów obraz świata opartego na równości i równowadze, w którym wszystkie narody podporządkowują się jednemu wspólnemu rządowi i wszyscy ludzie mają udział w bogactwach świata.

Nie zapominaj, że gdy mówimy o równości, mamy na myśli równe **możliwości,** a nie faktyczną równość.

Rzeczywistej „równości" nigdy nie da się osiągnąć, i cieszcie się, że tak jest.

Dlaczego?

Ponieważ równość to identyczność – a to ostatnia rzecz, jakiej potrzebuje świat.

Nie – nie opowiadam się bynajmniej za światem robotów, w którym każdy otrzymuje identyczny przydział z Centrali.

Mówię o świecie, w którym zagwarantowane są dwie rzeczy:

1. zaspokojenie podstawowych potrzeb;
2. możliwość dalszego rozwoju.

Przy takiej obfitości zasobów naturalnych, przy takiej zamożności nielicznych nie zdołaliście zapewnić ani jednego, ani drugiego. Uwięziliście za to miliony na samym dole społeczno-ekonomicznej drabiny i stworzyliście światopogląd, który to utrwala. Pozwalacie, aby tysiące umierało z braku podstawowych rzeczy niezbędnych do życia.

Przy całej wspaniałości świata, wy nie zdobyliście się jeszcze na taką wspaniałomyślność, aby uchronić ludzi od przymierania głodem, a tym bardziej przestać się wzajemnie zabijać. Na waszych oczach konają **dzieci.** Unieszkodliwiacie tych, którzy się z wami nie zgadzają.

Jesteście prymitywni.

A myślimy, że jesteśmy tacy rozwinięci.

Prymitywne społeczeństwo najłatwiej rozpoznać po tym, że uważa się za rozwinięte. Prymitywną świadomość najłatwiej rozpoznać po tym, że uważa się za oświeconą.

Podsumowując, na pierwszy stopień wiodący do świata, w którym zagwarantowane są te dwa fundamentalne prawa, możemy się wznieść...

Dzięki dwóm zmianom, przesunięciom w paradygmacie politycznym oraz duchowym.

Powołanie wspólnego rządu światowego oznaczałoby zarazem utworzenie silnego trybunału, zdolnego rozstrzygać międzynarodowe spory, a także pokojowych sił zbrojnych czuwających nad respektowaniem praw, które sami ustanowicie.

Rząd światowy składałby się z Kongresu Narodów – do którego wchodziłoby po dwóch przedstawicieli z każdego państwa na Ziemi – oraz Zgromadzenia Ludowego – gdzie przedstawicielstwo byłoby wprost proporcjonalne do wielkości populacji.

Dokładnie tak samo pomyślany jest rząd Stanów Zjednoczonych – z dwiema izbami, z których jedna zapewnia uczestnictwo proporcjonalne, a druga równy głos każdemu stanowi.

Owszem. Konstytucję Stanów Zjednoczonych natchnął sam Bóg.

Podobną równowagę sił trzeba wpisać w nowe urządzenie świata.

Rząd ogólnoświatowy musi się również składać z władzy ustawodawczej, sadowniczej i wykonawczej.

Każde państwo zachowałoby wewnętrzną policję, ale rozwiązanoby armie narodowe – podobnie jak poszczególne stany wyzbyły się własnych odrębnych wojsk i flot na rzecz federalnych sił zbrojnych służących całości stanów, które teraz zwiecie narodem amerykańskim.

Poszczególne państwa miałyby prawo powoływać w razie potrzeby własną straż obywatelską, do czego w myśl konstytucji są wciąż uprawnione wszystkie ze Stanów Zjednoczonych Ameryki.

Podobnie każdy ze zrzeszonych narodów mógłby się odłączyć od Ogólnoświatowej Unii, gdyby za tym opowiedzieli się przez publiczne głosowanie jego obywatele (choć dlaczego mieliby tego chcieć, nie umiem wyjaśnić, biorąc pod uwagę zakładany fakt poprawy warunków i jakości ich życia).

Dla tych z nas, którzy nie łapią wszystkiego w lot, jeszcze raz: co przyniosłaby taka ogólnoświatowa federacja?

1. Położyłaby kres wojnom między narodami i rozstrzyganiu sporów przez zabijanie.
2. Zakończyłaby poniżające ubóstwo, przymieranie głodem i masowy wyzysk ludzi i zasobów przez tych, którzy mają władze.
3. Doprowadziłaby do zaprzestania systematycznego wyniszczania Ziemi.
4. Umożliwiłaby wyrwanie się z kręgu wciąż nienasyconej konsumpcji.
5. Stworzyłaby możliwości – **naprawdę** równe – wznoszenia się do poziomu najszczytniejszego wyrażania Jaźni – **wszystkim** ludziom.
6. Zniosłaby wszelkie ograniczenia oraz dyskryminacje ludzi – w miejscu pracy, w ramach systemu politycznego czy w obrębie osobistych związków uczuciowych.

Czy ten nowy porządek świata będzie wymagał ponownego rozdziału dóbr?

Nie będzie wymagał **niczego.** Ponowny podział **zasobów,** nie dóbr, nastąpi z woli ludzi i dokona się niejako samoistnie.

Wszystkim zapewni się, na przykład, odpowiednie kształcenie. Wszystkim da się szansę wykorzystania tego wykształcenia w miejscu pracy – do **radosnej** realizacji własnych ambicji.

Wszystkim zagwarantuje się dostęp do opieki lekarskiej, zawsze i w pełnym zakresie.

Wszystkich zaopatrzy się w środki do życia, odzież i dach nad głową.

Wszystkim stworzy się godziwe warunki bytowania, tak że zwykłe **przetrwanie** przestanie być problemem i każdy będzie mógł cieszyć się prostymi wygodami.

Nawet jeśli ktoś na to nie zapracuje?

Pogląd, że na te rzeczy trzeba **zapracować,** bierze się z rozpowszechnionego myślenia, że trzeba sobie **zasłużyć na niebo.** Ale nie można się wkupić w łaskę Boga, i zresztą nie trzeba, ponieważ wszyscy już ją macie. Nie możecie się z tym pogodzić, bo sami nie możecie się na coś takiego zdobyć. Gdy nauczycie się **dawać** bez żadnych warunków do spełnienia (czyli inaczej mówiąc, **kochać** bezwarunkowo), wówczas będziecie potrafili **przyjmować** bez żadnych warunków.

Życie zostało obmyślane jako sposób na to, abyście mogli tego doświadczyć.

Spróbuj przyjąć następujący punkt widzenia: Ludzie mają prawo do zwyczajnego życia. Nawet jeśli nic nie robią. Nawet jeśli nie wnoszą żadnego własnego wkładu. Życie z zachowaniem godności to jedno z podstawowych praw człowieka. Dałem wam wystarczająco dużo. Teraz chodzi o to, aby się podzielić z innymi.

Ale co w takim razie powstrzyma ludzi od zwykłego marnowania życia, „obijania się" na cudzy koszt?

Po pierwsze, nie jest twoją rzeczą osądzać, co to znaczy „zmarnować życie". Jeśli ktoś nic nie robi, tylko przez 70 lat rozmyśla o poezji, aż w końcu przedstawia jeden wiersz, przynoszący prawdziwy przełom w pojmowaniu, wgląd, z którego mogą czerpać tysiące, czy takie życie jest zmarnowane? Albo gdy ktoś kłamie, oszukuje, knuje, szkodzi innym, ale pod koniec życia doznaje na skutek tego przebłysku – dochodzi do zrozumienia, które być może na próżno starał się zyskać w ciągu wielu wcieleń – i wreszcie wznosi się na wyższy stopień ewolucji, czy zaprzepaścił swoje życie?

Nie jest twoją rzeczą osądzać postępy drugiej duszy. Twoją rzeczą jest zdecydować, kim TY jesteś, a nie – kim był czy nie zdołał być kto inny.

Pytasz więc, co powstrzyma ludzi od zwykłego zmarnowania życia, „obijania się" na cudzy koszt, i odpowiedź brzmi: nic.

Czy naprawdę uważasz, że to się sprawdzi? Nie obawiasz się, że ci, którzy wnoszą wkład, zaczną krzywo patrzeć na darmozjadów?

Owszem, nie da się tego uniknąć, jeśli nie są oświeceni. Ale jednostki rozwinięte patrzyłyby na darmozjadów nie z niechęcią, lecz ze współczuciem.

Współczuciem?

Tak, gdyż zdawaliby sobie sprawę, że osoby pasożytujące na innych tracą niepowtarzalną okazję: możliwość tworzenia i doświadczania w chwale swej najwyższej idei o sobie. To samo w sobie byłoby dostateczną karą za ich lenistwo, jeśli w ogóle trzeba mówić o karze – co w rzeczywistości niczemu nie służy.

Ale czy nie złościłoby tych, którzy pracowaliby na ogólny dobrobyt, to, że odbiera im się owoce ich pracy i przekazuje obibokom?

Nie słuchasz uważnie. **Wszyscy** mieliby zapewnione środki potrzebne do przeżycia. Ci, którzy posiadają więcej, otrzymaliby sposobność przekazywania 10 procent swych zarobków, aby to urzeczywistnić.

Dochody określałaby otwarta gra sił na rynku gospodarczym, wyznaczająca wartość wkładu wnoszonego przez poszczególnych ludzi, jak to ma miejsce obecnie.

Lecz przez to ***dalej*** *panowałby podział na „bogatych" i „biednych"! To nie jest prawdziwa równość.*

Równość nie, ale równe **możliwości.** Każdy będzie mógł wieść skromne życie bez martwienia się o przetrwanie. I każdy będzie miał równe szanse zdobywania wiedzy i umiejętności oraz wykorzystania wrodzonych uzdolnień w Miejscu Radości.

W Miejscu Radości?

Tak będzie wówczas nazywane miejsce pracy.

Ale zawiść nie zaniknie?

Zawiść nie, ale zazdrość tak. Zawiść to naturalne dążenie do przekraczania siebie. Jak w przypadku dwulatka, który za wszelką cenę chce dosięgnąć klamki, aby dorównać starszemu bratu. Nie ma w tym nic złego. Zawiść to siła napędowa. Czyste pragnienie. Z niej rodzi się wielkość.

Zazdrość, z kolei, to uczucie płynące z lęku, które prowadzi do chęci pozbawienia kogoś tego, czego ma więcej. Często łączy się z goryczą. Podtrzymuje w człowieku złość. I niszczy. Z zazdrości można kogoś zabić. Wiadomo to tym, którzy mają za sobą doświadczenie, na przykład miłosnego trójkąta.

Zazdrość zabija, zawiść rodzi.

Zawistnym będzie dana możliwość odniesienia sukcesu na **ich** własny sposób. Nikt nie będzie gnębiony ekonomicznie, politycznie, społecznie. Ani z powodu rasy, płci czy skłonności seksualnych. Ani z powodu swego urodzenia, statusu klasowego czy wieku. Z żadnego powodu. Nie będzie się tolerować jakichkolwiek przejawów dyskryminacji.

I choć może utrzymać się zróżnicowanie na „biednych" i „bogatych", to znikną „głodujący" i „bez środków do życia".

Jak widzisz, nie zostanie usunięta z życia motywacja... **tylko desperacja.**

Ale skąd pewność, że znajdzie się dość udziałowców, aby „ponieść" darmozjadów?

Z wielkości ludzkiego ducha.

O!

Wbrew twoim czarnym przewidywaniom, przeciętna osoba **nie** zadowoli się zwykłym przetrwaniem. Poza tym ulegnie zmianie cały charakter dążenia do wielkości, gdy nastąpi zwrot duchowy.

A co spowoduje ten duchowy zwrot. Jak dotąd nie nastąpił w ciągu dwóch tysięcy lat.

Dlaczego nie dwóch milionów?

Niech będzie. W każdym razie dlaczego miałby dokonać się teraz?

Ponieważ wraz z odwrotem od konieczności przeżycia materialnego, nabywania poczucia bezpieczeństwa za cenę bezwzględnego dążenia do sukcesu znikną wszelkie powody, aby sięgać dalej, niż wzrok sięgnie, aby się wyróżniać, osiągnąć wielkość, poza jednym – **chęcią doświadczenia samej wielkości!**

Czy to dostateczna pobudka?

Ludzki duch wzlatuje, a nie upada w obliczu rzeczywistej szansy. Dusza zwraca się ku wyższemu doświadczeniu siebie, a nie niższemu. Wie o tym, kto zaznał **prawdziwej wielkości** choć na krótką chwilę.

A co z władzą? W tym nowym porządku niektórzy nadal będą cieszyć się nadmiarem władzy i bogactwa.

Zyski finansowe zostaną ograniczone.

No i znowu to samo. Chcesz wytłumaczyć mi, jak to będzie możliwe, zanim ja udowodnię, że to się nie uda?

Owszem. Podobnie jak minimum dochodów, zostanie też ustalone maksimum. Przede wszystkim niemal każdy będzie oddawał dziesięć procent na rzecz ogólnoświatowego rządu. W formie dobrowolnego opodatkowania, o którym wspominałem wcześniej.

Tak... stara propozycja „równych podatków".

Na obecnym etapie rozwoju waszego społeczeństwa musiałoby to przyjąć formę podatku, ponieważ nie dojrzeliście jeszcze do tego, aby pojąć, że dobrowolna danina dla dobra ogółu leży w waszym najlepszym interesie.

Jednak kiedy nastąpi ów przełom w świadomości, takie otwarte, dobrowolne i wspaniałomyślne zrzeknięcie się części dochodów uznane zostanie za rzecz jak najbardziej właściwą.

Muszę Ci coś powiedzieć. Pozwolisz, że Ci przerwę?

Proszę, mów śmiało.

Dziwi mnie to wszystko. Nigdy nie myślałem, że usłyszę od Boga konkretne rozwiązania polityczne. Naprawdę. Jak mam przekonać ludzi, że ***Bóg opowiada się za równym podatkiem?***

Upierasz się przy określeniu „podatek", to zrozumiałe, ponieważ obca ci się wydaje idea zwykłego oddania 10 procent swojej nadwyżki. Niemniej dlaczego tak trudno ci się pogodzić z tym, że mam w tej sprawie określony pogląd?

Sądziłem, że Bóg nie wydaje sądów, że nie troszczy się o takie rzeczy.

Postawmy sprawę jasno. W trakcie naszego poprzedniego dialogu – który nazwałeś „księgą pierwszą" – odpowiadałem na rozmaite pytania. Dotyczące udanych związków, pracy zawodowej, a nawet żywienia. Czym więc różni się ta sprawa?

Nie wiem. Po prostu wydaje się ***inna****. To znaczy czy naprawdę masz jakieś polityczne poglądy? Popierasz republikanów? To by dopiero było! Bóg –* ***zwolennikiem Partii Republikańskiej****.*

Wolałbyś, abym popierał demokratów? Uchowaj Boże!

Zabawny jesteś. Nie, wolałbym, abyś był apolityczny.

I taki jestem. Nie mam żadnych politycznych przekonań.

Coś w stylu Clintona.

Teraz tobie się udało. Cenię poczucie humoru, a ty?

Nie spodziewałem się chyba, że Bóg ma poczucie humoru czy poglądy polityczne.

I przypomina człowieka, co?

W porządku, jeszcze raz wyświadczę ci przysługę i ustawię wszystko, co powiedziałem tu i w części pierwszej, we właściwym świetle.

Nie oceniam tego, jak prowadzisz swoje życie, i nic nie narzucam. Moim pragnieniem jest jedynie, abyś doświadczył siebie w pełni jako twórczej istoty, po to, abyś mógł siebie naprawdę poznać.

Rozumiem. Idźmy dalej.

Na każde pytanie odpowiadałem mając na uwadze, co sam jako twórcza istota próbujesz osiągnąć. Na przykład chciałeś wiedzieć, na czym polega sekret tworzenia harmonijnych związków, pamiętasz?

Oczywiście.

Czy moje odpowiedzi budziły wówczas tyle kontrowersji? Czy trudno ci było pogodzić się z tym, że mam w tej sprawie jakiś punkt widzenia?

Nie zastanawiałem się nad tym. Po prostu czytałem odpowiedzi.

Niemniej Moje odpowiedzi uwzględniały kontekst, w jakim stawiałeś swoje pytania. To znaczy, zakładając, że pragniesz być taki czy inny, jak do tego dojść? I pokazywałem ci drogę.

Zgadza się, pokazywałeś. To samo robię teraz.

Tylko że... sam nie wiem... trudniej mi przyjąć to niż tamto.

Czy masz na myśli to, że trudniej ci się **zgodzić** z tym, co mówię tutaj?

Cóż... właściwie...

Bo jeśli tak, to w porządku.

W porządku?

Ależ oczywiście.

Więc wolno być odmiennego zdania niż Bóg?

Jasne. A czego się obawiasz? Że rozdepczę cię jak robaka?

Prawdę mówiąc, tego jeszcze nie rozważałem.

Od samego początku świat Mi się sprzeciwia. Rzadko postępuje w myśl Moich zaleceń.

Nie da się zaprzeczyć.

To oczywiste. Gdyby ludzie słuchali Mych wskazówek – jakich udzielałem za pośrednictwem setek nauczycieli przez tysiące lat – świat wyglądałby inaczej. Więc jeśli chcesz ze Mną polemizować, proszę bardzo. Poza tym mogę się mylić.

Słucham?

Poza tym mogę się mylić. Dobre nieba... chyba nie bierzesz tego wszystkiego za świętą prawdę, co?

Chcesz powiedzieć, że nie mam traktować tej rozmowy poważnie?

Hola! Wolnego! Coś Mi się wydaje, że umknęła ci zasadnicza sprawa. Wracamy na pole nr 1: **To wy wszystko ustanawiacie sami.**

Co za ulga. A już sądziłem, że dostaję istotne wskazówki.

Jedyna Moja wskazówka brzmi: **kieruj się sercem.** Wsłuchaj się w duszę. Usłysz samego siebie. Nawet kiedy przedstawiam ci jakąś opcję, idee, punkt widzenia, nie masz obowiązku ich przyjmować. Jeśli się nie zgadzasz, to wyraź swój sprzeciw. **O to właśnie w tym chodzi.** Rzecz nie polega na tym, aby zastąpić jeden rodzaj uzależnienia nowym – **uzależnieniem od tej książki.** Rzecz polega na tym, abyś zaczął **myśleć. Samodzielnie.** Tym teraz jestem. Jestem tobą, **myślącym.** Na głos.

Chcesz powiedzieć, że te przekazy nie pochodzą z Najwyższego Źródła?

Ależ pochodzą! I tego właśnie nie potrafisz zaakceptować: **sam jesteś Najwyższym Źródłem.** I jeszcze jednego wciąż, jak widać, nie możesz pojąć: **sam stwarzasz to wszystko – całe swoje życie – tutaj, teraz.** Ty... TY... je tworzysz. Nie Ja. TY.

A zatem... czy niektóre odpowiedzi na te czysto polityczne kwestie ciebie nie zadowalają? **To je zmień.** Od razu. Zanim przerodzą się dla ciebie w **objawioną prawdę.** Zanim zaczniesz je urzeczywistniać. Zanim twa ostatnia myśl na jakiś temat stanie się ważniejsza, prawdziwsza od następnej.

Pamiętaj, to **nowa myśl** wytwarza twoją rzeczywistość. Zawsze.

Więc, raz jeszcze, czy masz jakieś zastrzeżenia do poglądów politycznych ujawnionych w trakcie naszej dyskusji?

Właściwie, nie. W gruncie rzeczy, zgadzam się z Tobą w wielu punktach. Po prostu nie wiem, jaki zrobić z tego użytek.

Jaki chcesz. Nie rozumiesz? **Przecież tak postępujesz z całym swoim życiem!**

W porządku, zgoda... Chyba pojmuję. Chciałbym dalej poprowadzić tę rozmowę, chociażby po to, aby zobaczyć, dokąd nas zaprowadzi.

Nie mam nic przeciwko temu.

Stanęliśmy na tym, że...

W innych społeczeństwach – oświeconych – odkładanie ustalonej wysokości z tego, co się otrzymuje (co wy zwiecie „dochodem"), z przeznaczeniem na dobro ogółu, jest dość powszechnym zwyczajem. W ramach nowego układu, jaki tu zakreśliliśmy dla waszego społeczeństwa, każdy zarabiałby rocznie tyle, ile jest w stanie zarobić – i zachowałby swe zarobki, do pewnego pułapu.

Jakiego pułapu?

Dowolnego, uzgodnionego przez wszystkich. A to, co wykraczałoby poza ten pułap?

Zasilałoby światowy fundusz dobroczynny, w postaci darowizny **imiennej,** aby ludzkość mogła poznać swych dobroczyńców.

Dobroczyńcy sprawowaliby bezpośredni nadzór nad rozprowadzaniem 60 procent swojego udziału, w ten sposób zyskaliby pewność, że większość ich pieniędzy trafia tam, gdzie oni sobie tego życzą.

Pozostałe 40 procent wspierałoby programy ustanowione i kierowane przez światową unię.

Jeśli będzie wiadomo, że powyżej pewnego limitu wszystkie zarobki zostaną ludziom odebrane, skąd będą czerpali podnietę do dalszej pracy? Czy będą chcieli iść dalej po osiągnięciu swego pułapu dochodów?

Niektórzy na pewno nie. Ale to nie szkodzi. Nie będzie wymogu pracy ponad określony poziom zarobków, gdzie zaczynają się już darowizny na fundusz dobroczynny. To, co się zaoszczędzi w wyniku zaprzestania masowej produkcji broni, wystarczy na pokrycie podstawowych potrzeb każdego. Jeśli do tego dołoży się dziesięcinę ze wszystkich dochodów na świecie, cała ludność, nie tylko garstka wybrańców, będzie się cieszyć godziwym i dostatnim życiem. Ponadto wpływy z zarobków ponad ustalony limit zapewnia możliwości rozwoju i realizacji osobistych ambicji na taką skalę, że konflikty społeczne i zazdrość stracą racje bytu.

Część przestanie pracować – zwłaszcza ci, którzy traktują swe życiowe zajęcie jak **prawdziwą pracę.** Lecz ci, którzy widzą w nim **absolutną radość,** nie ustaną nigdy.

Nie każdy ma to szczęście.

Nieprawda. **Radość płynącą z pracy bierze się ze znaczenia, jakie jej nadajemy.**

Doskonale rozumie to matka zrywająca się o czwartej rano, aby przewinąć dziecko. Mruczy i grucha do niego i wcale nie wygląda na to, aby wykonywała jakąś prace. Ale to jej stosunek do tego, co robi, jej intencja, cel, dla którego się tego podejmuje, zamieniają całą czynność w prawdziwą uciechę.

Posłużyłem się przykładem macierzyństwa, gdyż miłość matki do dziecka najbardziej unaocznia niektóre koncepcje, jakie tu i w całej trylogii przedstawiam.

Mimo to czemu miałoby służyć wyeliminowanie „nieograniczonego potencjału dochodowego”? Czy nie pozbawiłoby to ludzkiego doświadczenia jednej z największych jego możliwości, jednej z najbardziej ekscytujących przygód życia?

Chociaż miałbyś szansę zarobienia nieprzyzwoitej wprost ilości pieniędzy. Górny pułap dochodów byłby bardzo wysoki – przekraczając wszelkie potrzeby jednej... dziesięciu przeciętnych osób. Poza tym suma zarobków nie byłaby ograniczona – tylko kwota, jaką zachowałbyś do osobistego użytku. Pozostałość – to, co przekracza powiedzmy 25 milionów dolarów (biorę te liczbę z powietrza, aby posłużyć się konkretnym przykładem) – wspierałaby programy i działania służące całej ludzkości.

Co się zaś tyczy powodu...

Ustalenie górnej granicy zarobków, które trafiałyby do prywatnej kieszeni, byłoby świadectwem zwrotu w świadomości ogółu, przekonania, że najwyższym celem życia nie jest zgromadzenie największego bogactwa, lecz czynienie największego dobra – i co za tym idzie, zrozumienia, że to **skupianie dóbr,** nie ich podział, stanowi przyczynę palących problemów społecznych i politycznych w świecie.

Możliwość bogacenia się – nieograniczonego – to kamień węgielny kapitalizmu, systemu opartego na wolnej konkurencji i niczym nie krępowanej przedsiębiorczości, który doprowadził do powstania najwspanialszego społeczeństwa na całym świecie.

Sęk w tym, że naprawdę w to wierzysz.

Ja nie. Wypowiedziałem to w imieniu tych, którzy są o tym święcie przekonani.

Ci, którzy szczerze w to wierzą, są strasznie zaślepieni i nie dostrzegają, co się wyprawia na tym świecie.

W Stanach Zjednoczonych 1,5 procent ludzi będących na szczycie w sumie przewyższa zamożnością 90 procent stanowiących dół drabiny społecznej. Majątek 834 tysięcy najbogatszych wynosi jeden bilion dolarów więcej niż **84 milionów biedaków łącznie.**

I co z tego? Przecież na to zapracowali.

Wy, Amerykanie, postrzegacie status klasowy wyłącznie jako pochodną wysiłku jednostki. Niektórzy się „dorobili", więc zakładacie, że każdy może. To uproszczony i naiwny pogląd. Przyjmuje bowiem, że przed każdym stoją otworem równe możliwości, podczas gdy w Stanach Zjednoczonych, tak jak w Meksyku, bogaci i wpływowi dążą do utrzymania majątku i wpływów oraz **do ich pomnożenia.**

I co w tym złego?

Odbywa się to przez systematyczne **zwalczanie** konkurencji, instytucjonalne **utrącanie** rzeczywistych możliwości, wspólne **kontrolowanie** przepływu i wzrostu bogactw.

Stosowane są przeróżne zabiegi, od nieuczciwych praktyk w miejscach pracy, wyzyskiwania biedaków, po kumoterstwo i „sitwy starych kolesiów", hamujące napływ nowych twarzy do Wewnętrznego Kręgu szczęściarzy.

Następnie dąży się do zdobycia kontroli nad polityką społeczną i programami rządu, aby jeszcze **bardziej** ugruntować podległość i posłuszeństwo mas.

Nie wierzę, że tak postępują bogaci. A przynajmniej większość. O tego rodzaju spisek można by posądzić pojedyncze grupy...

Oczywiście, że bogate **jednostki** nie postępują tak w większości przypadków. To systemy społeczne i instytucje, za którymi stoją. To bogaci i wpływowi są ich twórcami – dlatego podtrzymują ich istnienie.

Dzięki temu, że ukrywają się za tymi tworami, pojedyncze osoby mogą się rozgrzeszyć z indywidualnej odpowiedzialności za warunki, w których masy są uciskane, a bogaci i wpływowi kwitną.

Weźmy na przykład opiekę lekarską w Stanach Zjednoczonych. Miliony biednych Amerykanów pozbawione są dostępu do profilaktyki zdrowotnej. Nie można tutaj wskazać na **konkretnego lekarza** i powiedzieć: „to twoja wina, to ty jesteś odpowiedzialny za to, że w najbogatszym kraju świata miliony osób nie mogą liczyć na wizytę u lekarza, z wyjątkiem nagłych przypadków na pogotowiu ratunkowym".

Nie można za to winić żadnego **pojedynczego** lekarza, ale **korzysta na tym całe środowisko medyczne.** Sprzymierzone z pewnymi gałęziami przemysłu, czerpie ono niespotykane dotąd zyski z systemu, który usankcjonował dyskryminację ubogich i niepracujących.

To tylko jeden z przykładów na to, jak „system" utrzymuje zamożnych w zamożności, a biednych w biedzie.

Cały problem w tym, że bogaci i wpływowi **stanowczo opierają się wszelkim próbom zmian istniejącego stanu rzeczy.** Występują przeciwko rozwiązaniom politycznym czy ekonomicznym, które mają na celu przywrócić prawdziwą godność ludziom i stworzyć im równe szanse.

Każdy z nich z osobna to zazwyczaj całkiem sympatyczny człowiek, pełen dobrej woli i współczucia. Lecz wspomnij tylko o jakiejś zagrażającej ich pozycji koncepcji, na przykład o ograniczeniu wysokości rocznych zarobków (nawet do tak niedorzecznie wysokiej sumy jak 25 milionów dolarów), a zaraz zaczną jęczeć o naruszaniu praw jednostki, podważaniu amerykańskich wartości i utracie motywacji.

Ale jak to się ma do prawa **wszystkich** ludzi do znośnych warunków życia, do dostatecznego odżywiania się, do ubrania? A co z prawem ludzi na całym świecie do właściwej opieki lekarskiej – z prawem do **niecierpienia** lub **nieumierania** w wyniku stosunkowo niegroźnych powikłań, przezwyciężenie których dla bogatych jest drobnostką?

Zasoby waszej planety – **włączając w to owoce trudu** wyzyskiwanych mas nędzarzy – stanowią własność całej ludności świata, a nie wyłącznie potężnych wyzyskiwaczy.

Oto jak wygląda mechanizm wyzysku: Bogaci przemysłowcy wyszukują kraj czy obszar, gdzie panuje bezrobocie, ludzie nie mają środków do życia, słowem skrajna nędza. Budują tam fabrykę i proponują tym biedakom pracę – czasem w wymiarze 10, 12, a nawet 14 godzin dziennie – za mocno zaniżone wynagrodzenie. Podkreślam, że nie starcza to biedakom na wyniesienie się z zatęchłych nor, po prostu utrzymuje ich przy życiu.

A gdy zwraca się na to uwagę, kapitaliści odpowiadają: „Przecież mają lepiej niż **przedtem! Poprawiliśmy** ich los! Przecież **pracują,** prawda? Stworzyliśmy im **możliwości!** To my ponosimy całe **ryzyko!**"

Ale ile można ryzykować płacąc ludziom 75 centów na godzinę przy produkcji obuwia sportowego, które zostanie sprzedane po 125 dolarów za parę?

Czy to ponoszenie ryzyka, czy zwykły wyzysk?

Tego rodzaju ekscesy zdarzyć się mogą wyłącznie **w świecie, którym rządzi chciwość, gdzie na pierwszym miejscu stawia się wysokość zysku, a nie ludzką godność.**

Ci, którzy twierdza, że „na tle ogólnej sytuacji społecznej w ich kraju tym wieśniakom powodzi się **znakomicie!"**, to obłudnicy w najczystszej postaci. Rzuciliby tonącemu linę, ale **nie przyciągnęliby go do brzegu.** Potem przechwalaliby się, że **lina i tak jest lepsza niż kamień.**

Zamiast przywrócić ludziom prawdziwą godność, „posiadacze" dają „golcom" tyle, aby ich od siebie uzależnić, lecz nie dość, aby kiedykolwiek urośli w siłę. Kto ma gospodarczą władzę, przestaje podlegać „systemowi", zaczyna go kształtować. A tego nie życzyliby sobie twórcy systemu!

Więc spisek trwa. Lecz dla większości bogatych i wpływowych jest to raczej **zmowa milczenia.**

Ruszaj więc – idź swoją drogą – lecz za nic nie wspominaj o niegodziwości układu społeczno-ekonomicznego, w ramach którego dyrektor otrzymuje 70 milionów dolarów premii za zwiększenie sprzedaży napoju, podczas gdy 70 milionów ludzi nie stać na jego picie – nie mówiąc już o zdrowym odżywianiu się.

Nie dostrzegaj tej całej grandy. Nazwij to gospodarką wolnorynkową i głoś ją z dumą.

Lecz napisane jest:

Jeśli chcesz być doskonały,
idź, sprzedaj, co posiadasz, i rozdaj ubogim,
a będziesz miał skarb w niebie.
A gdy młodzieniec usłyszał to słowo,
odszedł, zasmucony,
miał bowiem wiele majętności.

19

Po raz pierwszy dostrzegam w Tobie takie oburzenie. Bóg się nie oburza. To dowód, że nie jesteś Bogiem.

Bóg **jest wszystkim** i **staje się** wszystkim. Nie ma rzeczy, która Bóg nie jest. Wszystko, czego Bóg doświadcza z siebie, doświadcza w tobie i przez ciebie. To swoje oburzenie odczuwasz, nie Moje.

Masz rację. Gdyż zgadzam się ze wszystkim, co powiedziałeś.

Wiedz, że cokolwiek wysyłam, dociera do ciebie przefiltrowane przez twe własne doświadczenie, twą własną prawdę, decyzje, wybory i oświadczenia dotyczące tego, Kim Jesteś i Kim Postanawiasz Być. W żaden inny sposób nie mógłbyś tego odebrać. I zresztą nie powinieneś.

I tu Cię mam po raz kolejny. Chcesz mi wmówić, że to nie są wcale ***Twoje*** *idee i odczucia, że ta* ***cała książka*** *może być pomyłką? Dajesz mi do zrozumienia, że doświadczenie dialogu z Tobą być może jest niczym więcej jak zestawieniem* ***moich*** *poglądów i wrażeń na dany temat?*

Rozważ taką możliwość, że **Ja ci podsuwam** twoje myśli i wrażenia na dany temat (a skąd miałyby się brać?);

że współtworzę z tobą twoje doświadczenia; że mam pewien udział w twych decyzjach, wyborach i oświadczeniach. Rozważ taką możliwość, że wybrałem ciebie, obok wielu innych, na Mojego posłańca na długo, nim powstała ta książka.

Trudno mi w to uwierzyć.

Wałkowaliśmy te kwestie w części pierwszej. Ja nie przestanę przemawiać do świata, a będę to czynić, między innymi przez mych nauczycieli i posłańców. A na łamach niniejszej książki ogłoszę twojemu światu, że gospodarcze, polityczne, społeczne i religijne systemy, jakie na nim panują, są prymitywne. Lecz wasza pycha każe wam sądzić, że są najlepsze. Opieracie się zmianom, reformom, które mogłyby cokolwiek wam uszczknąć – nieważne, ilu mogłoby na nich skorzystać.

Raz jeszcze powtarzam – waszej planecie potrzebny jest powszechny zwrot w świadomości. Przemiana sposobu myślenia. Odrodzenie szacunku dla wszelkich przejawów życia. Pogłębione zrozumienie współzależności wszystkich rzeczy.

Cóż, przecież jesteś Bogiem. Jeśli nie odpowiada Ci obecny stan świata, dlaczego go nie zmienisz?

Jak już tłumaczyłem, od samego początku postanowiłem dać wam całkowitą swobodę tworzenia swojego życia – a tym samym i Jaźni – zgodnie z waszym własnym upodobaniem. Nie sposób, abyś poznał siebie jako Stwórcę, jeśli Ja powiem ci, co masz tworzyć i jak, a następnie przymuszę cię czy sprawię w inny sposób, abyś tak postąpił. To równałoby się zaprzepaszczeniu Mojego postanowienia.

Ale spójrzmy tylko, co **powstało** na waszej planecie i czy nie jest to powodem do oburzenia. Weź dzisiejszą gazetę.

Dobrze. Dziś jest sobota, 9 kwietnia 1994 roku. Mam przed sobą „San Francisco Chronicie".

Otwórz ją na dowolnej stronie.

W porządku. Oto strona siódma działu A.

Świetnie. I co tam widzimy?

Nagłówek mówiący, KRAJE ROZWIJAJĄCE SIĘ DEBATUJĄ NAD PRAWEM PRACY.

Znakomicie. Idź dalej.

Artykuł mówi o tak zwanym „starym rozłamie" między krajami uprzemysłowionymi a rozwijającymi się odnośnie do prawa do pracy. Przywódcy biedniejszych krajów „obawiają się, że kampania na rzecz zwiększenia praw pracowniczych może przyczynić się do zablokowania dostępu ich niskonakładowych towarów do rynków zamożnych państw".

Dalej podaje, że przedstawiciele Brazylii, Malezji, Indii, Singapuru i innych krajów rozwijających się nie zgodzili się na powołanie stałej komisji Światowej Organizacji Handlu, której zadaniem byłoby opracowanie wytycznych dotyczących praw pracowniczych.

O jakie prawa chodzi?

„Podstawowe prawa robotników", takie jak zakaz pracy przymusowej, ustanowienie standardów bezpieczeństwa w miejscu pracy i gwarancja możliwości zawierania umów zbiorowych.

A dlaczego kraje rozwijające się sprzeciwiają się ujęciu takich praw w umowie międzynarodowej? Odpowiem ci. Przede wszystkim, postawmy sprawę jasno – to nie **robotnicy** w tych państwach są temu przeciwni. Owi „przedstawiciele" to zapewne właściciele fabryk albo ich bliscy sprzymierzeńcy. Innymi słowy – ludzie bogaci i wpływowi.

Jak w czasach poprzedzających działalność ruchu robotniczego w Stanach Zjednoczonych, pojedyncze osoby czerpią zyski z wyzysku robotników na masową skalę.

Możesz być pewny, że stoi za nimi potężny kapitał amerykański oraz innych zamożnych państw, gdzie nieuczciwe wykorzystywanie cudzej pracy już jest niemożliwe i dlatego przemysłowcy szukają podwykonawców w krajach rozwijających się (lub stawiają tam własne zakłady), aby nakładem tamtejszej taniej i bezbronnej siły roboczej pomnażać swoje już i tak nieprzyzwoite dochody.

Ale w artykule napisane jest, że to nasz rząd – obecna administracja – domaga się zawarcia międzynarodowej umowy o ochronie praw pracowniczych.

Wasz obecny przywódca Bill Clinton uznaje podstawowe prawa robotników, na przekór potężnym przemysłowcom. Dzielnie przeciwstawia się interesom wielkiego kapitału. Inni amerykańscy prezydenci oraz przywódcy na całym świecie ginęli za drobniejsze sprawy.

Wróżysz Clintonowi skrytobójczą śmierć?

Powiedzmy, że będą czynione ogromne starania, aby usunąć go z urzędu. **Muszą** go stamtąd wyrzucić – jak pozbyli się Johna Kennedy'ego trzydzieści lat wcześniej.

Jak Kennedy, Bill Clinton podejmuje działania będące solą w oku wielkiego kapitału. Nie tylko forsuje uznanie praw robotników na całym świecie, ale również opowiada się po stronie przeciętnego zjadacza chleba przeciwko elicie dosłownie w każdej ważnej kwestii społecznej.

Uważa, że każdy ma, na przykład, prawo korzystać z porządnej opieki lekarskiej – niezależnie od tego, czy go stać na opłacenie zawrotnych kwot, w jakich rozsmakowało się środowisko medyczne Ameryki, czy też nie. Nawołuje do obniżenia tych kosztów. Nie przysporzyło to jemu zwolenników wśród znaczącego odłamu zamożnych i potężnych Ameryki – producentów lekarstw, firm ubezpieczeniowych, korporacji medycznych i przedsiębiorców, którzy muszą zapewnić swym pracownikom godziwą ochronę zdrowia. Ta olbrzymia rzesza ludzi zarabiających krocie będzie musiała nieco ograniczyć swoje zyski, aby uboższe warstwy amerykańskiego społeczeństwa mogły otrzymać właściwą opiekę lekarską.

Wszystko to sprawia, że Clinton nie jest powszechnym ulubieńcem. Przynajmniej nie w pewnych kręgach, które udowodniły w tym stuleciu, że potrafią złożyć prezydenta z urzędu.

Masz na myśli...?

Mam na myśli to, że walka między posiadaczami a „golcami" trwa od wieków i nie oszczędza ani skrawka waszej planety. Będzie to się działo, dopóki względy ekonomiczne będą przesłaniać racje humanitarne – dopóki najważniejsze będzie dla człowieka ciało, nie dusza.

Chyba masz rację. Na stronie czternastej działu A tej samej gazety widnieje nagłówek: KRYZYS RODZI NIEZADOWOLENIE W NIEMCZECH. W podtytule napisane jest: „Przy bezrobociu, osiągającym najwyższe rozmiary w powojennej historii Niemiec, pogłębia się przepaść między biednymi a bogatymi".

Tak. I jaka jest treść artykułu?

Wśród zwolnionych inżynierów, naukowców, robotników, stolarzy i kucharzy panuje rozgoryczenie. Społeczeństwo odczuło recesję gospodarczą, jednak „w powszechnej świadomości jej skutki nie zostały sprawiedliwie rozłożone".

Zgadza się. Nie zostały. Czy artykuł podaje przyczyny tych zwolnień?

Tak. Ci niezadowoleni pracownicy zostali zwolnieni, ponieważ „ich zakłady zostały przeniesione do kraju, gdzie siła robocza jest tańsza".

Aha. Ciekawe, czy wielu czytelników tej gazety skojarzyło ten artykuł z poprzednim.

Dalej mowa jest o tym, że gdy dochodzi do zbiorowych zwolnień, na pierwszy ogień idą kobiety: „kobiety stanowią po-

nad połowę bezrobotnych w całym kraju, a na Wschodzie blisko dwie trzecie".

Oczywiście. Jak nie przestają podkreślać na każdym kroku, wasze społeczno-ekonomiczne mechanizmy pozwalają na systematyczną dyskryminację grup ludzi. Nie zapewniacie równych możliwości, mimo że przez cały czas zarzekacie się, że tak. Musicie jednak wierzyć w tę fikcję, aby zachować dobre mniemanie o sobie, i z reguły wrogo odnosicie się do każdego, kto tę fikcję burzy. Nie przyjmujecie do wiadomości przedstawionych wam dowodów.

Jesteście społeczeństwem strusi.

No dobrze – o czym jeszcze piszą w tej gazecie?

Na stronie czwartej tego samego działu jest zapowiedź WZNOWIENIA DĄŻEŃ WŁADZ FEDERALNYCH DO ZNIESIENIA KRZYWDZĄCEGO PRAWA NAJMU. Jak podaje artykuł, „przedstawiciele rządu do spraw mieszkaniowych opracowują projekt, który wymusi podjęcie... bezprecedensowych starań na rzecz zakończenia dyskryminacji rasowej w najmie mieszkań".

Musicie zadać sobie pytanie: dlaczego starania takie trzeba wymuszać?

Istnieje sprawiedliwe prawo lokalowe, które zabrania dyskryminacji przy najmie mieszkań z powodu rasy, koloru skóry, wyznania, płci, narodowości, niepełnosprawności czy sytuacji rodzinnej. Mimo to uprzedzenia utrzymują się wśród wielu społeczności. W tym kraju nadal panuje przekonanie, że każdy ma prawo robić ze swą własnością, co mu się żyw-

nie podoba – w tym odmawiać wynajęcia mieszkania, jeśli taka jest jego wola.

Ale gdyby każdemu posiadaczowi nieruchomości pozwolono na niczym nie ograniczony wybór i gdyby dokonywane wybory odzwierciedlały tendencje w świadomości ogółu i postawy wobec określonych grup społecznych, wówczas określone odłamy ludności mogłyby zostać pozbawione możliwości korzystania z przyzwoitych warunków mieszkaniowych. A w sytuacji braku porządnych mieszkań po przystępnej cenie spekulanci mogliby zadać zawrotnych sum za „nory". I po raz kolejny bogaci i wpływowi wyzyskiwaliby masy, tym razem pod pretekstem „praw do nieruchomości".

Cóż, właściciele nieruchomości powinni mieć jakieś prawa.

Pytanie jednak, kiedy prawa garstki naruszają prawa większości?

Rozstrzygnąć to musi każde cywilizowane, społeczeństwo.

Czy przychodzi taki czas, że dobro ogółu przeważa nad prawami jednostek? Czy społeczeństwo ma zobowiązania wobec siebie samego?

Ustanowione przez was prawo uczciwego najmu świadczy o tym, że tak.

Lecz wszystkie porażki w egzekwowaniu tego prawa to odpowiedź możnych tego świata mówiąca: „Nie – liczą się tylko **nasze** prawa".

Lecz wasz obecny prezydent i jego administracja forsują tę sprawę. Nie zawsze amerykańscy prezydenci wykazywali taką chęć przeciwstawienia się bogatym i potężnym na kolejnym polu.

***Zgadza się**. Dalej napisane jest, że pełnomocnicy Clintona do spraw mieszkaniowych w krótkim okresie jego urzędowania wszczęli więcej postępowań wyjaśniających co do przypadków naruszenia prawa lokalowego **niż ich poprzednicy w ciągu dziesięciu lat**. Rzecznik Stowarzyszenia na rzecz Przestrzegania Praw Uczciwego Najmu, ciała doradczego z siedzibą w Waszyngtonie, powiedział, że determinacja administracji Clintona w tej sprawie jest zjawiskiem bezprecedensowym.*

Tak oto wasz prezydent przysparza sobie następnych wrogów: oprócz producentów i przemysłowców, firm farmaceutycznych i ubezpieczeniowych, lekarzy i korporacji medycznych, teraz jeszcze właścicieli nieruchomości. Wszystko to ludzie posiadający pieniądze i wpływy.

Clinton będzie miał ciężką przeprawę podczas swojego urzędowania.

Już teraz – w kwietniu 1994 roku – rośnie wobec niego niechęć.

Czy to wydanie „San Francisco Chronicie" zawiera jakieś inne informacje na temat dokonań ludzkiej rasy?

Na stronie czternastej zamieszczone jest zdjęcie rosyjskiego polityka wygrażającego pięściami. Poniżej widnieje nagłówek ŻYRINOWSKI DOPUSZCZA SIĘ RĘKOCZYNÓW W ROSYJSKIM PARLAMENCIE. Jak podaje artykuł, Władimir Żyrinowski „wdał się wczoraj w kolejną bójkę, okładając pięściami" swego politycznego przeciwnika i wrzeszcząc mu w twarz: „Wsadzę cię za kratki! Oskubię ci tę brodę włosek po włosku!"

A ty się dziwisz, że wojują całe **narody?** Oto przywódca liczącego się ugrupowania politycznego, który w kuluarach parlamentu dowodzi swej męskości **okładając pięściami swoich przeciwników.**

Stanowicie prymitywną rasę, która uznaje tylko siłę. Na waszej planecie prawdziwe prawo nie istnieje. Prawdziwe Prawo to Prawo Naturalne, którego nie trzeba objaśniać ani uczyć. Ono jest **widoczne.**

Prawdziwe prawo to prawo, któremu ludzie podporządkowali się dobrowolnie, ponieważ rządzi ono nimi w sposób naturalny. Ich przyzwolenie jest więc nie tyle zgodą, co wzajemnym uznaniem istniejącego porządku.

Tych praw nie trzeba egzekwować. Ich strażnikiem jest proste zjawisko niezaprzeczalnej konsekwencji.

Posłużę się przykładem. Oświecone istoty nie walą się po głowie młotkiem, bo to boli. Również nie walą po głowie młotkiem nikogo innego, z tego samego powodu.

Oświecone istoty spostrzegły bowiem, że jeśli uderzysz drugą osobę młotkiem, to ją zaboli. Jeśli będziesz dalej tak robił, ta osoba się zezłości. Jeśli będziesz ją złościć, poszuka ona sobie młotka i w końcu ciebie uderzy. Toteż oświecone istoty wiedzą, że jeśli walniesz kogoś młotkiem, to tak, jakbyś walnął samego siebie. Nieważne, kto ma większy młotek. Prędzej czy później ci się oberwie.

Ten skutek da się zauważyć.

Z kolei istoty nieoświecone – **prymitywne** – zauważają to samo, tyle że się nie przejmują.

Istot rozwiniętych nie pociąga zabawa w „kto ma najcięższy młot, wygrywa". Istoty prymitywne bawią się tylko w to.

Tak się składa, że to głównie męska zabawa. Niewiele kobiet z waszego gatunku lubuje się w niej. Kobiety oddają się nowej grze. Powiadają: „Dajcie nam młotek, a zaprowadzimy na tej ziemi sprawiedliwość, wolność i miłość między braćmi i siostrami".

Sugerujesz, że kobiety są wyżej rozwinięte od mężczyzn?

Ja nie osądzam. Po prostu zauważam.

Wiedz, że prawdę – jak naturalne prawo – można zaobserwować.

Z kolei prawa, które nie jest naturalne, zaobserwować się nie da i dlatego trzeba je wam wykładać. Trzeba wam **objaśnić,** dlaczego służy waszemu dobru, pokazać. To niełatwe zadanie, ponieważ jeśli coś służy waszemu dobru, to jest to **widoczne samo przez się.**

Tylko to, co nie jest widoczne samo przez się, trzeba objaśniać.

Tylko ktoś niezwykle uparty zdoła przekonać ludzi o czymś, co nie narzuca się samo. Do tego celu wynaleźliście polityków.

Oraz duchowieństwo.

Naukowcy raczej gadułami nie są. Niewiele mówią. Nie muszą. Jeśli przeprowadzą eksperyment, który się powiedzie, po prostu pokazują, co zdziałali. Wyniki mówią same za siebie. Stąd naukowcy są na ogół milczkami, bez skłonności do pustosłowia. To nie jest konieczne. Powód, dla którego pracują, jest widoczny sam przez się. Co więcej, jeśli coś im się nie uda, nie mają nic do powiedzenia.

W przeciwieństwie do polityków. Nawet jeśli im się nie powiedzie, gadają. Właściwie nawet czasem im bardziej zawodzą, tym więcej gadają.

To samo dotyczy nauczających religii. Im bardziej zawodzą, tym więcej gadają.

Lecz powiadam ci:

Prawda i Bóg znajdują się w jednym miejscu – w milczeniu.

Gdy odnalazłeś Boga, gdy odnalazłeś prawdę, nie ma potrzeby o tym mówić. To jest widoczne samo przez się.

Jeśli zaś dużo o Bogu **rozprawiasz,** to zapewne dlatego, że nadal poszukujesz. W porządku. To nic złego. Tylko pamiętaj, gdzie jesteś w swych poszukiwaniach.

*Ale nauczyciele przez cały czas mówią o Bogu. Tak jak **my** w tej **książce**.*

Uczysz tego, czego sam chcesz się nauczyć. To prawda, w tej książce dużo jest o Mnie, tak jak w życiu, co sprawia, że to trafny przykład. Poświęciłeś się pisaniu tej książki, ponieważ **nadal poszukujesz.**

Prawda.

Niezaprzeczalna. To samo odnosi się do tych, którzy ją czytają.

Ale odeszliśmy od tematu. Spytałeś na początku tego rozdziału, dlaczego jeśli nie odpowiada mi to, co dzieje się na świecie, tego nie zmienię.

Ja nie osądzam waszego postępowania. Po prostu przyglądam się i od czasu do czasu przekazuję swoje spostrzeżenia, jak czynię to w tej książce.

Ale teraz Ja muszę postawić ci pytanie. Zapomnij o moich uwagach i obserwacjach i powiedz, co ty czujesz widząc, jakie rzeczy wyprawia się na twojej planecie? Przejrzałeś zaledwie jeden dziennik i co wyszło na jaw:

- Państwa nie zgadzają się na przyznanie podstawowych praw robotnikom.
- Bogaci się bogacą, a biedacy biednieją w wyniku narastającego kryzysu ekonomicznego w Niemczech.
- Rząd jest zmuszony siłą wymóc na właścicielach nieruchomości, aby przestrzegali praw uczciwego najmu w Stanach Zjednoczonych.
- Wpływowy polityk wygrażał swym przeciwnikom: „Wsadzę cię za kratki! Oskubię ci te brodę włosek po włosku!", posuwając się do rękoczynów w siedzibie najwyższej władzy ustawodawczej Rosji.

Co jeszcze ma twoja gazeta do powiedzenia na temat waszego „cywilizowanego" społeczeństwa?

Na stronie trzynastej jest artykuł zatytułowany WOJNA DOMOWA W ANGOLI DZIESIĄTKUJE LUDNOŚĆ CYWILNĄ, w podtytule zaś napisane jest: „Na obszarach zajętych przez rebeliantów wojenni watażkowie opływają w luksusy, podczas gdy tysiące umiera z głodu".

Dziękuję, wystarczy. Mam już cały obraz. I to tylko wiadomości z jednego dnia?

Z jednego działu całej gazety.

Dlatego powiadam raz jeszcze – ekonomiczne, polityczne, społeczne i religijne systemy, jakie panują w waszym świecie są **prymitywne.** Jednak z powodu, jakie podałem, nie zamierzam nic w tej sprawie zrobić. Musicie mieć **wolny wybór** i **wolną wolę,** aby móc doświadczyć swego najwyższego przeznaczenia – czyli poznać siebie jako Stwórców.

Do tej pory, po tysiącach lat ewolucji, osiągnęliście tylko tyle, stworzyliście tylko to.

Czy to nie budzi twojego oburzenia?

I słusznie robicie, że prosicie Mnie o radę.

Twoja „cywilizacja" raz po raz zwracała się do Boga pytając: „Gdzie popełniliśmy błąd? Jak możemy to naprawić?" I choć tylekroć puszczaliście Moje słowa mimo uszu, nigdy nie przestanę wam doradzać. Jak troskliwy rodzic, chętnie podzielę się swymi uwagami, gdy zostanę o to poproszony. I jak dobry rodzic, nie przestaję kochać, nawet jeśli się Mnie lekceważy.

Przedstawiam sprawy dokładnie tak, jak się mają. I mówię, jak można temu zaradzić. Jeśli staram się ciebie poruszyć, to po to, aby skupić twoją uwagę. Widzę, że to mi się udało.

*Co mogłoby **spowodować** ten powszechny zwrot w świadomości, o którym tak często tu wspominasz?*

Trwa już powolne wykuwanie. Stopniowo odzieramy granitowy głaz ludzkiego doświadczenia ze zbędnej wybujałości, podobnie jak rzeźbiarz ociosuje kamień, aby wydobyć z niego piękny kształt ostateczny.

Odzieramy?

Tak. Ty i ja, za pośrednictwem tych książek, a także wielu innych posłańców. Pisarzy, artystów, reżyserów, muzyków, piosenkarzy, aktorów, tancerzy, nauczycieli, szamanów i guru. Polityków, przywódców (tak, są wśród nich porządni i uczciwi ludzie), lekarzy, prawników (tak, są wśród nich porządni i uczciwi ludzie), mam i tatusiów, dziadków i babć w niezliczonych kuchniach, pokojach i podwórkach Ameryki i całego świata.

Jesteście forpocztą, zwiastunami nowego ładu.

I zmienia się świadomość wielu ludzi.

Dzięki **wam. Dzięki** wam.

Czy potrzeba kataklizmu, nieszczęścia na skalę całego świata, aby to się stało, jak uważają niektórzy? Czy Ziemia musi pochylić się na swej osi, zderzyć z meteorem, pochłonąć cały kontynent, aby ludzie wreszcie posłuchali? Czy muszą nawiedzić nas przybysze z kosmosu i solidnie nastraszyć, zanim przejrzymy na tyle, żeby zrozumieć, iż stanowimy Jedność? Czy konieczna jest groźba zagłady, aby dać nam impuls do szukania nowego sposobu życia?

Takie dramatyczne wypadki nie muszą, ale mogą nastąpić.

Czy wystąpią?

Sądzisz, że przyszłość jest przewidywalna, nawet dla Boga? Powiadam ci: Twoja przyszłość nie jest ustalona. Możesz ją kształtować tak, jak chcesz.

Ale wcześniej mówiłeś, że „przyszłość" tak naprawdę nie istnieje; że wszystko dzieje się w Chwili Obecnej – w Wiecznej Teraźniejszości.

To prawda.

W takim razie, czy „teraz" spadają na nasz świat meteory, powodzie, trzęsienia ziemi i inne gromy, czy też nie? Nie mów, że jako Bóg tego nie ***wiesz.***

Czy tego właśnie chcesz dla świata?

*Oczywiście, że nie. Ale sam powiedziałeś, że wszystko, co **ma** się wydarzyć, **już** się wydarzyło – dzieje się **w tej chwili**.*

Owszem. Ale Wieczna Chwila Teraźniejszości wiecznie się **zmienia.** Przypomina mozaikę – wprawdzie jest, ale w jej ramach wszystko się przesuwa. Mrugniesz i w następnej sekundzie ujrzysz zupełnie inny układ. Patrz! Widzisz? Już jest inaczej!

JA NIEUSTANNIE SIĘ ZMIENIAM.

Co powoduje zmiany w Tobie?

Twoje wyobrażenie o Mnie! Twoja **myśl** na temat **Wszystkiego, Co Jest,** sprawia, że zmiana dokonuje się – w mgnieniu oka!

Czasem przeobrażenie jest subtelne, ledwo uchwytne. Wszystko zależy od potęgi **myśli.** Gdy myśl jest brzemienna mocą, gdy jest **wspólną** myślą, wówczas wywołuje ogromny skutek, niewiarygodny. **Wszystko ulega zmianie.**

Ale czy nastąpi jakaś katastrofa, która dotknie całą planetę?

Nie wiem. A ma nastąpić?

Wy decydujecie. Pamiętaj, sami wybieracie swoją rzeczywistość – właśnie **teraz.**

W takim razie ja wybieram, żeby nie nastąpiła.

No to nie nastąpi. Chyba że stanie się inaczej. O, proszę, znowu to samo.

Tak. Musisz nauczyć się żyć wśród sprzeczności. I musisz pojąć największe prawdę: Nic Nie Ma Znaczenia.

Nic nie ma znaczenia?

Wyjaśnię to w księdze trzeciej.

Zgoda... ale nie uśmiecha mi się znowu czekać.

I tak musisz sobie przyswoić mnóstwo rzeczy. Potrzeba ci trochę wytchnienia.

Ale nie rozstawajmy się jeszcze. Czuję, że mnie opuszczasz. Zawsze uderzasz w taki ton, gdy zbierasz się do odejścia. Chciałbym poruszyć jeszcze kilka tematów... na przykład przybyszów z kosmosu – czy naprawdę istnieją?

Właściwie mieliśmy to omówić w następnej książce.

No, uchyl dla mnie rąbka tajemnicy.

Chcesz wiedzieć, czy we wszechświecie występują jeszcze gdzieś inteligentne formy życia? Oczywiście, że tak.

Tak prymitywne jak my, ludzie?

Niektóre nawet bardziej, inne z kolei mniej. Są też bardzo wysoko rozwinięte formy życia.

Czy odwiedzali nas już goście z kosmosu?

Tak. Wielokrotnie.

W jakich celach?

Poznawczych. W pewnych przypadkach służąc dyskretną pomocą.

Jak wygląda ich pomoc?

Och, raz na jakiś czas przyspieszają bieg rzeczy. Zapewne jesteś świadomy tego, że w ciągu ostatnich 75 lat dokonaliście większego postępu technicznego niż **w okresie całej historii ludzkości?**

Owszem, tak sądzę.

I wyobrażasz sobie, że to wszystko zrodziło się w ludzkim umyśle – komputerowa tomografia mózgu, loty z naddźwiękową prędkością, wszczepiane mikroprocesory sterujące pracą serca?

No cóż... tak!

Więc dlaczego człowiek nie wymyślił tego tysiące lat wcześniej?

Nie wiem. Chyba odpowiednia technika nie była dostępna. To znaczy jedna rzecz wynika z drugiej. Nie było punktu wyjścia, aż się pojawił. Do tego trzeba ewolucji.

Nie uderza cię to, że w ciągu miliona lat ewolucji nagle, mniej więcej 75–100 lat temu, doszło do gwałtownego „wzrostu rozumienia"?

Czy nie jest odstępstwem od ogólnej prawidłowości to, że wielu ludzi **za swojego życia** było świadkami rozwoju dosłownie wszystkiego, od radia po radar i radionikę?

Czy nie widzisz, że to prawdziwy skok kwantowy? Krok naprzód tak ogromny, że opiera się wszelkim logicznym wytłumaczeniom?

Do czego zmierzasz?

Rozważ taką możliwość, że ktoś wam dopomógł.

Jeśli otrzymujemy „wsparcie" techniczne, dlaczego nie otrzymujemy wsparcia duchowego? Dlaczego nikt nie wspomaga nas w dziele przemiany świadomości?

Wspomaga.

Czyżby?

A ta książka, to co?

Hmmm.

Ponadto każdego dnia podsuwane są wam nowe idee, nowe myśli, nowe koncepcje.

Proces przemiany świadomości, zwrotu w sposobie myślenia na całej planecie, postępuje wolno. Wymaga czasu i cierpliwości. Pracy pokoleń.

Ale powoli się budzicie. Łagodnie przestawiacie. Po cichu zmieniacie.

Chcesz powiedzieć, że przybysze z kosmosu nam w tym pomagają?

Owszem. Nawet są teraz wśród was, wielu z nich. Wspierają was od lat.

Dlaczego działają po kryjomu? Dlaczego się nie ujawnią? Zwiększyłoby to skuteczność ich wysiłków, prawda?

Ich zadaniem jest wesprzeć was w dążeniu do zmiany, jakiej pragniecie, a nie ją wywołać; sprzyjać, a nie wymuszać.

Gdyby się ukazali światu, sama siła ich obecności kazałaby wam uszanować ich słowa. Jednak lepiej będzie, gdy ludzkość dojrzeje sama. Mądrość płynąca z wnętrza nie jest odrzucana tak pochopnie jak mądrość nabyta od innych. Dłużej zachowujecie to, coście sami wytworzyli, niż to, co po prostu przejęliście.

Czy kiedykolwiek je ujrzymy, poznamy prawdę o tych pozaziemskich istotach?

O, tak. Przyjdzie czas, że wasza świadomość się wzniesie, a lęk opadnie, i wtedy wam się ukażą.

Zresztą pojedyncze przypadki ujawnienia już się zdarzyły – wobec kilku wybranych.

A jak się ma do tego coraz popularniejsza teoria, mówiąca, że ci przybysze mają w stosunku do nas złe zamiary? Czy istotnie źle nam życzą?

A czy trafiają się ludzie, którzy źle życzą innym? Oczywiście.

Podobnie jest z niektórymi spośród pozaziemskich istot – tymi niżej rozwiniętymi. Ale pamiętaj Me zalecenie, aby nie osądzać. Nikt nie postępuje niewłaściwie, jeśli weźmie się pod uwagę jego obraz wszechświata.

Pewne istoty dokonały znacznego postępu technicznego, ale pod względem świadomości pozostały w tyle. To mniej więcej tak jak wasza rasa.

Ale skoro ci wrodzy nam przybysze mają taką techniczną przewagę, mogą nas unicestwić. Co ich przed tym powstrzyma?

Jesteście pod ochroną.

Naprawdę?

Tak. Macie sposobność urzeczywistnienia swego przeznaczenia. Wasza świadomość wytworzy końcowy wynik.

To znaczy?

To znaczy, że tu, jak we wszystkim innym, dostajecie to, co pomyślicie.

Przyciągasz to, czego się boisz. Utrwalasz to, przed czym się bronisz. Doświadczasz tego, co wybierasz.

Hmm. Niezupełnie to się zgadza z moim życiem.

To dlatego, że wątpisz. Wątpisz we Mnie.

To pewnie niezbyt mądre.

Zdecydowanie nie.

20

Dlaczego ludzie Tobie nie ufają?

Ponieważ nie ufają sobie.

Dlaczego sobie nie ufają?

Bo tak zostali nauczeni.

Przez kogo?

Ludzi podających się za Moich przedstawicieli.

Nie rozumiem. Po co?

Ponieważ to jedyny sposób, aby was sobie podporządkować. Trzeba podtrzymywać w was zwątpienie w siebie, bo inaczej upomnielibyście się o całą należną wam władzę. A to nie byłoby po myśli tych, którzy obecnie sprawują władzę. Oni dzierżą władzę, która należy się wam – i dobrze o tym wiedzą. A utrzymać władzę można jedynie hamując dążenia świata w kierunku rozpoznania i rozwiązania dwóch największych przeszkód w ludzkim doświadczeniu.

Czyli?

Mówiłem o tym wielokrotnie. Ale spróbuję podsumować: Większość problemów i konfliktów, jeśli nie wszystkie, i to zarówno światowych, jak i jednostkowych, można by usunąć, gdybyście zgodnie, jako całe społeczeństwo:

1. Odrzucili zasadę Odrębności.
2. Przyjęli zasadę Jawności.

Przestańcie podkreślać swoją oddzielność, nie istniejecie oddzielnie od całej reszty i ode Mnie. Mówcie odtąd każdemu tylko całą prawdę i gódźcie się tylko na własną najwspanialszą prawdę o Mnie.

Pierwszy wybór pociągnie za sobą drugi, gdyż kiedy dostrzeżecie i pojmiecie, że stanowicie Jedno ze Wszystkim, nie będziecie mogli głosić nieprawdy, zatajać ważnych informacji czy przyjmować postawy innej niż całkowitej otwartości, albowiem **jasno zobaczycie, że to szkodzi wam samym.**

Ale taka zmiana paradygmatu wymaga wielkiej mądrości i odwagi, ogromnej determinacji. Strach przeszyje bowiem na wskroś te koncepcje i ukaże je w fałszywym świetle. Strach będzie trawił od środka te wzniosłe prawdy i przedstawi je jako puste. Strach wypaczy, wzgardzi, wyniszczy. Dlatego strzeżcie się nade wszystko Strachu.

Jednak wasze od dawna upragnione i wytęsknione społeczeństwo nie nastanie, dopóki nie ujrzycie z całą jasnością tej ostatecznej prawdy: co robicie innym, sobie robicie; co zaniedbacie wobec innych, zaniedbacie wobec siebie; ból drugiego jest twoim bólem, radość drugiego jest twoją; wyrzekając się swojego w tym udziału, wyrzekasz się części siebie. Pora **upomnieć się o swoje.** Pora ponownie ujrzeć siebie, jakim jesteś w istocie, a zatem stać się w pełni widzialnym. Gdy zarówno ty jak i twoja więź z Bogiem staną się widzialne, wówczas My staniemy się **niepodzielni.** Nic nie będzie w stanie Nas rozłączyć.

Choć dalej będziesz żył w obrębie złudzenia odrębności, wykorzystasz ją do stworzenia swej Jaźni na nowo. Oświecony, przejdziesz swe kolejne wcielenia dostrzegając ich złudną naturę i z radością doświadczając tych aspektów swej Prawdziwej Istoty, jakich przyjdzie ci ochota doświadczać, lecz nigdy już nie dasz się nabrać na ich „realność". Nie będziesz musiał więcej uciekać się do zapomnienia, aby stwarzać swą Jaźń wciąż na nowo. Zachowując całą wiedzę o Odrębności, wybierzesz objawienie się w Oddzielnej Postaci jako środek wiodący do określonego celu. Kiedy zaś dostąpisz całkowitego oświecenia – gdy znów wstąpi w ciebie światło – jako powód kolejnego powrotu do życia w wymiarze fizykalnym możesz wybrać przypominanie innym. Może być twoim pragnieniem niesienie światła prawdy innym, pogrążonym jeszcze w iluzji, aby wreszcie przejrzeli. W ten sposób staniesz się uczestnikiem procesu powszechnego Oświecenia, Przebudzenia. Jak uczyniło to wielu.

Przybywali, aby pomóc nam poznać prawdę o nas samych.

Tak. To dusze oświecone, dusze, które osiągnęły kres ewolucji. Nie szukają już następnego najwyższego doświadczenia dla siebie. Już bowiem go zaznały. Teraz pragną tylko głosić nowinę o tym doświadczeniu wam. Ukażą wam drogę do Boga i życie z Nim. Oświadczą: „Ja jestem drogą i życiem. Idźcie za mną". Dadzą wam przykład tego, co znaczy żyć w nieustającej chwale świadomej więzi z Bogiem – co nazywa się Boską Świadomością.

Zawsze jesteśmy połączeni, ty i Ja. Inaczej być nie może. Lecz obecnie żyjesz nieświadomy tej jedności. Można również żyć w ciele zachowując pełną świadomość więzi ze Wszystkim, Co Jest, widząc jasno **najwyższą prawdę,** wyrażając bez skrępowania swą prawdziwą istotę. Czyniąc to, stajesz się wzorem dla innych do naśladowania, dla tych, którzy są dotknięci zapomnieniem. Jako żywa pamiątka ratujesz innych od zatracenia się w niepamięci.

To właśnie jest piekło – zatracenie się w niepamięci. Ale Ja na to nie pozwolę. Nie pozwolę, aby zabłąkała się choć jedna owca... i poślę pasterza.

Wielu już posłałem. I ty możesz zostać pasterzem. Gdy dusze budzą się ze snu, znów pamiętając, Czym Są, radują się aniołowie w niebiosach. Albowiem były zagubione, a teraz się odnalazły.

Tacy ludzie, te święte istoty, przebywają teraz wśród nas, prawda. To nie należy do przeszłości?

Zgadza się. Zawsze byli, są i będą między wami. Albowiem nie zostawię was bez przewodnika; nie opuszczę mej trzody, lecz poślę do niej Mego pasterza. Jest ich wielu na waszej planecie i w innych zakątkach wszechświata. I gdzieś we wszechświecie istoty te żyją w nieprzerwanej wspólnocie, nieustannie wyrażając najwyższą prawdę. To właśnie te oświecone społeczności, o jakich wspominałem. Istnieją naprawdę, gościliście u siebie ich wysłanników.

To znaczy, że Budda, Kryszna, Jezus byli przybyszami z ***kosmosu****?*

Ty to powiedziałeś, nie ja.

Ale czy to prawda?

Nie zetknąłeś się z tym poglądem wcześniej?

Nie. Ale czy to ***prawda****?*

A czy wobec tego wierzysz, że ci mistrzowie duchowi przebywali w jakimś miejscu, nim zjawili się na Ziemi, do którego powrócili po swej tak zwanej śmierci?

Owszem.

Gdzie, twoim zdaniem, się ono znajduje?

Zawsze sądziłem, że to coś, co nazywamy „niebem". Sądziłem, że zstąpili do nas z nieba.

A gdzie jest to niebo?

Nie wiem. Chyba w innym wymiarze.

Może świecie?

Cóż... ach, już rozumiem. Ale dla mnie byłby to ***świat ducha****, a nie po prostu inny świat, na innej* ***planecie****.*

To jest świat ducha. Co jednak każe ci zakładać, że te duchy – Święte Duchy – nie mogłyby, czy nie chciały, osiąść gdzie indziej we wszechświecie, **jak to już raz uczyniły, gdy przybyły do waszego świata?**

Nigdy tak na to nie patrzyłem. Inaczej to wszystko sobie wyobrażałem.

„Mój drogi Horacjo, są rzeczy na niebie i na ziemi, o jakich nie śniło się twoim filozofom."

To słowa Williama Szekspira, waszego wielkiego metafizyka.

*Czyli Jezus **był** kosmitą!*

Nic takiego nie powiedziałem.

Więc był, czy nie był?

Cierpliwości, Moje dziecko. Za bardzo się wyrywasz do przodu. Mam w zanadrzu więcej. Całe mnóstwo rzeczy, których starczy na kolejną książkę.

Mam zaczekać na trzecią część naszych rozmów?

Na samym początku zapowiedziałem, że będą trzy księgi. Pierwsza traktować będzie o prawdach i wyzwaniach życia w aspekcie jednostkowym. Druga poruszy prawdy dotyczącego waszego zbiorowego istnienia na tej planecie. W trzeciej zaś znajdą się prawdy najwyższego rzędu, odwieczne kwestie. W niej odsłonięte zostanę tajemnice wszechświata.

Chyba że nie.

No i proszę. Zaczynam tracić cierpliwość. Wiesz, już mi się sprzykrzyło to „życie w sprzeczności", jak Ty to nazywasz. Chcę, żeby było tak, jak jest.

I niech tak będzie.

Chyba że nie.

Otóż to! Właśnie! Wreszcie ZŁAPAŁEŚ! Rozumiesz Boską Dychotomię. Dostrzegasz cały obraz. Pojmujesz Mój plan.

Wszystko, **cokolwiek było, jest teraz i kiedykolwiek będzie, istnieje w tej chwili.** Tak więc wszystko... JEST. Lecz wszystko, co JEST, nieustannie się **zmienia,** gdyż życie to **ciągły proces tworzenia.** Toteż, w jakimś całkiem realnym sensie, To, Co JEST... zarazem NIE JEST.

To JESTESTWO nigdy nie jest TAKIE SAMO. Co oznacza, że JESTESTWO nie JEST.

Przepraszam, kolego, ale włos się od tego wszystkiego jeży. Jak coś może mieć w takim razie jakiekolwiek znaczenie?

Nie może. Ale znowu wyprzedzasz! Wszystko w swoim czasie, synu. Wszystko w swoim czasie. Te i jeszcze większe tajemnice wyjaśnione zostaną w księdze trzeciej. Chyba że... razem, raz dwa, trzy.

CHYBA ŻE NIE ZOSTANĄ.

Właśnie.

W porządku, zgoda... niech i tak będzie. Ale w międzyczasie, chociażby ze względu na tych, którzy może nie sięgną po tę książkę, jakich środków można użyć tu i teraz, aby odzyskać mądrość, jasność, dostęp do Boga? Czy trzeba nawrócić się na jakąś określoną religię? Czy ona jest tym brakującym ogniwem?

Rozwijaj duchowość. Zapomnij o religii.

To wielu ludzi oburzy.

Cała ta książka może wywołać oburzenie... chyba że nie.

Dlaczego jednak radzisz zapomnieć o religii?

Gdyż wam nie służy. Zrozum, że aby zinstytucjonalizowana religia odniosła powodzenie, musi przekonać ludzi, że jej **potrzebują.** Aby ludzie zawierzyli czemuś innemu, wpierw muszą stracić wiarę w siebie. Toteż pierwszym zadaniem religii jest doprowadzić ludzi do utraty wiary w siebie. Następnym jest przekonanie ludzi, że posiada ona odpowiedzi, których nie masz ty. Wreszcie, najważniejsze, musi skłonić cię do przyjęcia swoich odpowiedzi bez pytania.

Kiedy pytasz, zaczynasz myśleć! Kiedy myślisz, powracasz do Źródła, które jest w tobie. Do tego religia nie może dopuścić, ponieważ odpowiedź, jaką uzyskasz, z reguły będzie odbiegać od tego, co sama wymyśliła. Tak więc religia musi zasiać w tobie zwątpienie we własną Jaźń, musi podważyć twoje przekonanie o zdolności poprawnego myślenia.

Często zwraca się to przeciw samej religii. Jeśli bowiem wątpisz we własne sądy, czy możesz nie wątpić w idee na temat Boga, które ma do zaoferowania religia?

Niebawem zaczynasz wątpić nawet w Moje **istnienie,** co, jak na ironię, wcześniej ci się nie zdarzało. Gdy żyłeś, opierając się na **wiedzy intuicyjnej,** być może nie rozgryzłeś Mnie do końca, ale wiedziałeś na pewno, że Ja jestem!

To religia zrodziła agnostyków.

Gdy przyjrzeć się temu, co narobiła religia, nie można się oprzeć wrażeniu, że nie ma w niej Boga! Gdyż to ona tchnęła w ludzkie serca bojaźń Bożą, gdzie przedtem panowało uwielbienie dla Tego, Co Jest w całej Jego krasie.

To religia nakazała człowiekowi korzyć się przed Bogiem, gdy przedtem wznosił się do Niego z radosną ufnością.

To religia narzuciła człowiekowi brzemię obawy o Boży gniew, gdy przedtem zwracał się on do Boga, aby mu **ulżył!**

To religia uznała za wstydliwe ciało człowieka i jego naturalne funkcje, gdy przedtem człowiek **czcił** owe elementy jako najwspanialsze dary życia!

To religia wpoiła wam, że konieczny jest **pośrednik,** aby dotrzeć do Boga, gdy przedtem uważałeś, iż zbliżasz się do Niego przeżywając swe życie w dobroci i prawdzie.

I religia **nakazała** człowiekowi wielbić Boga, gdy przedtem ludzie wielbili Boga, gdyż niepodobna było inaczej.

Gdziekolwiek się obróciła, stwarzała podziały, co jest Boga **przeciwieństwem.**

Oddzieliła człowieka od Boga, człowieka od drugiego człowieka, mężczyznę od kobiety. Niektóre nawet posunęły się do tego, iż wynoszą mężczyznę **ponad** kobietę, jak stawiają Boga ponad ludzkością, co stało się przyczyną najdzikszych swawoli, jakich dopuszczono się wobec połowy ludzkiej rasy.

Powiadam ci to: Bóg nie jest wyższy od człowieka, ani mężczyzna od kobiety. Nie jest to żaden „naturalny porządek rzeczy", lecz odbicie życzenia tych, którzy mieli władzę (a mianowicie mężczyzn), gdy ustanawiali swój męski kult, skrupulatnie usuwając całe partie materiału z końcowej wersji swych „świętych pism", a resztę naginając zgodnie z męskim widzeniem świata.

To religia po dziś dzień upiera się, że kobiety są czymś gorszym, obywatelami drugiej kategorii, i nie „nadają się" do uczenia i głoszenia Słowa Bożego czy spełniania posługi kapłańskiej.

Niczym dzieci, kłócicie się bez końca, która płeć została wyznaczona przeze Mnie na Mych kapłanów!

Powiadam ci: Wszyscy jesteście kapłanami. **Każdy z was bez wyjątku.**

Nie ma jednostek czy grup ludzi lepiej „nadających się" do czynienia Mojego dzieła od innych.

Lecz wielu z was przypomina ziemskie narody. Żądne władzy. Nie chcecie **dzielić** się władzą tylko ja sprawować. Stworzyliście też podobny obraz Boga. Boga żądnego władzy. Boga, który nie chce dzielić się władzą, lecz ją sprawować. Lecz Ja mówię ci, że największym darem Boga jest udział w Jego władzy.

Pragnę, abyś był taki jak Ja!

Ale ludzie nie mogą być tacy jak Ty! To bluźnierstwo.

Bluźnierstwem jest to właśnie przekonanie, które ci wpojono. Lecz wiedz: **Zostałeś uczyniony na Obraz i Podobieństwo Boga – to przeznaczenie przyszedłeś tu wypełnić.**

Nie postawiłem przed tobą zadania niewykonalnego. Nie przyszedłeś tu, aby „się szarpać, zmagać i nigdy nie „dotrzeć na miejsce".

Uwierz w Boską dobroć i uwierz w dobroć Jego stworzenia, czyli we własną świętą Jaźń.

Stwierdziłeś wcześniej coś, co mnie zaintrygowało. Chciałbym do tego powrócić na koniec tej części. Powiedziałeś: „Władza absolutna nie wymaga absolutnie niczego". Czy taka jest właśnie natura ***Boga?***

Wreszcie zrozumiałeś. Powiedziałem: „Bóg jest **wszystkim i staje się** wszystkim. Nie ma rzeczy, którą Bóg nie jest. Wszystko, czego Bóg doświadcza z siebie, doświadcza w tobie i przez ciebie." W mej najczystszej postaci jestem Absolutem. Jestem Absolutnie Wszystkim i dlatego niczego nie potrzebuję, nie chcę i nie wymagam.

Z tej absolutnie czystej postaci staję się dla was, jakim chcecie Mnie widzieć. Lecz bez względu na to, jak Mnie widzicie, Ja nie mogę zapomnieć o Mej Najczystszej Postaci i zawsze do Niej powrócę. Cała reszta jest fikcją. Czymś, co sami tworzycie.

Niektórzy chętnie by widzieli we mnie Boga zazdrosnego; ale jak można być zazdrosnym, skoro jest się Wszystkim?

Drudzy chętnie by widzieli we Mnie Boga gniewnego; ale co mogłoby wzbudzić Mój gniew, skoro w żaden sposób nie można Mnie zranić?

Jeszcze inni chętnie by widzieli we Mnie Boga mściwego; ale na kim miałbym się mścić, skoro wszystko, co istnieje, jest Mną?

Po cóż zresztą miałbym karać siebie za dzieło stworzenia?

Czy też, skoro obstajesz przy swojej odrębności, po co bym ciebie tworzył, dawał zdolność tworzenia oraz wolność wyboru tworzenia tego, czego pragniesz doświadczyć, a na końcu karał na wieczność za dokonanie „złego" wyboru?

Czegoś takiego nigdy bym nie uczynił – i w tej prawdzie zawiera się twa wolność od Boskiej tyranii.

Tyrania powstała tylko w twojej wyobraźni.

Możesz wrócić do domu, kiedy tylko chcesz. Możemy znów być razem, gdy tylko zapragniesz. Możesz zaznać niewymownej ekstazy jedności ze Mną. Na skinienie głowy. Na podmuch wiatru muskającego ci twarz. Na dźwięk świerszcza pod kopułą diamentowego nieba w letnią noc.

Na widok tęczy i pierwszy płacz nowo narodzonego dziecka. Na ostatni promyk olśniewającego zachodu słońca i ostatnie tchnienie w olśniewającym życiu.

Jestem z tobą zawsze, aż po kres czasu.

Łączy nas niezniszczalna więź.

Ty i Ja stanowimy Jedno – teraz i zawsze, i na wieki wieków.

Idź więc i głoś tę prawdę swoim życiem.

Niech twe dni i noce będą świadectwem najwyższej idei, jaką w sobie nosisz. Niech chwile twego Teraz wypełni upojna świadomość objawiania się Boga przez ciebie. Niech będzie tego wyrazem twoja Miłość, odwieczna i bezwarunkowa, dla wszystkich, o których życie się ocierasz. Stań się światłem w ciemności i nie przeklinaj jej.

Bądź posłańcem światłości.

Jesteś nim.

Więc bądź.

Uwagi końcowe

Dzięki, że wybrałeś się ze mną w tę podróż. Wiem, że dla niektórych nie była to łatwa droga. Wiele przedstawionych tu poglądów stanowi wyzwanie dla przekonań i postaw, jakie przyjęliśmy za swoje, zanim zetknęliśmy się z tą książką. Zawarty w niej materiał zaprasza nas do tworzenia nowej wiary, do postępowania na nowo i inaczej, do rozważenia, jak mogłoby być. Wzywa i ponagla nas, abyśmy nabrali nowego spojrzenia na nasze życie i sposób, w jaki je przeżywamy.

To właśnie stanowi „ruch nowej myśli", o którym ostatnio tak głośno. Nie jest to żadne stowarzyszenie czy odłam społeczeństwa, ale raczej *proces,* za pomocą którego całe społeczeństwo przestawia się na nowy, odmienny sposób istnienia. Narasta on niczym masa, która niebawem stanie się krytyczna. Z myślą o tym, aby proces ten przyspieszyć, przyczynić się do wzrostu owej masy i wyzwolić przemianę, przedstawiłem zebrany materiał tak, jak został mi dany.

Przemiana dokonać się musi. Nie możemy dalej kroczyć tą samą drogą. Poglądy i konstrukcje intelektualne, które miały być nam przewodnikiem, obróciły się przeciwko nam samym. Zagrożony został niemal byt naszej planety. Musimy się zmienić, jeśli mamy zostawić swoim dzieciom w spadku świat, jakikolwiek by był.

Pragnę jednak wyznać, że wierzę w naszą przyszłość. Uważam, że stoimy obecnie przed niepowtarzalną szansą usunięcia *zapór,* które tak długo powstrzymywały nas przed spełnieniem naszych największych możliwości. Dostrzegam wszędzie nie tylko rozwój świadomości jednostki, ale również wzrost powszechnej świadomości. Wiem, że właśnie świadomość zbiorowa stanowi tę masę i decyduje o naszym doświadczeniu na tej planecie. Dlatego poziom świadomości ogółu jest czynnikiem krytycznym, języczkiem u wagi.

Widzę teraz, iż Boskim celem *Rozmów z Bogiem* jest podniesienie świadomości na wyższy poziom. Słowa w nich zawarte nie są kierowane tylko do mnie, ale *przeze mnie* do całego świata – *tak jak teraz przez ciebie kierowane są dokładnie w to samo miejsce.* Czy pozwolisz na to, aby ich przesłanie zakończyło swą podróż na twoim umyśle? Czy też przyłączysz się do mnie i zaczniesz głosić je szerszej publiczności?

Co ciekawe, większość ludzi *zgadza* się co do tego, że obecnie źle się dzieje na świecie. Skoro niemal każdy z osobna żywi takie przekonanie, dlaczego nie możemy wszyscy razem, wspólnymi siłami, jakoś temu zaradzić? Pytanie do dręczy ludzkość od dawien dawna. *Jak przekuć indywidualną świadomość na zbiorowy czyn?*

Uważam, że można przyczynić się do tego nie tylko przez dawanie świadectwa swoim życiem prawdom zawartym w *Rozmowach z Bogiem,* ale również świadome uczestnictwo w pracach grup i stowarzyszeń o podobnych dążeniach, szukających podobnych rozwiązań, działających na rzecz podobnych celów. Chciałbym podać tu adresy trzech grup, z którymi warto wejść w bliższy kontakt:

The Institute for Ecolonomics
Post Office Box 257
Ridgeway, CO 81432

The Foundation for Ethics and Meaning
26 Fell Street
San Francisco, CA 94103

The Center for Yisionary Leadership
3408 Wisconsin Ave NW
Suite 200
Washington, D.C. 20016

Czas nagli. Niecierpliwie wyczekiwane są posiłki na linii frontu. Zapraszam cię do wstąpienia w szeregi armii ducha, złączonej wspólnym pragnieniem niesienia światu miłości i uzdrowienia, radosnego świętowania życia.

Doświadczenie *Rozmów z Rogiem* uczyniło ze mnie innego człowieka. Ty również nie możesz pozostać taki jak przedtem. Obu nas jakaś siła pcha ku krawędzi, każe nam zmierzyć się wprost z uprzednio wyznawanymi poglądami i sposobami postępowania.

Pewne rzeczy tu zapisane mogą być nie w smak wielu ludziom, zachwiać ich zadowoleniem z siebie. My, ludzie, przecież obwołaliśmy się wspaniałą rasą, przodującym gatunkiem, oświeconą wspólnotą. Tymczasem *Rozmowy z Bogiem* stanowią swego rodzaju zimny prysznic, rozwiewają złudzenia, jakimi się karmimy. Toteż ich lektura (zwłaszcza księgi drugiej) może okazać się wyboista. Lecz mały wstrząs jest rzeczą wskazaną, wytrąca z odrętwienia, umożliwia dalszy rozwój. Życie *zaczyna* się tam, gdzie kończy się przytulna strefa ochronna.

Rzecz jasna, nie należy od razu przyjmować każdej nowinki, każdej nowej idei – a tym bardziej traktować myśli przedstawionych w *Rozmowach z Bogiem* jako świętych prawd. Tego najmniej życzyłby sobie Bóg. Gdyż, jak powiada Bóg, skarb kryje się w pytaniu, nie w odpowiedzi. Nie chodzi więc o to, aby przyjmować zawarte tu odpowiedzi, lecz *nieustannie ponawiać te same pytania.*

Pytania, jakie stawiają przed nami *Rozmowy z Bogiem,* przywiodą nas na skraj nie tylko naszej strefy ochronnej, ale również na sam kraniec naszego rozumienia, doświadczenia, wierzeń. Otworzą przed nami zupełnie nowe doświadczenie.

Na koniec pragnę powiedzieć trochę o sobie.

Po ukazaniu się księgi pierwszej *Rozmów z Bogiem,* w której zrobiłem swoisty rozrachunek ze swoim życiem, napłynęło do mnie wiele listów z wyrazami zrozumienia, współczucia i miłości. Nie potrafię opisać, ile dla mnie znaczyły. Pytano mnie często, w jaki sposób książki te wpłynęły na moje życie. Nie sposób zawrzeć tego wszystkiego na tych stronach, niemniej mogę cię zapewnić, że były to doniosłe zmiany.

Czuję się jak zupełnie nowa osoba, na wskroś odmieniona. Ustanowiłem kochające związki z mymi dziećmi. Poznałem i poślubiłem nadzwyczajną kobietę, której życie i miłość są dla mnie łaską i nauką. Wybaczyłem wreszcie sobie błędy przeszłości, kiedy to dopuszczałem się rzeczy, w przekonaniu wielu, niewybaczalnych. Pogodziłem się z tym, jaki byłem, ale nade wszystko z tym, Kim Jestem – i Kim Postanawiam Teraz Być. Zrozumiałem, że moje „wczoraj" to nie ja, najwspanialsze zaś swoje „jutro" tworzę, kiedy wcielam swą najwyższą wizję teraz.

Skoro wybrałeś się ze mną w tę podróż i towarzyszyłeś mi w wędrówce po kartach tej drugiej księgi, mam nadzieję, że ponownie staniesz ze mną w jednym szeregu przy tworzeniu najwyższej wizji dla ludzkości. Wówczas stanie się to naszą wizją i wspólnie zmienimy świat.

Może trzeba będzie wiele z siebie dać, ale od tego, kogo hojnie obdarzono, wymaga się tyle samo. I choć docieramy na skraj naszej strefy ochronnej – do czego mogła się przyczynić również ta książka – nie wolno zapominać, że dalej rozciąga się przygoda. Dalej kryją się nowe możliwości. Zaczyna się prawdziwe tworzenie. Tam też musimy wyznaczyć sobie spotkanie, jeśli, aby posłużyć się słowami Roberta Kennedy'ego, dążymy do odnowienia świata.

Francuski poeta Guillaume Apollinaire ujął to tak:

„Stańcie na krawędzi."
„Nie możemy. Boimy się."
„Stańcie na krawędzi."
„Nie możemy. Spadniemy!"

„Stańcie na krawędzi,"

I stanęli.
I popchnął ich.
I polecieli.

Dalej polećmy razem.

Neale Donald Walsch